쿠바 미사일 위기

― 냉전 기간 가장 위험한 순간

이근욱

1970년에 서울에서 태어나 서울대학교 외교학과를 졸업하고 2002년에 미국 하버드 대학교에서 동맹 문제로 박사학위를 받았다. 2004년부터 서강대학교 정치외교학과에서 국제정치 과목을 담당하고 있다. 주요 연구 분야는 국제정치이론 및 안보 문제이며, 특히 군사력 사용과 관련된 다양한 주제에 관심을 가지고 있다. 지금까지 『왈츠 이후: 국제정치이론의 변화와 발전』과 『이라크전쟁: 부시의 침공에서 오바마의 철군까지』 그리고 『냉전: 20세기 후반의 국제정치』 등의 저서를 출간하였다.

서강학술총서
050

쿠바 미사일 위기

냉전 기간 가장 위험한 순간

이근욱 지음

서강대학교출판부

서강학술총서 050

쿠바 미사일 위기
—냉전 기간 가장 위험한 순간

초판 발행 | 2013년 2월 21일
2쇄 발행 | 2014년 8월 22일
3쇄 발행 | 2015년 7월 15일

지 은 이 | 이근욱
발 행 인 | 유기풍
편 집 인 | 우찬제
발 행 처 | 서강대학교출판부
등록 번호 | 1978년 9월 28일 제313-2002-170호

주 소 | 서울특별시 마포구 백범로 35번지
전 화 | (02) 705-8212
팩 스 | (02) 705-8612

ISBN 978-89-7273-224-2 94340
ISBN 978-89-7273-139-9(세트)

값 18,000원

* '서강학술총서'는 SK SUPEX 기금의 후원으로 제작됩니다.

책머리에

이 책은 나의 세 번째 책이다. 그리고 내가 써보고 싶어서 쓴 첫 번째 책이다. 2009년에 출판되었던 첫 번째 책인 『왈츠 이후』는 국제정치 이론의 발전에 가장 큰 공헌을 한 왈츠(Kenneth N. Waltz)에 대한 내 개인적인 존경 또는 경외심에서 쓰게 되었다. 두 번째 책인 2011년의 『이라크전쟁』은 2003년 3월, 미국의 침공에 대해 내 개인의 "비판적 지지"에 대한 반성과 관심, 그리고 "나의 전쟁"에 대한 의무감에서 나온 저술이었다. 하지만 지금 막 원고를 완성한 『쿠바 미사일 위기』는 다르다. 이것은 어떤 존경 또는 경외심도 아니고 의무감이나 반성 때문에 쓰는 책도 아니다. 이번 책은 순수하게 내 개인의 호기심에서—학문적 호기심과 함께 순수한 개인적인 호기심에서— 시작하였다.

"쿠바 미사일 위기"에 대한 책을 쓰겠다고 생각한 것은 오래되었다. 1989년인 대학 신입생 때 수업에서 쿠바 미사일 위기에 대한 이야기를 들었고 그 사건에 대해서 흥미가 생겼다. 하지만 뚜렷하게 나와 있는 책도 없었고, 선배들도 이에 대해 이야기해주지 않았다. 석사논문 몇 개에서 단편적인 언급이 있었지만, 내 개인의 호기심에 충분하지 않았다.

하는 것 없이 바쁜 대학교 1학년, 그러한 호기심은 오래가지 않았지만 내 마음속 어느 부분에 쿠바 미사일 위기에 대한 호기심은 그대로 남아 있었다. 유학 시절에도 이러한 관심은 지속되었지만, 호기심을 충족시키기에는 시간이 없었다. 1999년에 쿠바 미사일 위기를 다룬 최고의 연구서인 『결정의 엣센스』(*Essence of Decision*)의 개정판이 출간되자, 이것을 구입하였다. 그리고 그 책 서문에 인용된 Ernest R. May and Philip D. Zelikow (eds.), *The Kennedy Tapes: Inside the White House During the Cuban Missile Crisis* (Cambridge, MA: Harvard University Press, 1997)를 구입하였다. 하지만 책을 쓰겠다는 생각은 하지 않았고 동시에 실행하지도 못했다. 당장 학위논문을 끝내는 것이 가장 중요한 문제였기 때문에 다른 부분에 대해서는 전혀 계획을 세울 여유조차 없었다. 2002년 6월에 학위를 마치고 졸업하였고 2003년 6월까지 1년 동안 박사후연구원으로 미국에 있는 동안에도 내 개인의 장기 프로젝트를 구상하는 것은 사실상 불가능하였다.

2003년 여름에 귀국하였고, 2004년 3월에 서강대학교 정치외교학과에 임용되어 강의를 시작하였다. 그리고 나서야 조금씩 장기적으로, 그리고 책을 쓰는 문제를 생각하게 되었다. 첫 번째로 생각하였던 것이 『왈츠 이후』였으며, 2009년 출간을 목표로 하였다. 그리고 두 번째로 구상한 것이 쿠바 미사일 위기에 대한 책이었다. 하지만 중간에 "이라크전쟁"에 대한 책을 써야 한다는 의무감이 강해지면서 쿠바 미사일 위기에 대한 집필은 뒤로 밀려났다. 하지만 집중적이지는 않지만, 준비는 이미 2004년 정도부터 시작하였다. 중요 연구와 문서집 등을 구해서 정리하였고, 미사일 위기에서 소련 측 이야기를 어떻게 반영할 것인가를 고민하였다. 무엇보다, 미사일 위기가 국제정치 이론에서, 그리고 『결정의 엣센스』와 같은 탁월한 연구가 이미 한글로 번역된 이상 쿠바 미사일 위기에 대한 연구서를 또다시 쓰는 것이 무슨 의미가 있겠는가를 고민하였다.

본격적인 작업은 2010년에 시작되었다. 『이라크전쟁』 원고가 마무리되고 출판사에 넘기자, 쿠바 미사일 위기에 대한 책을 준비하기 시작했다. 집중적이지는 않지만 상당 기간 동안 준비하였기 때문에, 쓰는 작업은 상대적으로 수월하였다. 아직 검토하지 못한 부분을 정리하고 동시에 이론적인 부분과 연결하기 위해 많은 노력을 기울였다. 2011년 2월에 다른 연구과제로 미국 국립문서고(NARA; National Archive and Record Administration)를 방문하였고 동시에 보스턴에 있는 케네디 도서관(John Fitzgerald Kennedy Library)에 가서 필요한 자료와 사진 등을 수집하였다. 이 책에 등장하는 사진들은 바로 이러한 기회에 발굴한 것이며, 서강대학교와 한국연구재단의 지원이 없었다면 수집할 수 없었을 것이다.

세 권의 책을 쓴다는 것은 엄청난 시간과 노력을 필요로 하였다. 동시에 주변 사람들에게는 엄청난 희생과 이해를 요구하는 작업이었다. 서강대학교 정치외교학과 교수님들은 계속해서 책을 쓰는 본인을 많은 부분에서 지지해주셨다. 서강대학교 정치외교학과 대학원에 있는 노진국 씨는 책 전체 원고를 읽고 자신의 의견을 개진해주었으며, 원고 교정까지 도와주었다. 이번에 석사과정을 졸업한 신지원 씨는 『쿠바 미사일 위기』와 『냉전』에 관한 책 2권의 최종 원고를 가지고 색인 작업을 해주었다. 서강학술총서 기획위원회는 본인의 집필 제안서를 승인하고 지원해주었으며, 원고를 서강학술총서의 하나로 출판해주었다. 주변 가족들, 특히 와이프인 이화여자대학교 국제대학원의 조영진 교수는 세 권씩이나 책을 쓰고 있는 남편을 이해해주면서 지난 4년 동안과 마찬가지로 집필에 필요한 시간을 마련하도록 도와주었다. 첫딸 다경이는 아빠가 컴퓨터를 차지하고 있어서 「꼬마버스 타요」와 「로보카 폴리」를 보지 못하게 되어도 차분히 기다려주었다. 마지막으로 이 책은 지난 2011년 12월에 태어난 우리 둘째딸 수경(秀耿)이에게 바친다. 원고 막바지에 태어나면서 원고 완성에 "심각한 타격"을 주며 집필에 "막대한 부담"으로 작용하였던, 하지만 개인적으로는 끝없는 행복감을 안겨준 수경이에게 작은 선물이 되리라고 생각한다.

2012년 4월 25일

이근욱

추기(追記): 최종 원고를 넘기고 교정지까지 확인한 이후에 본인은 쿠바 미사일 위기와 관련된 소련 문서가 추가로 공개되었다는 사실을 알게 되었다. 이와 같은 문서들은 미사일 위기 50주년을 기념하여 2012년 11월에 공개되었고, 따라서 본 연구는 심각한 한계를 가진다. 시간 관계상 연구를 재구성하는 것은 불가능하였고, 대신 향후 본 연구를 개정하는 경우에, 그리고 가능한 빨리 개정하는 경우에, 새롭게 공개된 문서를 반영할 것이다.

차례

서론:
쿠바 미사일 위기를 연구할 필요가 있는가?

1962년 10월, 당시 세계를 "통제"하였던 미국과 소련은 쿠바에 배치된 탄도미사일을 둘러싸고 대립하였다. 보통 "쿠바 미사일 위기"라고 불리는 1962년 10월 위기에서 핵심 당사자는 미국과 소련이었으며, 위기의 "무대"로서 미국과 소련의 대립의 장소였던 쿠바는 위기 해소 과정에서 중요한 역할을 하였다.[1] 이러한 당사국들은 각각 다른 상황에 처해 있었고 따라서 각각 다른 측면에서 미사일 위기를 바라보았다. 미국은 10월 14일에 항공정찰을 통해 소련이 쿠바에 배치한 탄도미사일을 촬영하였고, 다음 날 이루어진 사진 판독으로 미사일 배치를 인지하였다. 하지만 미국은 즉시 대응하지 않고, 일주일 정도 상황을 분석하고 봉쇄를 통해 소련에 압박을 가했다. 반면, 소련은 1962년 5월에 미사일 배치를 결정하였고, 비밀리에 쿠바와 미사일 배치와 관련된 합의를 거친 다음에 8월부터

1 "쿠바 미사일 위기(Cuban Missile Crisis)"는 미국에서 널리 통용되는 표현으로, 그에 따라 한국에서도 널리 사용된다. 하지만 소련/러시아는 동일한 사건을 "카리브해 위기"(Caribbean Crisis)로, 그리고 쿠바는 "10월의 위기"(October Crisis)라는 표현을 사용한다.

병력과 물자 그리고 쿠바에 대한 미국의 항공정찰을 저지할 대공미사일을 배치하였다. 10월에 들어서면서 본격적으로 탄도미사일이 배치되었으나, 계획되었던 미사일 전체가 배치되기 이전에 미국의 정찰로 미사일 배치 사실이 드러났다. 쿠바는 1959년 1월에 혁명 정권이 출범한 이후 지속적으로 미국의 침공 위협에 시달렸으며, 1961년 4월에는 제한적인 침공이 있었지만 격퇴하였다. 이와 같은 상황에서 1962년 여름에 소련이 동맹 조약을 제안하면서 탄도미사일의 쿠바 배치를 요구하자, 쿠바는 이를 수용하였다. 하지만 1962년 10월, 미사일 배치가 완료되기 직전에 미국이 이를 포착하면서 미국의 전면 침공 가능성에 노출되었다.

다양한 "상황"과 그에 따른 "관점"에도 불구하고, 쿠바 미사일 위기가 냉전 기간 동안 가장 위험했던 순간이라는 사실은 달라지지 않는다. 위기에 동반되었던 위험은 객관적인 것이었으며, 핵전쟁의 파괴는 막강했다. 1962년 10월, 당시 미국과 소련 사이에 핵전쟁이 발발하였다면, 미국에서 1억 명, 소련에서 1억 명, 그리고 유럽에서 수백만 명이 사망했을 것이라고 추산한다.[2] 1964년 의회증언에서 맥나마라(Robert S. McNamara) 국방장관은 전면 핵전쟁이 발생하면 처음 1시간 이내에 "미국인 1억과 소련인 1억이 사망"한다고 주장하였다.[3] 하지만 이러한 추산에는 동아시아 지역에서의 핵전쟁 가능성이 배제되어 있다. 1961년 9월, 미국 핵전쟁 통합 계획(SIOP 62; Sinlge Integrated Operational Plan – 1962)에 따르면, 소련과의 핵전쟁이 발생하는 경우에 미국은 중국의 핵무기 시설과 주요 군사기지 및 정치 거점을 자동적으로 공격하도록 되어 있었다. 모든 목표물을

2 Graham T. Allison and Philip D. Zelikow, *Essence of Decision: Explaining the Cuban Missile Crisis* (New York: Longman, 1999), p. 1.

3 Robert F. Kennedy, *Thirteen Days: A Memoir of the Cuban Missile Crisis* (New York: Norton, 1999), p. 104.

한 번의 공격으로 파괴하도록 되어 있었고, 따라서 계획 자체는 매우 경직되었고 동시에 미국이 사용가능한 모든 핵무기를 동원하여 소련뿐 아니라 중국을 공격하는 내용을 담고 있었다. 따라서 핵전쟁이 벌어졌다면, 미국은 중국 및 북한 등의 동아시아 공산주의 국가에 대해서도 핵공격을 감행하였을 것이며, 최소 1억 명 정도의 추가 사망자가 발생하였을 것이다.4

다행히 위기는 성공적으로 통제되었고 핵전쟁은 없었다. 미국과 소련은 서로를 압박하면서, 상대에게 자신들의 의지를 강요하면서 대립하였지만, 동시에 협상을 통한 문제 해결을 시도하였다. 1962년 10월 28일에 소련은 미사일 철수를 선언하고, 미국이 "항공정찰"을 수행하는 가운데 미사일 및 기타 무기를 쿠바에서 철수하였다. 이에 미국은 1963년 4월에 터키에 배치하였던 탄도미사일을 철수하면서, 소련에 대해 비공식적으로, 그리고 "대가 없이" 약속하였던 미사일의 교환 철수를 실시하였다. 또한 미국은 쿠바에 대한 침공 포기를 선언한다.

전쟁이 발생하지 않았다는 사실에서 쿠바 미사일 위기는 "성공적인 위기"였다. 하지만 위기가 잘 통제되었다는 사실이 쿠바 미사일 위기가 매우 위험했던 위기였다는 사실을 부정하지 않는다. 쿠바 미사일 위기는 "안정적인 양극체제"에서 발생한 위기였으며, 그러한 특이성 때문에 위기는 학문적 연구 대상이 되기에 충분하다. 그리고 이러한 특이성은 쿠바 미사일 위기를 "선택"해서 연구하는 데 있어서 중요한 논리적인 문제점을 제기한다. 그렇다면, 위기에 대한 단순한 호기심 이상으로 쿠바 미사일 위기를 연구해야 하는 논리적인 필요성은 무엇인가? 동시에

4 Scott D. Sagan, "SIOP-62: The Nuclear War Plan Briefing to President Kennedy," *International Security*, Vol. 12, No. 1 (Summer 1987), pp. 22~51.

쿠바 미사일 위기에 대한 연구가 가지는 한계는 무엇인가? 서론에서는 이러한 질문에 대한 간략한 답변을 하고자 한다.

1. 핵심 질문: 쿠바 미사일 위기의 중요성

쿠바 미사일 위기를 연구해야 하는 이유는 다음 두 가지를 들 수 있다. 우선 미사일 위기는 양극체제에서 발생한 위기이다. 기본적으로 두 개의 강대국이 존재하는 양극체제가 안정적이라는 통설을 수용한다면, 위기의 발생 자체를 설명하는 것은 쉽지 않다. 왜 안정적인 국제체제의 구조에서 위기가 발생하였는가? 즉 소련은 왜 쿠바에 미사일을 배치하였는가? 그리고 미국은 쿠바에 배치된 소련의 탄도미사일에 왜 강력하게 반발하였는가? 또한 쿠바 미사일 위기는 전쟁으로 확대되지 않고 평화롭게 해소되었다. 위기 가운데 몇몇은 해소되지 않고 전쟁으로 이어진다. 1914년 7월에 유럽 강대국들은 암살 사건과 관련한 위기에 직면하였고, 결국 평화롭게 해결하지 못하고 전사자 숫자만이 1,000만 명에 가까운 세계대전에 휩쓸려 들어갔다. 그렇다면 어떻게 쿠바 미사일 위기는 성공적으로 해소될 수 있었는가? 미국과 소련은 어떠한 과정을 통해서 군사력 사용을 자제하고 상대방을 더 이상 압박하지 않으면서, 상대방을 억지할 수 있었는가? 이러한 두 가지 문제가 본 연구의 핵심 질문이다.

1) 양극체제의 안정성과 쿠바 미사일 위기

20세기 국제관계에서 나타나는 중요한 특징은 강대국의 숫자와 강대국 전쟁의 상관관계이다. 우선 1945년을 기점으로 해서, 강대국의 숫자가 줄어들었다. 1945년 이전의 세계에서 강대국으로 분류되었던 국가는 영국 · 프랑스 · 독일 · 소련(러시아) · 미국 · 일본 등으로 5~6개의 강대국이 존재하였다. 하지만 제2차 세계대전을 거치면서 유럽 강대국과 일본은 강대국의 지위를 상실하였고, 미국과 소련만이 강대국의 지위를 유지하였다. 또한 전쟁의 측면에서 볼 때, 1945년 이전에는 두 차례의 대규모 강대국 전쟁이 있었으며, 이러한 세계대전에서 전체 1억 명에 가까운 사람들이 생명을 잃었다. 하지만 1945년 이후에는 대규모 전쟁이 없었다. 한반도와 인도차이나에서 전쟁이 있었고, 중동에서 최소한 4차례의 전쟁이 있었으며, 인도와 파키스탄 또한 여러 번에 걸쳐 전쟁을 하였다. 그러나 전쟁은 국지화되었다. 강대국이 여러 가지 형태로 이와 같은 전쟁에 관여하였지만, 전쟁 자체는 확대되지 않았으며 지리적으로 국한되었고 사용하는 무기 또한 제한되었다. 보통 1945년 이후 세계에서 강대국 전쟁이 없었다는 사실은 "장기적인 평화"(The Long Peace)라고 불린다.5

두 개의 강대국이 존재하는 양극체제가 여러 개의 강대국이 존재하는 다극체제에 비해서 안정적이라고 평가되는 이유는 다양하다. 두 개의 강대국이 존재하는 경우에 국제관계는 보다 간단하게 정리되며, 따라서 불필요한 불확실성이, 특히 상대방의 의도와 행동에 대한 불확실성이 보다 적게 발생한다. 또한 2개의 강대국만이 남으면서 동맹국의 중요성이 줄어들고, 따라서 동맹국을 지원하기 위해서 필요하지 않은 군사행동을 시작하거나 전쟁에 참여하는 등의 행동은 사라진다. 양극체제에서 강대

5 "장기적인 평화"는 개디스(John Lewis Gaddis)가 처음 사용하였다. John Lewis Gaddis, "The Long Peace: Elements of Stability in the Postwar International System," *International Security*, Vol. 10, No.4 (Spring 1986), pp. 99~142.

국들은 스스로의 안전을 지키기 위해서 동맹 또는 동맹국의 도움에 의존할 수 없으며, 자신의 안보를 위해서는 자신의 군사력을 증강해야만 한다. 따라서 동맹국의 의도에 대한 불확실성 또한 사라진다.[6] 세력균형에서 강대국만이 의미를 가지기 때문에 강대국이 두 개의 국가로 압축되었던 냉전 상황에서, 미국과 소련은 상대방의 행동에만 주의를 기울였으며 덕분에 세계는 보다 안정적으로 유지될 수 있었다.

또한 1962년 당시 미국과 소련은 서로 상대방 또는 상대방의 동맹국을 "인질"로 잡고 있었다. 미국은 소련을 직접 공격할 능력을 가지고 있었고 핵무기 숫자에서 소련을 압도하였고, 동맹국에 배치한 자신의 군사기지를 보유하였다. 특히 위기의 무대인 쿠바는 미국 본토에서 가깝기 때문에 다양한 전력으로 쿠바를 침공하고 압도할 수 있었다. 소련이 반입한 탄도미사일은 소수였기 때문에, 소련이 미국을 공격해서 피해를 입힐 수 있는 능력은 매우 제한되었다. 하지만 소련은 제한적이기는 하지만 미국 본토를 공격할 수 있었고 동시에 미국의 유럽 및 아시아 동맹국을 공격할 능력을 보유하고 있었다. 특히 동독 지역에 떠 있는 "서방측 섬"인 서베를린(West Berlin)은 소련의 공격에 매우 취약하였다. 또한 재래식 전력에서는 소련이 우위를 차지하고 있었고 미국이 쿠바를 공격할 경우에 소련은 서유럽 및 중동 그리고 동아시아의 미국 동맹국을 공격하여 점령할 수 있는 능력을 보유하고 있었다. 즉 미국과 소련은 서로 상대방에게 군사력 사용을 쉽게 결심할 수 없었다.

그렇다면 왜 위기가 발생하였는가? 이것은 쿠바 미사일 위기의 발발과

---

6 양극체제에서 동맹 및 동맹국의 중요성이 줄어들었다는 것은 양극체제의 극(pole)을 이루고 있는 두 개의 강대국에게만 논리적으로 적용되는 이야기이다. 이러한 주장이 냉전 시기에서 경험적으로 증명되는가, 그리고 미국과 소련을 제외한 다른 국가에게도 동맹 및 동맹국이 중요하지 않았는가는 또 다른 문제이다.

관련되는 사안으로, 각각 미국과 소련의 행동에 대한 다음 두 가지 질문으로 분리될 수 있다. 첫째, 왜 소련은 쿠바에 미사일을 배치하였는가? 안정적인 양극체제에서 소련은 자신의 안전에 대한 위협에 직면하지 않았으며, 동시에 소련이 미국으로부터 위협을 느꼈다고 해도 서독과 같은 미국의 동맹국에 대한 보복을 통해서 충분히 통제할 수 있었다. 그렇다면, 소련은 무슨 목적으로 미사일을 쿠바에 배치하였는가? 소련은 미사일을 직접 배치하지 않고서도 "미국의 침공에서 쿠바를 보호"할 수 있었다. 만약 소련이 쿠바 보호 이외의 다른 목적을 위해서 미사일을 배치하였다면, 그 목적은 무엇이었는가? 이것이 위기 발발과 관련되는 첫 번째 질문이다.

미국의 경우에도 동일한 문제가 발생한다. 미국은 왜 쿠바에 배치된 소련의 탄도미사일에 격렬하게 반응하였는가? 두 개의 강대국이 존재하는 양극체제는 안정적이기 때문에, 소련의 미사일 배치 자체는 큰 문제가 아니었다. 쿠바 미사일 배치 이전부터 미국은 소련을 미사일 전력에서 압도하고 있었으며, 따라서 쿠바에 배치된 최대 60기의 소련 탄도미사일은 큰 위협은 아니었다.[7] 물론 소련이 미국에 대해서 "사용"할 수 있는 핵무기의 숫자가 증가하지만, 일단 미국이 압도적인 우위를 차지하였기 때문에 소련 핵전력의 증강은 심각한 위협은 아니었으며 여러 가지 방법으로 상쇄할 수 있었다.[8]

---

7 위기 직후인 1963년에 미국이 보유한 핵무기는 29,459개였으며, 소련은 4,238개를 가지고 있었다. 즉 핵무기 숫자로는 미국이 7배나 강력한 전력을 보유하고 있었다. Robert S. Norris and Hans M. Kristensen, "Global Nuclear Stockpiles, 1945~2006," *Bulletin of the Atomic Scientists*, Vol. 62, No. 4 (July/August 2006), pp. 64~66. 하지만 이러한 핵무기 숫자는 장거리 폭격기와 탄도미사일에 장착되는 전략핵무기와 함께 사정거리가 짧은 미사일-야포-항공기 등에 탑재되어 전투에서 사용하는 전술핵무기를 포함한 전체 핵무기 숫자이다.

8 또한 미국은 소련 주변에 있는 미국 동맹국에 탄도미사일을 배치하였으며, 특히 소련과

2) 억지와 쿠바 미사일 위기 그리고 위기 해소

쿠바 미사일 위기와 관련된 첫 번째 문제가 위기의 발발에 대한 것이라면, 두 번째 문제는 위기의 해소와 관련된다. 1962년 10월 28일, 미사일 위기는 해소되었다. 소련은 쿠바에서 미사일을 철수하고 미국은 쿠바에 대한 침공 포기를 공개적으로 선언하고 동시에 6개월 이내에 터키에서 탄도미사일을 철수하기로 이면 합의하였다. 이러한 성공적인 위기 해소는 또 다른 위기 사례인 1914년의 7월 위기(July Crisis)와 그 실패로 빚어진 제1차 세계대전과 비교할 때 매우 도드라진다. 1914년에 유럽 강대국들은 위기를 성공적으로 해소하지 못하였으며 상대방을 압박하기 위해서 군사력을 사용하였다. 그리고 그 결과, 전사자만 1,000만 명에 육박하는 전쟁이 발생하였다. 그렇다면 어떻게 쿠바 미사일 위기는 성공적으로 해소될 수 있었는가? 미국과 소련은 어떠한 과정을 통해서 군사력 사용을 자제하고 상대방을 더 이상 압박하지 않으면서, 상대방을 억지할 수 있었는가?

이 문제와 관련된 특이성은 기존의 억지 논의가 계속 지속되는—경우에 따라서는 영구히 지속되는— 대립 및 갈등을 상정하고 있다는 사실이다. 냉전 기간 미국과 소련의 상호 억지에 대해서는 많은 연구가 있으며, 이들은 억지가 1945년에서 1990년까지 45년 동안 지속되었다고 본다. 또한 한반도의 경우에도 억지는 1953년 7월 휴전 이후 지금까지 60년에 가까운 기간 동안 작동하였다고 할 수 있다. 미국과 소련의 냉전 그리고

국경을 접하고 있는 터키에 쿠바에 배치된 미사일과 동등한 사정거리를 가지는 주피터 미사일(Jupiter Missile; PGM−19 Jupiter)을 배치하였다. 즉 소련은 "미국이 소련에게 하고 있는 일"을 그대로 미국에게 하였다.

한반도에서의 휴전 상황의 유지는 대부분 보복 개념에 기초한 억지로 설명한다. 즉 상대방의 공격에 대한 보복 위협(threat of retaliation)은 상대방의 공격적인 행동을 사전에 봉쇄하며, 이를 통해 억지가 작동한다고 한다. 이 과정에서 "억지의 비용" 또는 "억지에 수반되는 위험"은 나타나지 않으며, 따라서 위기는 장기화되고 안정적으로 유지된다. 하지만 장기적이고 안정적인 위기는 해결되지 않는다.

억지의 작동 또는 위기 해소를 설명하기 위해서는 보복 위협이 아니라 억지 과정에서 수반되는 위험(inadvertent risk)이라는 개념이 필요하다. 이 시각은 전쟁의 예방을 상대방의 군사력 사용에 대한 보복 위협이 아니라 위기가 고조되는 과정에서 증가하는 의도적이지 않은 방식으로 전쟁이 발생할 가능성에 주목한다. 즉 어느 국가도 의도적으로 전쟁을 시작하지 않지만, 상대방이 양보하기를 바라면서 위기를 고조시키는 과정에서 어느 누구도 바라지 않는 전쟁이 발생할 가능성이라는 "위기 고조의 비용"이 증가하며, 그리고 이러한 위험과 비용 때문에 전쟁이 예방된다는 것이다. "보복의 위협"에 초점을 맞추는 앞의 시각에 따르면 위기는 종결되지 않은 채 지속되기 때문에 위기 고조의 비용이 수반되지 않으며 무한정으로 위기가 연장될 수 있지만, "억지에 수반되는 위험"을 강조하는 시각은 위기가 고조되면서 여러 비용이 발생하여 위기가 종결되거나 아니면 지속되는 경우에는 전쟁으로 확대된다.

그렇다면 쿠바 미사일 위기에서 억지는 어떠한 방식으로 작동하였는가? 위기가 전개되어가는 과정에서 어떠한 비용이 발생하였고 이러한 비용은 미국과 소련의 행동에 어떠한 영향을 미쳤는가? 그리고 위기가 해소되는 과정에서 미국과 소련은 어떻게 행동하였는가? 이러한 질문이 두 번째 문제와 관련해서 이 연구에서 검토하려는 사항이다.

2. 한국에서 쿠바 미사일 위기를 연구해야 하는 필요성

2012년은 쿠바 미사일 위기 50주년이다. "기념"하는 의미에서라도 한국 학계는 "냉전 시기 가장 위험했던 순간"에 대한 연구를 독자적으로 할 필요가 있으며, 한국 학계의 성숙도를 보여주어야 한다. 즉 단순히 한반도 문제에 집중하는 것을 넘어서 보다 넓은 시야를 가지고 쿠바 미사일 위기와 같이 "객관적으로 중요한 사건"을 연구해야 한다. 동시에 어떤 사건에 대한 분석이 필요할 때, 그에 대한 미국의 연구를 참고하는 것이 아니라 한국에서 이루어진 체계적인 연구를 사용할 수 있어야 한다. 이것은 미국적 시각과는 구분되는 "한국적 이론" 정립의 필요성을 강조하는 것이 아니다. 독자적인 이론 체계를 가진 "한국적 이론"은 필요하지 않지만, 순수하게 "미국적 이론"에서 출발하여 "미국식 방법"을 동원하여 "미국에서도 통용될 수 있는 지식"을 "한국인 학자"가 생산할 필요가 있다.

이러한 객관적인 지식 탐구에서 나타나는 지식은 순수하게 중립적인 시각에서 체계적인 방법으로 논리적인 지식을 추구하는 경우에만 확보할 수 있다. 이것은 규범적이지 않은 실증적인 지식이며, 정책 조언이나 평가 또한 이러한 실증적 지식에 기초해야 한다. 본 연구에 해당하는 분야인 국제정치학의 경우, "국가 행동에 대한 이해 증진"은 가장 중요한 학문적 목표이며, 이에 대한 실증적인 지식이 부족하다면 외교 및 국방 정책 등의 대외 정책에 대한 논평 등은 객관성을 상실한다. 물론 지식 사회학에서 이야기하는 지식 생산자와 생산된 지식의 편향은 분명히 존재한다. 하지만, 이러한 편향은 실증성을 엄격하게 강화하는 방법으로 교정해야 하지, 편향성을 피하기 위해서 실증적 지식 추구 자체를 포기해서는 안 된다. 따라서 본 연구에서는 미국과 소련의 입장을 반영하는 다양한 자료를—최소한 영어로 번역된 소련 자료를— 사용하고 분석의 실증성을 강화하여, 편향을 피하려고 한다.

또한 한국에서 쿠바 미사일 위기에 대해 연구해야 하는 필요성은 앞의 저술 목적에서 제시한 두 가지 이론적인 설명과 함께 다음의 세 가지 측면에서 논의할 수 있다. 첫째, 쿠바 미사일 위기에 대한 영화인 「D−13」(영어 제목 "Thirteen Days," 2000)이 국제정치 수업에서 가장 많이 사용되는 보조 교재라는 사실이다. 이 영화를 통해 학생들은 쿠바 미사일 위기를 접하며 냉전에 대해서 이해하게 된다. 영화 자체는 매우 정확하게 만들어졌지만, 이것은 케네디 대통령의 특별보좌관이었던 오도넬(Kenneth O'Donnell)의 시각에서 위기를 설명하고 있기 때문에 많은 한계가 있다. 특히 소련 및 쿠바의 결정에 대해서는 전혀 설명하지 않고 있기 때문에 위기를 전체적으로 조망하지 못하며, 무엇보다도 "미국적인 시각"만을 제시하고 있다.[9]

둘째, 한국에서는 억지에 대한 논의가 보복이라는 개념을 중심으로 이루어지고 있다. 2010년의 천안함 사건 이후 발표된 군사력 검토 보고서는 "한국의 군사력이 지금까지는 방어를 위한 것이었기 때문에 보복 수단을 가지고 있지 않으며, 따라서 앞으로는 북한의 도발에 보복할 수 있도록 억지 능력을 강화"해야 한다고 지적하였다.[10] 하지만 국제정치

9 또한 사실 관계에서도 일부 오류가 있다. 영화에서는 워싱턴 주재 소련 대사관 KGB 연락관(Fomin)이 후루시초프(Nikita Khrushchev)의 개인적인 명령으로 미국 ABC 방송 기자(Scali)와 접촉하여 케네디 대통령에게 전쟁을 피하려는 소련의 의도를 전달한 것으로 묘사하고 있다. 하지만 이것은 사실이 아니며, 실제로 KGB 연락관은 명령 없이 행동하였고, 이 때문에 후일 소련으로 소환되었다.

이론에서는 억지를 보복의 측면이 아니라 의도하지 않았던 위험의 측면에서 분석한다. 어느 국가도 의도적으로 전쟁을 시작하지 않지만, 상대방이 양보하기를 바라면서 위기가 고조된다면 의도하지 않은 방식으로 전쟁이 벌어질 가능성이 높아지며 국가들이 양보하면 전쟁은 발생하지 않는다. 그렇다면 경험적으로 어떠한 시각이 보다 정확한가? 현재 한국에서 논의되는 것과 같이 "보복을 중심 개념으로 하는 억지 개념"인가 아니면 "의도하지 않았던 위험을 중심으로 하는 억지"인가? 이러한 질문에 대한 답 또는 보다 통찰력 있는 분석을 위해서는 억지와 위기가 가장 강렬하게 등장하였던 쿠바 미사일 위기를 이해할 필요가 있다.[11]

세 번째 필요성은 현재 세계 및 동아시아의 세력균형 변화와 관련되어 있다. 오늘날 세계에서 나타나고 있는 가장 중요한 추세는 중국의 부상이며, 그로 인한 미국의 상대적 우위의 약화이다. 따라서 미래의 세계는 냉전과 유사한 양극체제가 될 가능성이 크며 냉전에 대한 이해, 특히 쿠바 미사일 위기와 같은 냉전 시기 위기에 대한 이해는 미래 세계의 국제정치를 전망하는 데 많은 도움을 줄 것이다. 한국과 같이 미국과 중국이라는 두 개의 강대국과 밀접한 관련을 맺고 있는 국가는 냉전에 대한 지식이 단순히 과거 역사가 아니라 미래에서의 생존과 번영을 확보하는 데 필수적인 사항이다.

그럼에도 불구하고 한국에서 이루어진 쿠바 미사일 위기에 대한 연구는

---

10 조선일보, 「안보총괄점검회의, 국방 전략 수정 논의… "때리면 반격"에서 "때릴 생각도 못하게 하겠다"로」, 2010년 9월 4일.

11 또한 연평도 포격 등의 북한의 제한적인 군사력 사용이 지속되는 상황에서 이러한 위기에 대한 분석과 이론적인 이해는 필수적이다. 쿠바 미사일 위기는 역사상 가장 잘 기록된, 위기로서 급박한 상황에서 국가들의 행동을 잘 보여주고 있으며, 동시에 공산주의 국가인 소련과 민주주의 국가인 미국의 대결이었기 때문에 현재의 한반도 상황과 상당 부분 유사하다.

거의 없으며, 단행본 연구도 존재하지 않는다. 한국교육학술정보원(www.keris.or.kr)을 검색하면, 단행본으로 쿠바 미사일 위기를 분석한 연구는 없고, 대신 쿠바 미사일 위기에 대한 연구서가 번역되어 있다.[12] 이 책은 미사일 위기 상황에서 미국과 소련의 행동을 분석한 탁월한 연구이나 합리적 관점, 조직행동적 관점, 정부정치적 관점이라는 세 가지 시각에서 행동을 분석하면서 하나의 통일된 시각을 제공하지 못하고 있다. 각각의 시각에 적합한 사안을 선택하여 분석했기 때문에, 미사일 위기에 대한 전체적인 그림을 제공하지 않는다. 반면 연구논문은 존재한다. 검색 결과, 모두 15개가 등장하지만 이 가운데 10개는 쿠바 미사일 위기 자체에 대한 연구가 아니며 다른 위기와의 비교 연구로 주로 2차 문헌에 기초하고 있다. 5개 가운데 지난 10년 동안, 특히 소련 측 자료가 집중적으로 공개된 이후에 이루어진 연구는 하나에 지나지 않는다. 그리고 그 하나 또한 쿠바 미사일 위기에 대한 소련 내부의 새로운 논쟁과 공개된 사실을 정리한 논문으로 위기 자체에 대한 연구는 아니다.[13]

단행본으로 출간되는 본 연구는 쿠바 미사일 위기에 대한 분석을 시도한다. 미국 측 자료뿐 아니라 소련 측 자료까지 동원하여 실증적으로 분석할 것이다. 연구에서 초점을 맞추는 질문은 다음과 같다. 미사일 위기는 왜 발생하였는가? 그리고 미사일 위기는 어떻게 해소되었는가? 이 과정에서 미국과 소련은 어떻게 행동하였는가? 이를 통해 본 연구는 후속 연구에 대한 출발점을 제시하고 새로운 양극체제의 위기 및 억지에 대한 연구를 촉진하고자 한다.

12 Allison and Zelikow, *Essence of Decision*. 번역본은 『결정의 엣센스』라는 제목으로 2005년에 모음북스에서 출판되었다.

13 이석호 · 이지훈, 「쿠바 미사일 위기와 소련 정보」, 『국방연구』 Vol. 45, No. 2 (2002 겨울), pp. 79~101.

3. 사례 연구의 한계와 편향: “우연한 사례”로서의 쿠바 미사일 위기?

쿠바 미사일 위기는 냉전 기간 가장 위험했던 순간이었다. 그렇기 때문에 쿠바 미사일에 대한 연구가 필요하지만, 이것이 “가장 위험했던 순간”이었기 때문에 위기에 대한 연구를 하는 것은 심각한 방법론적 문제를 야기할 수 있다. 즉 쿠바 미사일 위기 자체가 “정상적인 상황”은 아니었으며, 따라서 순수하게 “우연”일 가능성이다. 이것이 “우연한 사례”였다면, 쿠바 미사일 위기에 대한 연구는 무의미하며, 위기에 대한 분석이 우리에게 알려줄 수 있는 것은 거의 없다. 이러한 논리적인 문제는 흔히 방법론에서 이야기하는 “사례 선택에서의 편향”(selection bias)으로 보다 깊이 있게 논의될 필요가 있다.

1) 사례 선택에서의 편향

연구를 위해서 가장 완벽한 방법은 존재하는 모든 사례를 분석하는 것이다. 이론 또는 가설을 검증하기 위해서는 해당되는 모든 사례에 대한 정보를 통합하여 체계적으로 분석해야만 한다. 여기서 논의되는 “사례”는 개별적인 특정 사건(case)을 넘어서 사건들과 관련되어 나타나는 관찰된 모든 현상(observation)을 의미한다. 선거를 분석하는 경우에 “사례”란 특정 선거에서 개별 정당의 득표율을 지칭하지만 동시에 각각의 선거구에서 나타나는 득표율 또한 “사례”이다. 따라서 동일한 사건이라고 해도, 연구의 목적에 따라서 각각 다른 사례를 추출할 수 있으며, 그에 따라 필요한 정보를 획득할 수 있다.

문제는 이러한 사례 선택에서 편향이 존재하는 경우이다. 이러한 편향(bias)은 현실적으로 거의 모든 경우에 존재하기 때문에 완벽하게 제거하는 것은 어려우며, 따라서 편향 때문에 발생하는 부작용을 최소화하는 것이 필요하다. 선거 분석의 경우에 측정하고자 하는 것은 정당의 지지율이며, 이를 쉽게 측정하기 위한 수단으로 실제 선거에서 나타난 득표율을 지표로 사용한다. 하지만, 일부 정당의 정확한 지지율은 현실에서 나타나지 않는 경우가 있다. 지역구 중심의 국회의원 선거의 경우, 현실적으로 정당은 모든 선거구에서 후보를 세우지 않기 때문에 후보가 존재하지 않는 선거구에서 해당 정당은 득표하지 못하고 그에 기초한 정당 지지율 또한 측정할 수 없다. 하지만 후보가 나오지 않은 선거구에서도 해당 정당을 지지하는 유권자는 매우 적은 숫자이지만 존재할 것이며, 따라서 지지율 또한 미미하지만 존재할 것이다.[14] 이러한 지지율은 측정되지 않기 때문에 무시되고 결국 최종적인 분석과 인과관계의 크기는 왜곡된다. 그러나 이 경우에 있어서 왜곡의 크기는 매우 작기 때문에 실질적으로는 사례 선택의 편향은 고려하지 않아도 된다.

또한 편향이 체계적이지 않다면 부작용은 상쇄되고 최종 인과관계에는 영향을 주지 않는다. 단순한 오류가 무작위로 발생하고 편향이 발생한다면 그 모든 효과는 상쇄되어 인과관계에는 편향의 흔적이 남지 않는다.

---

14 한국 국회의원 선거에서 개별 유권자는 지역 후보자를 선출하며, 동시에 비례대표 후보자를 선출하는 정당에 대한 투표를 한다. 따라서 모든 정당에 대한 투표가 가능하다. 하지만 2000년 4월의 16대 국회의원 선거까지는 지역 후보자에 대한 투표를 통해 정당에 대한 비례대표 지지를 "추정"하였기 때문에 왜곡이 발생하였다. 참고로 2008년 4월의 18대 총선에서 전체 245개 지역구에 한나라당은 전체 지역구 245개에 후보가 출마하였으나, 민주당은 197개 지역구에만 입후보하였다. 또한 자유선진당은 94개, 민주노동당은 103개, 친박연대는 50개 지역구에 후보를 등록하였다.

즉 무작위 또는 비체계적 오류 편향의 합은 영(zero)이다. 하지만, 편향이 체계적으로 작동하는 경우에는 편향의 부작용이 상쇄되지 않고, 따라서 최종적으로 연구자가 측정하고자 하는 인과관계는 왜곡된다. 하지만 편향이 체계적으로 작동한다면 그 편향의 방향을 알 수 있으며, 따라서 정확한 인과관계(accurate causal effect)를 추측할 수 있다.[15] 즉 편향이 인과관계를 과장하는 방향으로 작용한다면, 최종적으로 측정된 인과관계는 과장된 것이며, 따라서 정확한 인과관계는 측정된 인과관계보다 작을 것이다. 반대로 편향이 인과관계를 과소평가한다면, 정확한 인과관계는 측정된 인과관계보다 클 것이며 이를 감안하여 정확한 인과관계를 추정할 수 있다.

하지만 어떤 경우에도 편향이 존재한다면, 인과관계를 정확하게 파악하는 것은 사실상 불가능에 가깝다. 바로 이러한 이유에서 사례 선정은 매우 중요하지만, 현실적으로 편향이 발생하고, 발생한 모든 편향을 완벽하게 제거할 수는 없다. 그럼에도 불구하고 일부 사례는 "사례 자체가 가지는 중요성" 때문에 선정되어야 하며 동시에 풍부한 정보가 존재하는 사례는 편향이 발생할 가능성을 고려하고서라도 선정할 필요가 있다.[16]

2) 쿠바 미사일 위기 사례의 문제점

쿠바 미사일 위기를 연구하는 경우에 바로 이와 같은 사례 선택에서의

15 정확한 인과관계를 측정하기 위해서는 편향의 방향과 함께 그 편향의 크기를 정확하게 파악해야 한다. 현실적으로 편향의 방향은 알 수 있지만 그 크기는 알기 어려우며, 정확한 인과관계를 추정할 수 있을 뿐이다.

16 사례 선정과 편향 등 연구 과정에서 나타날 수 있는 다양한 사례와 그에 대한 해결책 등의 연구 방법론 일반에 대해서는 Gary King, Robert O. Keohane, and Sidney Verba, *Designing Social Inquiry: Scientific Inference in Qualitative Research* (Princeton, NJ: Princeton University Press, 1994)가 탁월하다.

편향은 매우 심각한 문제로 부각된다. 쿠바 미사일 위기를 연구해야 하는 필요성 또는 쿠바 미사일 위기가 중요한 이유는 바로 이것이 냉전 기간 동안 가장 위험한 순간이었다는 사실이다. 하지만 쿠바 미사일 위기가 냉전에서 가장 위험한 순간이었다는 사실 때문에, 쿠바 미사일 위기에 대한 분석은 냉전 시기의 위험성을 상대적으로 높게 평가한다. 즉 평균보다 위험한, 특히 해당 기간 전체에서 가장 위험한 순간을 분석하기 때문에, 선택된 사례는 평균적인 사례보다 훨씬 위험한 사례들이며, 따라서 분석 결과 또한 냉전의 일반적인 위험성을 과대평가한다. 그리고 위험한 상황을 초래하였던 미국과 소련의 행동과 위기 해소 과정의 "진정한 효과"가 아니라 편향된 효과만이 나타난다.

하지만 이 경우에서는 하나의 해결책이 존재한다. 현재 우리는 쿠바 미사일 위기가 냉전 시기 가장 위험했던 순간이라는 사실을 알고 있으며, 쿠바 미사일 위기에 대한 연구에서 도출되는 결론이 냉전의 위험성을 과대평가하게 된다는 사실을 추론할 수 있다. 따라서 우리는 사례 선택에서의 편향이 어떠한 방향으로 인과관계를 왜곡시키는지를 알고 있으며, 따라서 우리는 "진정한 인과관계"의 크기를 대략적으로 추론할 수 있다. 즉 쿠바 미사일 위기에 대한 연구가 사례의 속성 때문에 위험성을 과대평가하게 된다면, 연구 결과에서 측정된 인과관계는 과장된 것이고, 따라서 "진정한 인과관계"는 측정된—다시 말하자면 과장된— 인과관계에서 일정 부분이 감소된 형태로 나타날 것이다. 이러한 추측은 사례 선택에서의 편향이 가져오는 왜곡의 방향을 알고 있기 때문에 가능하다.

또 다른 문제는 단일한 사례를 선택하여 집중 연구하는 경우에는 이 사례가 "순수한 우연"일 가능성이다.17 즉 쿠바 미사일 위기가 단순히

---

17 이와 같은 문제점 때문에 단일한 사례(single case)를 이용하여 기존 이론을 검증하려는

냉전 시기의 국제정치 평균에서 많이 벗어나기 때문에, 이탈 값을 가지는 예외적인 사례(outlier)를 넘어, 순수하게 우연의 산물이며 미사일 위기를 연구해서 우리가 체계적인 지식을 축적하는 것이 불가능할지도 모른다. 평균에서 많이 벗어난 예외적인 사례를 연구하는 경우에, 우리는 사례 선택의 편향을 인정하고 이 때문에 발생하는 왜곡의 방향을 파악하여 정확한 인과관계를 추정할 수 있다. 하지만 연구를 위해 선택한 사례가 순수한 우연의 산물이라면, 우리가 이 사례를 연구하여 얻어내는 결과는 체계적이지 않으며 따라서 다른 사례, 특히 결과를 알고 있지 않은 미래의 사례를 예측하는 데 사용할 수 없다.[18]

이러한 문제점에도 불구하고 쿠바 미사일 위기를 연구하는 것은 그 자체로 중요하다. 미사일 위기가 드문 사건이었고 위험한 사건이었기 때문에, 이것에 대한 상세한 정보는 존재한다. 반면, 일상적이고 평균적인 냉전 기간에 대해서는 그다지 많은 정보가 없다. 대부분의 기간은 위기가 발생하지 않고 평온하였으며, 이른바 양극체제의 안정성이 유지되면서 "아무런 일도 발생하지 않거나" 대부분의 행동이 잠재적으로 이루어졌다.

시도는 설득력이 약할 수 있다. 예를 들어, 기존 이론이 증명될 가능성이 매우 높은 사례(most likely case)에서 경험적으로 기존 이론과는 다른 현상이 나타나는 경우에 해당 이론은 기각할 수 있다. 또한 기존 이론이 기각될 가능성이 매우 높은 사례(least likely case)에서 경험적으로 기존 이론이 예측하는 현상이 나타나는 경우에는, 그 이론은 증명되었다고 볼 수 있다. Harry Eckstein, "Case Study and Theory in Political Science," in Fred I. Greenstein and Nelson W. Polsby (eds.), *Handbook of Political Science*, Vol. 7: *Scope and Theory* (Reading, MA: Addison-Wesley Pub. Co.,1975), pp. 79~137. 하지만 이러한 방식은 사례가 우연의 결과가 아니라는 것을 증명해야 하며, 이것이 증명되지 않는다면 이론 기각 또는 증명의 증거를 확언하기 어렵다.

18 논리적으로 이러한 "우연" 가능성과 동일한 것은 측정오차이다. 진정한 값이 있지만, 이것을 측정하는 과정에서 상당한 오차가 발생한다면, 그리고 이것을 여러 번 반복 측정해서 정확한 값을 파악할 수 없다면, 연구에 필요한 기본 정보에서 오류가 발생하며, 이에 따라 최종 분석된 인과관계는 신뢰할 수 없으며 심한 경우에는 무의미하다.

이러한 이유에서 냉전 기간 대부분 미국과 소련이 어떻게 행동하였는지에 대해서는 알 수 없으며, 위기가 발생하는 경우에는 각각 자신들의 입장을 명시적으로 규정하고 이에 따라 행동하였다. 그리고 위기가 종결되면 자신들의 정책을 정리하면서 새로운 정책을 펼쳐나갔다. 위기와 위기 사이에 미국과 소련은 의례적으로 행동하였고 다양한 접촉을 하였으며 이 과정에서 새로운 위기가 발생하였지만, 기본적으로는 "아무런 일도 없었다."

따라서 냉전에 대한 연구는 정보가 부족한 평균적인 그래서 안정적이었던 대부분의 사례들 전체를 선택하거나, 아니면 집중적인 정보가 풍부한 소수의 위기에 초점을 맞추게 된다. 각각의 선택은 모두 장단점을 가지고 있으며, 완벽한 선택은 존재하지 않는다. 이러한 선택에서 본 연구는 쿠바 미사일 위기라는 단일한 사례를 선정하여 이를 둘러싼 미국과 소련의 행동에 집중할 것이다. 그리고 이를 통해 (1) 안정적인 양극체제에서 쿠바 미사일 위기가 발생한 원인, 그리고 (2) 쿠바 미사일 위기가 종결되는 과정을 분석할 것이다.

4. 연구의 구성

본 연구는 앞에서 논의된 것과 같은 두 가지 질문, 즉 안정적인 양극체제에서 발발한 쿠바 미사일 위기의 원인 그리고 미사일 위기 종결 과정에서 작용하였던 요인에 집중한다. 다음 1부에서는 쿠바 미사일 위기를 이해하기 위한 배경을 논의할 것이다. 이론적인 배경을 다루는 1장에서는 국제정치 이론의 측면에서 쿠바 미사일 위기가 던지는 논리적인 문제점을 검토하면서 본 연구가 분석하고자 하는 이론적인 질문을 논의하겠다. 2장에서는 쿠바 미사일 위기의 역사적인 배경을 제시하면서, 특히 미국과 소련의 전략적 경쟁이었던 냉전과 유럽에서의 핵심 사안이었던 베를린과 쿠바 문제의 연관성 그리고 쿠바혁명 등을 논의할 것이다.

2부에서는 안정적인 양극체제에서 쿠바 미사일 위기가 발생하였던 원인을 검토한다. 3장은 쿠바 미사일 배치를 둘러싼 미국과 소련의 의도를, 4장은 쿠바 미사일 배치를 둘러싼 미국과 소련의 행동을 분석할 것이다. 특히 강조되는 부분은 미국과 소련의 다양한 의도가 탄도미사일 배치와 관련되어 실제 행동으로 이어지는 부분이다. 5장은 이러한 미국과 소련의 의도 및 행동이 가져왔던 상호작용과 위기 고조를 논의하면서 이것이 냉전 기간에서 가장 위험했던 순간을 가져오는, 그리고 상대방의 대응을 예측하면서 자신들의 행동을 결정하는 과정을 살펴볼 것이다. 3부에서는 두 번째 질문인 위기의 해소와 그 과정에서 나타난 역동성을 논의한다. 6장에서는 위기 해소와 관련되어 미국과 소련의 의도를 분석하면서 상대방의 양보를 강요하면서 압박하고 통제된 형태로 위기가 고조되는 과정을 분석한다. 7장에서는 압박 과정에서 나타난 군사력 사용 위협이 미국과 소련 사이의 상호작용을 통해서 위기를 고조시키는 과정을 살펴본다. 특히 제한된 방식으로 군사력을 사용하거나 군사력 사용을 위협함으로써 상대방에게 양보를 강요하려는 행동이 위기를 점차 통제할 수 없는 형태로 고조시키는 측면을 논의할 것이다. 8장에서는 위기 해결 과정에서 작용하였던 통제할 수 없는 전쟁 가능성을 분석할 것이다. 마지막 결론으로서, 쿠바 미사일 위기에 대한 연구가 미래 세계의 이해와 분석에 도움을 줄 수 있는 부분을 논의하겠다.

제1부
쿠바 미사일 위기에 대한 이해

쿠바 미사일 위기는 두 개의 강대국이 존재하였던 냉전 시기의 역사적 사물이다. 따라서 이를 이해하기 위해서 가장 중요한 배경 지식은 바로 냉전이며, 이것은 다음 두 가지 특이한 사항으로 이어진다. 첫 번째 질문은 본 연구의 이론적 배경에 대한 것이다. 왜 냉전이 안정적이었는가? 양극체제의 안정성은 왜 나타나며 다극체제와 비교하는 경우에 특이한 사항은 무엇인가? 그리고 위기는 어떻게 해결되었는가? 이것이 2장의 기본 질문이다.

3장에서 다룰 문제는 쿠바 미사일 위기의 역사적 배경이다. 여기서 핵심 사항은 냉전이라는 역사적 사실에 대한 것이다. 즉 냉전은 무엇이었는가? 미국과 소련은 핵무기와 이를 운반하기 위한 장거리 폭격기와 탄도미사일 부분에서 어떻게 경쟁하였는가? 그리고 쿠바 미사일 위기가 발생하기 이전에 미국과 소련이 갈등을 빚었던 사안은 무엇이었는가? 이러한 지식은 쿠바 미사일 위기를 분석하고 이해하는 데 필수 요소이다.

제1장
국제정치 이론과 쿠바 미사일 위기

쿠바 미사일 위기는 "안정적인 양극체제"에서 발생한 "가장 심각한", 하지만 "성공적으로 해결된" 위기였다. 따라서 다음 두 가지 사항이 부각된다. 첫째, 왜 "안정적인 양극체제"에서 위기가 발생하였는가? 미국과 소련이라는 두 개의 강대국이 존재하기 때문에 국제체제가 안정적이고 대규모 강대국 전쟁이 발생하지 않는다면, 왜 위기가 발생하였는가? 이러한 질문은 다음과 같은 논리적 문제로 이어진다. 소련은 왜 미국에 인접한 쿠바에 핵무기와 탄도미사일을 배치하였는가? 안정적인 체제에서 자신의 생존이 위협받지 않는 상황에서 소련은 어떠한 목적으로 핵무기 및 탄도미사일을 쿠바에 배치하였는가? 또한 미국은 무슨 이유에서 소련의 미사일 배치에 격렬하게 반응하였는가? 안정적 양극체제에서 그리고 미국이 전략 균형(strategic balance)에서 우위를 차지하고 있는데, 왜 소련의 행동에 저항하였는가?

쿠바 미사일 위기와 관련된 두 번째 질문은 위기와 억지(deterrence)에 관련된다. 쿠바 미사일 위기가 "안정적인 양극체제"에서 발생하였다는 사실과 함께 동시에 분석되어야만 하는 문제는 이것이 "성공적으로 수습되어 전쟁으로 폭발하지 않았던 위기"라는 사실이다. 즉 이것은 다음 사안으로 이어진다. 우선, 쿠바 미사일 위기에서 미국과 소련은 어떻게 상대방의 행동에 영향을 미치려고 하였는가? 위기가 해결되는 과정에서 작동하였던 가장 중요한 힘은 무엇인가? 특히 위기 상황에서 억지가 작동하면서, 어떠한 역동성이 발생하였는가?

따라서 이번 장에서는 쿠바 미사일 위기가 국제정치 이론에서 차지하는 이론적 맥락을 제시할 것이다. 이를 위해서 앞에서 논의된 두 가지 질문을 논의하고, 이 과정에서 필요한 이론적 논쟁을 소개하려고 한다. 또한 이러한 논쟁이 국제정치 이론 전반에서 차지하는 맥락과 함께 각각의 결론이 국제정치 이론에 미치는 충격 또한 논의할 것이다. 그리고 이러한 분석이 쿠바 미사일 위기에 대한 논의에서 차지하는 비중에 초점을 맞출 것이다.

1. 양극체제의 안정성과 쿠바 미사일 위기

국제정치 이론에서 양극체제의 안정성은 핵심을 차지한다. 1960년대 이 사안에 대한 고전적인 논쟁이 존재하였으나 지난 30년 동안 이 부분에 대한 국제정치학자들의 견해는 일치하고 있다.[1] 두 개의 강대국이 존재하

1 양극체제와 다극체제의 안정성에 대한 고전적인 논쟁으로는 다음이 있다. Karl W. Deutsch and J. David Singer, "Multipolar Power System and International Stability," *World Politics*, Vol. 16, No. 3 (April 1964), pp. 390~406 그리고 Kenneth N. Waltz, "The Stability of a Bipolar World," *Daedalus*, Vol. 93, No. 3 (Summer 1964), pp. 881~909. 하지만 Kenneth N. Waltz, *Theory of International Politics* (Reading, MA: Addison-Wesley, 1979) 이후 거의 모든 학자들이 양극체제의 안정성을 인정한다.

는 양극체제가 여러 개(5~6개)의 강대국이 존재하는 다극체제보다 안정적이다. 그렇다면 "양극체제의 안정성"이란 무엇을 의미하는가? "안정적인 양극체제"에서 쿠바 미사일 위기는 왜 발생하였는가?

1) 양극체제의 안정성

양극체제가 안정적이라는 주장은 주로 20세기 국제정치사를 중심으로 전개된다. 1945년을 기점으로 강대국의 숫자가 5~6개에서 2개로 줄어들었으며, 동시에 강대국 전쟁에서도 큰 변화가 나타났다. 영국 · 프랑스 · 독일 · 오스트리아-헝가리 제국 · 러시아(소련) · 미국 · 일본 · 이탈리아 등이 존재하였던 1945년 이전 세계에서는 두 번의 세계대전이 발생하였고, 사망자는 1억 명에 육박한다. 하지만 1945년 이후에는 미국과 소련이 강대국의 지위를 유지하였지만, 유럽 국가들과 일본 등은 강대국 지위를 상실하였다.

"장기적인 평화"는 1945년 이후의 세계가 평화로웠다는 것을 의미하지 않는다. 미국과 소련은 여러 번의 위기를 경험하였으며, 동맹국을 보호하기 위해서 또는 동맹국을 확보하기 위해서 서로 군사력을 동원하여 상대를 위협하였다. 하지만 미국과 소련은 직접 그리고 공개적으로 충돌하지는 않았다. 미국은 북한의 한반도 정복을 막고 남한을 보호하기 위해 한국전쟁에 개입하였고, 소련은 중국에 군사 지원을 하는 조건으로 중국의 한국전쟁 참전을 독려하였다. 소련은 비공개적으로 공군력을 동원하여 미국 공군을 공격하여 26명의 소련 조종사가 5대 이상의 미국 공군기를 격추하여 에이스(ace)로 훈장을 받았다. 미군 항공기가 실수로 북한에 인접한 소련 공군기지를 공격하였지만, 소련은 이러한 "침공 행위"에 대해 자제된 반응을 보였으며 미국 또한 "실수"를 사과하고 배상하였다.[2] 베트남전쟁에서 미국은 직접 전쟁을 수행하여 58,220명의 전사자와 약 300,000명의 부상자라는 인명피해를 입었다. 소련은 북베트남에 무기를 제공하였으며 3,000명 규모의 군사고문단을 파견하였다.[3] 중동 지역에서 미국이 이스라엘을 지원하자, 소련은 이스라엘과 대립하고 있는 이집트와 시리아, 요르단, 이라크 등에 무기를 원조하였다. 소련은 1956년과 1967년의 중동전쟁에 간접적으로 개입하였으며, 1973년 10월의 4차 중동전쟁에서는 소련 측 인원이 이집트와 시리아 군사작전을 "적극적으로 지원"하였다.[4] 1979년에 시작된, 소련이 지원한 아프가니스탄전쟁에 미국은 간접적으로 개입하여 소련에 저항하는 무자헤딘(mujahidin) 게릴라에게 무기를 공급하였다. 하지만 미국은 직접 군사력을 동원하거나 군사고문단을 아프가니스탄에 파견하지도 않았다.

이와 같은 양극체제의 안정성에 대해서 왈츠(Kenneth N. Waltz) 등은 두 개의 강대국이 존재하기 때문에 국제관계는 단순해지고, 강대국 사이에서 불확실성이 줄어든다고 주장하였다. 미국과 소련은 서로의 행동에 관심을 기울였으며 상대방의 군사력을 분석하고 의도를 파악하는 데 주력하였으며, 다른 국가들에 대해서는 관심을 기울일 필요가 없었다.

2 미군을 비롯한 UN군이 38선을 무시하고 북진한 다음 날인 1950년 10월 8일 미군 전투기(F-80 Shooting Star) 2대가 항로를 이탈하여 소련 영공을 침범하였고, 북한 국경에서 100km 북쪽 그리고 블라디보스토크에서 남서쪽으로 30km 떨어진 소련 공군기지를 공격하였다. 미국은 10월 19일 UN을 통해 "공격 행동"을 사과하였고 배상금을 지불하였다. Robert R. Simmons, *The Strained Alliance: Peking, Pyongyang, Moscow and the Politics of the Korean Civil War* (New York: Free Press, 1975), p. 159.

3 덕분에 북베트남은 매우 뛰어난 방공망을 운용하였고 미국 공군의 공격에 저항하였다. 이에 대해서는 Stephen Biddle and Robert Zirkle, "Technology, Civil-Military Relations, and Warfare in the Developing World," *Journal of Strategic Studies*, Vol. 19, No. 2 (June 1996), pp. 171~212가 있다.

4 4차 중동 전쟁에 대해서는 Abraham Rabinovich, *The Yom Kippur War: the Epic Encounter that Transformed the Middle East* (New York: Schocken Books, 2004)가 최근 연구이다.

미국과 소련은 자신들이 보유한 압도적인 힘—핵무기와 함께 재래식 군사력— 덕분에 안전을 유지하는 데 동맹국을 필요로 하지 않았고, 순수하게 내부적 균형 유지(internal balancing)를 통해서 안보를 추구하였다. 양극체제에서 균형 유지가 각각 자신의 군사력을 동원해서 이루어졌으며, 따라서 동맹국의 이탈로 인한 세력균형의 급격한 변화는 발생하지 않았다. 반면 여러 개의 강대국이 존재하는 다극체제에서는 세력균형 유지를 위해 내부적 균형 유지와 함께 동맹국을 이용하는 외부적 균형 유지(external balancing)가 동원되며, 세력균형이 빠른 속도로 변화할 가능성이 상대적으로 크다.

특히 문제가 되는 것은 동맹의 안보 딜레마(alliance security dilemma)이다.[5] 이것은 국가가 안보라는 목표를 달성하기 위한 수단에 지나지 않는 동맹이 오히려 국가의 목표에 영향을 미치는 상황으로, 특히 다극체제에서 강력하게 나타난다. 동맹의 안보 딜레마는 방기(放棄; abandonment)와 연루(連累; entrapment) 사이에 완벽한 해결책이 없기 때문에, 동맹국으로 인하여 원하지 않는 전쟁을 수행하게 되는 "연루" 상황에 처하거나 동맹국을 지원하지 않기 때문에 결국 다른 동맹국에게서 고립되어버리는 "방기" 상황에 직면하는 것이다. 여기서 방기의 위험을 두려워하는 경우에는 연루 가능성이 높아지고, 반대로 연루되지 않도록 행동한다면 방기될 가능성이 높아진다. 하지만 양극체제에서는 강대국들이 의존할 다른 동맹국이 존재하지 않기 때문에 방기 위험이 없으며, 따라서 연루 위험 또한 사라진다. 두 개의 강대국만이 남은 상황에서 각각의 강대국들은 자신의 안보를 위해서 스스로의 군사력에 의존하는 내부적 균형 유지에

5 Glenn H. Snyder, "The Security Dilemma in Alliance Politics," *World Politics*, Vol. 36, No. 4 (July 1984), pp. 461~495.

집중하게 된다.

동맹의 안보 딜레마의 가장 대표적인 사례는 제1차 세계대전이다. 1914년 6월에 오스트리아-헝가리 제국의 황태자 부부가 암살된 직후, 독일은 유일한 동맹국인 오스트리아-헝가리 제국에 대한 절대적인 지원을 공언하였다. 영국이 중립을 지키는 가운데, 독일과 오스트리아-헝가리 제국의 연합은 암살범을 지원한 세르비아와 세르비아의 후원국이었던 러시아, 그리고 러시아의 동맹국인 프랑스와 대립하였다. 오스트리아-헝가리 제국은 세르비아를 "응징"하려고 하였으며 독일은 세르비아 문제에 실질적인 이익을 가지고 있지 않았지만 동맹국인 오스트리아-헝가리가 자신의 방기할 가능성 때문에 연루의 위험을 수용하였다. 결국 독일은 자신의 전체 군사력을 동원하여 동맹국을 지원하였으며 제1차 세계대전이 발발하였다. 반면, 1945년 이후 미국과 소련은 동맹국 전쟁에 참전하였지만, 동맹국의 중요성이 크지 않았기 때문에 사용하는 군사력과 전쟁 목표를 제한하였다.

2) 양극체제에서의 평판과 신뢰성 그리고 위기

평판이란 상대방의 유형(type)에 대해 통용되는 정보로서, 상대방에 대한 정확한 정보가 부족한 경우에 큰 효과를 발휘한다. 상대방에 대한 완전한 정보가 존재하는 상황에서는 평판은 무의미하며, 상대방 행동의 신뢰성 또한 분석할 필요가 없다. 문제는 정보가 완전하지 않은 상황에서 부족한, 또는 정확하지 않은 정보를 보충하기 위해 사용가능한 정보를 취합 및 분석하기 때문에 발생한다. 위기 상황에서 국가들이 보여주는 정치적 의지(political resolve)가 그 국가의 평판이며, 이것은 국가 행동의 신뢰성에 영향을 미치고 그 국가와 관련된 위기의 빈도와 결과를 결정한다. 강경하다는 평판이 만들어지면 그 국가의 행동은 상당한 신뢰성을 가지며, 다른 국가들은 이 국가에 쉽게 도전하지 않고 위기가 발생한다고 해도 양보를 강요하기보다는 자신들이 먼저 물러서게 된다. 반면 위기 상황에서 쉽게 양보하며 의지가 약하다는 평가를 받는다면, 그 국가의 행동은 신뢰성을 상실하며, 따라서 다른 국가들은 위기를 유발해서 이 국가에게 도전하고 양보를 강요하게 된다. 강경하다는 평판을 확보하기 위해서 강대국들은 "필요하지 않은 전쟁"을 수행하며, 이를 통해 "향후 발생할 전혀 다른 위기에서 유리한 위치를 차지"하려고 한다.[6]

평판에 대한 논의는 여러 가지 문제를 가지고 있다. 우선 저비스(Robert Jervis)는 자신의 고전적인 연구에서 인식(perception) 개념을 도입하면서 평판과 관련된 문제점을 지적하였다. 특히 평판이 형성되는 과정을 설명할 수 없으며, 동시에 평판이 어떻게 사용되는지에 대해서도 정확한 설명이 어렵다는 것이다.[7] 또한 특정 위기에서 만들어진 평판은 그 위기에 개입한 국가들 사이에서만 작용하며, 다른 국가들은 "평판의 효과"를 인정하지 않는다. 즉 미국과 소련 사이의 위기에서—특히 확장 억지(extended deterrence)와 관련해서— 만들어진 평판은 미국과 소련 사이에서만 사용이 가능하며 미국과 중국 사이에서는 사용할 수 없다는 것이다.[8] 냉전 기간의 경험에 따르면 이러한 평판은 미국과 소련의 상호 인식에서는

---

6 다음 연구들을 통해서 국제정치학에서 평판에 대한 분석이 본격적으로 진행되었다. Herman Kahn, *On Thermonuclear War* (Princeton, NJ: Princeton University Press, 1960) 그리고 Thomas C. Schelling, *Arms and Influence* (Westport, CT: Greenwood Press, 1966).

7 Robert Jervis, *Perception and Misperception in International Politics* (Princeton, NJ: Princeton University Press, 1976).

8 Paul Huth, *Extended Deterrence and the Prevention of War* (New Haven, CT: Yale University Press, 1988). 하지만 이러한 주장에 대해서는 다음의 반론이 있다. James Fearon, "Signaling versus the Balance of Power and Interests: An Empirical Test of a Crisis Bargaining Model," *Journal of Conflict Resolution*, Vol. 38, No. 2 (June 1994), pp. 236~269.

크게 작용하지 않았다는 지적이 있다. 미국과 소련은 제3세계에서—미국의 베트남전쟁과 소련의 아프가니스탄전쟁— 각각 "후퇴"한 이후에서 상대방을 여전히 팽창적이고 공격적인 국가로 인식하였으며, 언제든 반격할 가능성을 가진다고 보았다. 즉 어떤 지역에서 만들어진 평판은 다른 지역으로 전이되지 않는다는 주장이다.[9]

또 다른 비판은 사회심리학(social psychology)을 원용하여 평판의 형성과정 및 사용을 강조한다. 이에 따르면, 상대의 양보가 자동적으로 유약(soft)하다는 평판을 가져오지 않고 오히려 상황 때문에 "어쩔 수 없는 것"으로 이해되는 측면이 있으나, 양보하지 않는 행동은 강경(tough)하다는 평판을 가져온다. 또한 국가의 행동과 국가가 가지게 되는 평판은 일관성이 없고, 상대방과의 관계에 따라 평판이 결정된다고 지적한다. 적대국의 행동은 대부분 강경하다고 평가하고, 따라서 강경하다는 평판을 가지게 되며, 동맹국의 행동은 대부분 유약하다고 평가함으로써 유약하다는 평판을 가진다는 것이다.[10] 즉 국가의 직접적인 행동이 아니라 해당 국가의 상황과 관계에 따라서 일관성이 결여된 방식으로 평판이 만들어지고 사용된다는 것이다. 또 다른 비판은 평판이 전혀 작용하지 않는다는 이론적 반박이다. 국가들은 상대의 과거 행동과 평판이 아니라 개별 사안에 상대방이 가지고 있는 이익(interest)과 그 국가가 개입한 능력(power)을 가지고 있는가에 따라 상대방의 반응을 예측한다는 주장이다. 즉 상대방이 과거에 쉽게 양보를 했다고 하더라도 해당 사안에 뚜렷한 이익과 능력을 가지고 있는 경우에는 개입할 것이라고 보지만, 그렇지

---

9 Ted Hopf, *Peripheral Visions: Deterrence Theory and American Foreign Policy in the Third World* (Ann Arbor, MI: University of Michigan Press, 1994).

10 Jonathan Mercer, *Reputation and International Politics* (Ithaca, NY: Cornell University Press, 1996).

않은 경우에는 강경하다는 평판을 가졌다고 해도 양보할 것이라고 판단한다는 것이다.[11]

하지만 평판과 신뢰도를 유지하려는 노력은 현실 세계에서 흔히 등장한다. 고대 그리스 역사가 투키디데스(Thucydides)도 펠로폰네소스전쟁(Peloponnesian War)을 분석하면서, 평판의 중요성을 강조하였다. 아테네의 침공에 직면한 시실리아(Sicily)는 "자신들이 과거의 동맹국인 스파르타를 지원하지 않고 아테네에 굴복하였기 때문에, 이번에 아테네는 우리 시실리아가 아테네의 침공에도 굴복할 것이라고 판단한다"고 보았다. 또한 약소국이지만 중립을 지키고 있던 멜로스(Melos)를 침공하여 복속을 요구하였다. 멜로스는 자신이 중립국이라고 항의하면서 아테네의 침공에 항의하였으나, 아테네는 "우리는 강대국이기 때문에 우리가 원하는 것을 할 수 있다"고 주장하였다. 동시에 "우리 아테네가 강대국으로 대접받기 위해서는 여기서 물러설 수 없다"고 강조하면서 중립을 훼손하고 멜로스를 점령하였다.[12]

3) 쿠바 미사일 위기와 평판 그리고 양극체제의 안정성

안정적인 양극체제에서 쿠바 미사일 위기가 확대되었던 원인, 특히 미국이 소련의 탄도미사일 배치에 극렬하게 반발하였던 이유는 기본적으로 평판과 관련된다고 한다. 지금 당장 배치된 소련 탄도미사일 자체는 심각한 위협은 아니라고 해도, 소련에게 탄도미사일 배치를 허용한다면 소련은 다른 지역, 특히 베를린 문제에서 미국이 더욱 많은 것을 양보하기

11 Daryl G. Press, *Calculating Credibility: How Leaders Assess Military Threats* (Ithaca, NY: Cornell University Press, 2005).

12 Thucydides, *History of the Peloponnesian War*, trans. Rex Warner (New York: Penguin, 1979), p. 433 그리고 pp. 400~408.

를 기대할 것이라는 우려가 작용하였다는 주장이다. 당시 맥나마라 국방장관은 미사일 발견 직후 "쿠바 배치 탄도미사일은 전략 균형에 영향을 미치지 않는다"고 선언하면서, 동시에 소련의 진정한 목표는 "베를린이다"라고 지적하였다. 현재 심각한 위협은 아니더라도, 지금 양보할 경우에 미국은 쉽게 물러선다는 인상을 주게 될 것이고, 이러한 평판은 미래에 심각한 상황을 초래할 수 있다는 것이다. 또한 소련의 탄도미사일 배치로 중남미 국가들은 미국이 소련의 침투에 적극적으로 대응하지 않는다면 매우 유화적인 태도를 취한다고 판단할 터이기 때문에, 점차 공산주의 세력의 영향력이 강화될 수 있다는 가능성이 강력하게 작용하였다.

소련 또한 평판에 대해 많은 주의를 기울였다고 본다. 당시 중소 분쟁으로 세계 공산주의 운동의 주도권을 둘러싸고 소련과 중국이 대립하기 시작하였으며, 이 과정에서 중국은 소련이 "미국 제국주의"에 적극적으로 대응하지 않는 "패배주의"에 사로잡혀 있다고 비난하였다. 이러한 상황에서 사회주의를 국가 이념으로 채택한 최초의 중남미 국가인 쿠바를 지원하지 않을 수 없었다. 특히 미국이 카스트로 정권을 파괴하기 위해 많은 노력을 기울이고 있었고 1961년 4월에는 쿠바 망명자 부대를 동원하여 "제한적으로 침공"하였다. 따라서 소련은 세계 공산주의 운동의 지도자로서 확고한 평판을 유지하기 위해서는 새롭게 획득한 동맹국 쿠바를 방어해야 했다. 또한 소련은 동독 및 베를린 문제에서 여러 번에 걸쳐 위기를 촉발하였지만, 문제를 해결하기보다는 물러섰기 때문에, 쿠바 문제에서는 "동맹국 방어"라는 명확한 원칙을 고수할 필요가 있었다. 즉 소련은 제한적인 미사일 배치를 통해 전력균형에 있어서 소련의 불리한 상황을 타개하는 것이 아니라, 미국에 대항하는 강대국으로서의 소련의 위상과 그에 걸맞은 평판을 획득하는 것이 더욱 중요한 사안이었다.

이와 같은 주장은 양극체제에서 평판이 더욱 중요하다는 결론으로까지

귀결될 수 있다. 많은 강대국이 존재하는 다극체제와는 달리, 양극체제에서는 오직 두 개의 강대국이 존재하며, 따라서 상대방에 대한 평가가 다음의 위기에서 자신의 행동에 직접적인 영향을 주며, 자신에 대한 평가는 다음 위기에서 상대방의 행동을 직접적으로 결정할 수 있다. 따라서 서로는 각자의 행동에 많은 관심을 기울이며, 미래의 위기에서 우위를 점하기 위해 지금 상황에서 보다 강력한 평판을 만들어내기 위해 많은 자원을 사용한다. 그리고 양극체제를 구성하는 두 개의 강대국은 자신들의 평판과 신뢰도를 강화하기 위한 행동을 의도적으로 하게 된다. 그렇다면 쿠바 미사일 위기에서 미국과 소련은 어떻게 행동하였는가? 이와 같이 평판과 신뢰성을 강화하기 위한 노력은 미사일 위기의 시작에 어떠한 영향을 주었는가? 그리고 이러한 행동은 양극체제의 안정성에 어떠한 결과를 가져오는가?

2. 성공적인 억지 및 위기관리 사례로서의 쿠바 미사일 위기

1914월 6월에 있은 오스트리아-헝가리 제국 황태자 부부의 암살 사건은 단순한 암살 사건에 그치지 않고 유럽 강대국들이 관여하는 위기로 확대되었으며, 결국 제1차 세계대전으로 이어졌다. 반면 1962년 10월의 쿠바 미사일 위기는 미국과 소련 사이의 전쟁으로 이어지지 않았고, 위기는 위기로 수습되었다. 이러한 차이는 위기가 발생하였던 당시 국제체제의 구조가 다극체제였는가, 아니면 양극체제였는가와 함께, 위기관리와 억지 과정에서 중요한 함의를 가진다. 당시 미국과 소련은 군사력 사용을 위협하였고 제한적으로만 군사력을 사용하였으며, 이를 통해 상대방의 행동에 영향을 미치려고 했다. 동시에 위기가 격화되면서 전쟁이 발발할 가능성이 높아졌고, 이러한 가능성과 위험을 공통적으로 인식한 상황에서 결국 미국과 소련은 전쟁을 피하기 위해서 물러섰다. 소련은 미국의 요구를 공개 수용하여 쿠바에서 탄도미사일과 핵무기를 포함한 "공격용 무기"를 철수하였으며, 미국은 소련의 요구를 수용하여 쿠바에 대한 침공 포기를 선언하였고 동시에 터키에 배치된 미국의 탄도미사일을 비공식적으로 철수하였다. 그렇다면, 성공적인 위기관리의 비결은 무엇인가?

1) 위기 및 협상의 이해

국제정치 이론에서 위기 및 협상은 기본적으로 동일한 과정이다. 해당 국가들은 상대방이 먼저 양보하기를 바라면서 상황을 조금씩 악화시키고, 고조된 위기를 동원하여 상대방에게 압박을 가한다. 협상이 결렬되거나 위기가 해결되지 않고 전쟁으로 확대된다면 해당 국가들은 모두 피해를 입으며, 이러한 피해를 보다 잘 수용할 수 있는 국가가 위기에서 승리하고 협상에서 상대방의 양보를 얻어낸다.[13] 이 과정에서 중요한 변수는 해당된 국가들의 상대적 힘이 아니라 개별 국가들이 협상 결렬 또는 위기 폭발의 비용을 얼마나 잘 수용할 수 있는가, 즉 고통을 수용할 수 있는 정치적 의지이다. 상대적 힘과 고통을 수용할 수 있는 정치적 의지는 비례한다고 보지만, 많은 경우에 이것이 항상 높은 상관관계를 보여주지는 않는다. 상대적 힘에서 상대방을 압도할 수 있다고 해도, 고통을 수용하는 정치적 의지에서는 불리한 경우를 상정할 수 있으며,

---

13 협상에 대한 이론적인 분석은 매우 적다. 실제 외교 협상을 분석한 연구로는 다음과 같은 고전적인 연구가 있다. William Mark Habeeb, *Power and Tactics in International Negotiation: How Weak Nations Bargain with Strong Nations* (Baltimore, MD: Johns Hopkins University Press, 1988).

현실적으로 이러한 상황은 흔히 나타난다.

상대적 힘이 가장 강력하게 작용한다고 볼 수 있는 국제정치 현상은 전쟁이지만, 이러한 전쟁에서도 상대적 힘이 전쟁의 결과를 결정하지 못하는 경우가 많다. 특히 상대적 힘의 우위를 이용하여 초기에 완전히 제압하지 못하면 늘어나는 사상자와 전쟁 비용이라는 고통을 수용해야 하며, 따라서 어느 정도의 고통을 감내할 수 있는가에 대한 정치적 의지가 핵심으로 부각된다. 예를 들어, 1965년에 미국은 베트남전쟁에 직접 개입하였으며, 최대 500,000명의 병력을 동원하였다. 상대적 힘에서 미국은 북베트남(Socialist Republic of Vietnam)을 압도하였지만, 전쟁에서 미국은 늘어나는 사상자와 전쟁 비용, 그리고 그에 따른 국내적 반발 때문에 결국 베트남전쟁의 베트남화(Vietnamization of the Vietnam War)를 선언하고 미군 병력을 철수하였다. 1974년에 미국 의회가 남베트남에 대한 지원을 거부하였고 결국 1975월 4월에 미국의 군사 및 재정 지원을 받지 못한 남베트남은 전쟁에서 패배하여 소멸하였다.[14] 또 다른 사례는 1993년 10월에 소말리아에서 발생하였다. 이른바 모가디슈 전투(Battle of Mogadishu)에서 미국은 18명이 전사하였고, 그 가운데 1명의 시신은 소말리아 민병대가 장악하여 모가디슈 시내에 전시되었고 훼손되었다. 텔레비전을 통해 방영된 이 사건을 계기로 미국은 소말리아에서 철수하였다. 이 전투에서 미군 철수를 요구하였던 소말리아 군벌(Mohamed Farrah Aidid) 측에서는 1,000명의 병력이 전사하였음에도 불구하고, 고통을

14 1972년에 북베트남이 공격하였지만, 남베트남은 미국 지상군 병력이 개입하지 않는 상황에서 미국 공군력의 지원만을 받으면서 북베트남 공격을 격퇴하였으며, 베트남화 전략의 성공을 보여주었다. 하지만 워터게이트 사건의 여파로 미국 의회가 남베트남에 대한 재정 및 군사 지원을 거부하였으며 1973년의 석유 가격 급등은 남베트남에게 치명적으로 작용하였다. 결국 미국의 지원이 없는 상황에서 1975년 봄에 남베트남은 붕괴되었다.

감내하였고 결국 미국을 물러서게 만드는 데 성공하였다.[15]

지난 200년 동안 강대국은 약소국과의 전쟁에서 승리하는 것이 계속 어려워져왔다. 1800년 이후 총 200회의 강대국과 약소국 전쟁에서 강대국은 71.5%인 143회 승리하였지만, 강대국 승리의 비율은 시간이 지나면서 점차 감소하였다. 1800년에서 1849년 사이에는 88.2%, 1850년에서 1899년에는 79.5%, 그리고 1900년에서 1949년에는 65.1%의 전쟁에서 강대국이 약소국에 승리하였다. 하지만 그 비율은 1950년에서 1999년 사이에 48.8%로 감소하였다. 1950년에서 1999년까지 강대국과 약소국 사이의 전쟁은 모두 43회 있었으며, 통념과는 반대로 "약소국이 승리"한 경우가 22회로 전체의 51.2%였다.[16] 전쟁에서 상대적 힘의 결정력이 강력하다는 사실을 수용한다면, 1950년 이후 약소국이 51.2%나 승리하였다는 결과는 놀라운 것이다. 하지만 전쟁이 초기 전투에서 종결되지 않고 장기화된다면, 종전을 위해서는 교전 당사자의 협상이 핵심 사안으로 부각된다. 따라서 "상대적 힘" 또는 "군사력"이 아니라 "고통을 감내하는 정치적 의지"가 중요한 결정 요인으로 부각된다.[17]

즉, 협상은 기본적으로 담력 대결(Chicken Game)의 구도를 가진다. 서로 상대방이 먼저 양보하기를 요구하면서 압박하고 협상이 결렬되는 경우에

---

15 모가디슈 전투에 대해서는 Mark Bowden, *Black Hawk Down: A Story of Modern War* (Berkeley, CA: Atlantic Monthly Press, 1999)가 있으며, 이것은 2001년 영화로도 제작되었다. 전사자 측면에서 미국은 소말리아 군벌에 비해서 50배나 높은 전투력을 발휘하였으나, 전투의 정치적 목표를 달성하지 못하였다.

16 Ivan Arreguin-Toft, *How the Weak Win Wars: A Theory of Asymmetric Conflict* (Cambridge: Cambridge University Press, 2005).

17 이 연구에서 사용한 데이터 가운데 1950년 이후 강대국이 승리하지 못한(lose or tie) 전쟁은 평균 교전 기간은 5.48년이다. 교전 기간이 1년 미만의 기간으로 짧았던 전쟁 가운데 강대국이 패배한 사례는 3회였으며, 이것은 1965년에 발생한 인도-파키스탄 전쟁, 1967년의 3차 중동전쟁, 그리고 1973년의 4차 중동전쟁이다.

빚어지는 파국적인 결과는 모두가 피하려고 하며, 어쩔 수 없다면 모두가 양보하는 상황을 선호한다. 즉 모두가 양보하지 않아 협상이 결렬되는 것이 최악의 상황이고, 상대방이 일방적으로 양보하는 것이 최선이며, 자신이 일방적으로 양보하는 상황이 차악이며, 모두 같이 양보하는 경우가 차선인 것이다. 이 경우에 선호체계는 DD < CD < CC < DC라고 표현할 수 있으며, 이것은 다음 형태로 나타난다.[18] 여기서 중요한 변수는 상대방의 행동으로, 상대방이 양보하는 경우에 자신은 양보하지 않으나 상대방이 양보하지 않는 경우에는 파국을 면하기 위해서 자신이 양보해야 한다. 따라서 상대방의 행동에 영향을 미치기 위해서 압력을 가해야 하며, 상대방에게 자신은 양보하지 않을 것이기 때문에 파국을 피하기 위해서는 상대방이 먼저 양보해야 한다고 설득해야 한다. 이러한 과정에서 중요한 것은 상대적 힘이 아니라 파국이 발생하는 상황에서 나타나는 고통을 감내할 수 있는 정치적 의지이다.

[도표] 담력 대결 상황

		행위자 2	
		C	D
행위자 1	C	(3 . 3)	(2 . 4)
	D	(4 . 2)	(1 . 1)

18 여기서 C는 양보(Concession)를 의미하며 D는 양보거부(Defection)를 뜻한다. 즉 CC는 상호 양보, CD는 자신의 일방적 양보, DC는 상대방의 일방적 양보, 그리고 DD는 협상 결렬을 의미한다. 이와 같은 개념 및 분석은 다음에서 인용하였다. Kenneth A. Oye (ed.) *Cooperation under Anarchy* (Princeton, NJ: Princeton University Press, 1986).

2) 억지에 대한 이해

억지란 군사적 보복을 위협하여 상대방의 공격적인 행동을 사전에 예방하는 것이다. 이는 흔히 군사적 위협으로 상대방에게 특정 행동을 하도록 강제하는 강압(coercion)과 유사하다. 다만 강제하는 행동과 사용하는 군사적 위협의 성격에서 차이가 있다. 억지는 특정 행동을 하지 않도록 강제하기 위해서 군사력 사용을 위협하지만, 강압은 특정 행동을 하도록 강제하기 위해서 현재 군사력을 사용한다.[19] 즉 상대방이 군사력을, 또는 특정 무기를 사용하는 경우에는 보복하겠다고 위협하여 군사력 사용 또는 특정 무기의 사용을 사전에 방지하는 것이 억지라면, 강압은 폭격 등을 감행하여 상대방이 양보하도록 강요하는 것이다. 억지에서는 국가들의 군사력이 직접 사용되지 않으며 군사력 사용을 위협하는 데 그치며, 군사력을 사용하는 경우에도 매우 제한적으로 사용한다. 반면 군사력을 사용해야 하는 상황은 억지의 실패이지만, 강압에서는 군사력 사용이 핵심이며 군사력이 사용되지 않은 강압이란 존재하지 않는다.

따라서 억지가 상대방에게 군사적 보복을 위협하여 상대방의 공격적인 행동을 예방하기 때문에, 상대방이 위협을 무시하고 공격적인 행동을 감행하는 경우에는 억지가 실패한 것을 인정하고 자신의 위협을 실현시키기 위해서 군사력을 사용하여야 한다. 하지만 일단 억지가 실패한 경우에 보복 위협에 따라서 군사력을 사용하는 것은 무의미하며, 상대방의 군사력에 따른 위기를 수습하여 전쟁이 확대되는 것을 방지해야 한다. 상대방

---

19 강압에 대한 연구는 많지 않다. 대표적인 것으로는 Daniel Byman and Matthew Waxman, *The Dynamics of Coercion: American Foreign Policy and the Limits of Military Might* (New York: Cambridge University Press, 2002)가 있다.

이 군사력을 사용한 상황에서 보복을 위한 군사력을 사용한다면, 전쟁이 확대될 가능성이 높아지며 공격적인 행동의 억제라는 억지의 최초 목적에서 더욱 멀어진다. 즉 억지는 상대방의 미래 행동에 영향을 주기 위해서 미래에 발생할 보복을 위협하는 것이지만, 일단 상대방이 특정 행동을 감행하는 경우에는 그 행동을 수용하는 것이 보다 이익이 된다.

이처럼 억지가 가지는 신뢰성 부족 문제는 핵 억지에서 잘 드러난다. 냉전 기간 동안 미국과 소련은 상대방이 핵무기를 사용하지 않도록 핵무기를 사용한 보복을 위협하였고, 핵 억지는 냉전 기간 동안 평화를 가져왔다. 하지만 핵 억지가 실패하고 미국과 소련 사이에 핵전쟁이 발발하였다면, 핵무기를 사용한 보복을 감행하는 것은 피해만을 가중시키고 핵전쟁을 격화시킨다.[20] 오히려 상대방이 핵무기를 사용한 경우에도, 우리는 핵무기 사용을 자제해야 하며 핵무기를 사용하는 경우에는 상대방의 도시가 아니라 핵무기를 공격해서 파괴하는 것이 낫다. 이를 통해 앞으로 사용할 수 있는 핵무기의 숫자를 줄이고 상대방이 추가로 핵무기를 사용하는 경우에는 상대방의 도시를 공격해서 더욱 많은 피해를 입히겠다고 위협해서 핵전쟁을 제한 또는 종결시키는 것이 가능하다.[21]

20 미국과 소련 사이에 핵전쟁이 발발해서 서로 상대방을 공격하여 엄청난 피해가 발생하였다고 가정하자. 이 경우에 보복 공격을 감행하는 것은 논리적이지 않으며 남아 있는 자원을 동원하여 이미 발생한 피해를 복구하고 재건에 집중하는 것이 합리적이다. 선제공격으로 피해를 입은 국가는 자신의 생존이 파괴되었기 때문에, 보복 공격은 "피에 굶주린 복수"에 지나지 않으며 단순히 복수심을 충족하는 것 이상으로는 의미가 없다. 생존자들을 구출하고 사회를 재건하기 위해서는 선제공격을 감행한 국가에 "항복"하고 전쟁을 종결해야 하며, 공격 국가에 대한 보복이 아니라 협력이 필요하다.

21 상대방의 도시를 보복 공격해서 파괴한다면, 상대방은 "더 이상 잃을 것이 없기 때문"에 절망에 빠지고 결국 보유한 모든 핵무기를 동원해서 절망적인 보복 공격을 하게 된다. 따라서 1차 보복은 상대방의 도시 등의 가치 목표를 공격하는 목표 설정(countervalue targeting)이 아니라 상대방의 군사력을 파괴하는 목표 설정(counterforce targeting)을 중심으

하지만 억지가 실패한 경우에 보복 위협을 실행하지 않는다는 것이 처음부터 확실하다면, 억지는 작동하지 않고, 따라서 상대방은 공격적인 행동을 하며 전쟁 등이 발생할 가능성이 커진다. 억지가 성공하려면 보복 위협이 설득력을 가져야만 하는데, 보복을 실행하는 것은 수반되는 피해 때문에 자신에게 이익이 되지 않는다. 반면 보복을 100% 확실하게 하는 억지는 상대의 공격적 행동을 예방하기보다는 파국을 가져올 수 있다. 억지의 기본 가정은 상대방이 공격적으로 행동한다는 것이며, 따라서 상대방의 공격에 무조건적으로 보복하는 행동은 피할 수 없는 전쟁을 초래할 수 있다. 결국 억지에서 중요한 것은 보복의 신뢰도를 유지하면서 동시에 무조건적인 보복을 실행하지 않는 것이다. 특히 보복이 이익이 되지 않기 때문에 보복의 신뢰도는 반드시 감소하며, 보복의 신뢰도가 감소하는 경우에는 억지는 처음부터 작동하지 않는다.

억지 및 보복의 신뢰도를 문제에 대해서는 이른바 "운에 맡기는 위협"(threat that leaves something to chance)이 논리적인 해결책이다. 쉘링(Thomas Schelling)은 억지의 핵심은 보복 위협이라는 확실성이 아니라 어느 누구도 확고하게 통제하지 못하는 "운"(運; chance)이라고 주장하였다.[22] 즉 보복 위협이 필요하지만 보복을 실행하는 것은 이익이 되지 않기 때문에, 억지가 성공하기 위해서는 어느 누구도 통제하지 못하는 또 다른 힘에 의한 위협이 필요하며 이것이 바로 "운에 맡기는 위협"이다. 이러한

로 이루어져야 한다. 하지만 군사력을 목표로 설정하는 경우에는 위기 상황에서 너무 늦기 전에 군사력을 사용해야 하며 군사력을 위기 초반에 사용하지 않으면 상대방의 공격에 군사력 전체를 상실할 가능성이 높아진다. 따라서 목표 설정에서 최선의 선택은 존재하지 않는다.

22 억지에 대한 이론적 해석에 대해서는 Thomas C. Schelling, *The Strategy of Conflict* (Cambridge, MA: Harvard University Press, 1960)와 Robert Powell, *Nuclear Deterrence Theory: The Search for Credibility* (Cambridge: Cambridge University Press, 1990)가 탁월하다.

시각에서 보면 억지는 확실히 보복한다는 위협이 아니라 위기가 진행되는 과정에서 발생되는 우발적인 전쟁 가능성에 의해서 작동한다. 즉 미국과 소련이 서로에게 핵무기를 사용하지 않은 것은 핵무기를 동원한 보복 위협 때문이 아니다. 서로는 상대방의 보복 위협에 대해서는 신뢰하지 않았고 실행되지 않을 협박(empty threat)으로 파악했다고 해도, 위기 과정에서 의도하지 않았던 핵전쟁이 발생할 가능성을 두려워했고 이것이 억지를 유지했었다는 것이다. 이러한 우발적 전쟁 가능성 또는 위기에 수반되는 위험은 평온한 상황에서도 무력 충돌을 가져올 수 있다. 하지만, 억지가 작동하기 위해서는 이러한 위험은 필수적이기 때문에 우발적인 전쟁 가능성을 완벽하게 통제해서는 안 된다. 동시에 의도적으로 전쟁이 우발적으로 발생할 수 있도록 위험 요인을 남겨두는 것이 역설적으로 필요하다. 핵 억지가 작동하기 위해서는 핵무기 사용에 있어서 "완벽한" 지휘통제 체계가 작동할 필요가 없으며 동시에 작동해서도 안 된다.[23]

3) 억지의 작동과 협상

이와 같은 측면에서 억지와 협상 그리고 위기는 논리적으로 동일하다. 보복에 대한 신뢰성을 의심하는 상황에서, 그리고 보복하겠다는 정치적 의지에 대한 신뢰성을 의심할 만한 논리적 근거가 있는 상황에서는, 억지는 상대방이 먼저 양보하기를 기대하면서 위험을 조금씩 고조시키고, 이를 통해 파국의 위험을 수용할 정치적 의지가 큰 당사자가 승리하는

23 하지만 이러한 위험이 너무나도 크다면 평화 시에 사고 등으로 핵전쟁이 발생할 가능성이 있다. 핵무기 사고에 대해서는 Scott D. Sagan, *The Limits of Safety: Organizations, Accidents, and Nuclear Weapons* (Princeton, NJ: Princeton University Press, 1994)가 있으며 핵무기 지휘통제에 대해서는 Peter D. Feaver, *Guarding the Guardians: Civilian Control of Nuclear Weapons in the United States* (Ithaca, NY: Cornell University Press, 1992) 등이 있다.

담력 대결이다. 상대방을 억지하기 위해서는 상대방을 완전히 파괴할 수 있는 보복 능력이 아니라 파국의 위험을 감수할 더욱 강력한 정치적 의지를 가지고 있어야 하며, 상대방과의 대결에서 더욱 많은 위험을 감내하는 국가가 상대방을 억지할 수 있다.

또한 억지를 결정하는 요인은 협상을 종결하는 요인과 동일하다. 협상에서 각자가 요구조건을 수정하면서 합의에 다다르고 협상이 타결된다. 협상이 무한정 지속되지 않고 최종적으로 종결되는 것은 협상이 지속되는 경우에 소요되는 비용이며, 특히 협상이 결렬되는 경우에 발생하는 손해이다. 즉 협상 파국의 피해를 피하려는 국가들이 서로 조금씩 양보하게 되고, 그 피해를 감내할 정치적 의지가 부족한 측이 더욱 많은 양보를 한다. 이러한 과정은 억지에서도 나타난다. 각자는 서로 상대방이 먼저 양보하기를 바라면서 군사적 보복을 위협하며 이 과정에서 위기가 고조되고 어느 누구도 바라지 않지만 우발적으로 전쟁이 발생할 가능성이 높아진다. 우발적 전쟁 가능성을 더욱 두려워하는 국가가 상대방의 요구를 수용하고 먼저 물러서며, 우발적 전쟁 가능성을 상대적으로 덜 두려워하는 국가가 상대방을 억지한다.

억지의 실패 또한 협상의 실패와 비슷한 이유에서 발생한다. 협상이 실패하는 것은 서로 너무나 많은 것을 요구하고 있고, 따라서 서로 양보하지 않는 경우에 발생한다. 이때, 협상 당사자들은 협상 결렬의 피해를 두려워하지 않으며, 각자 자신들이 협상 결렬의 피해를 감내할 의지가 강하다고 판단하면서 상대방이 먼저 양보하기를 압박한다. 하지만 이 과정에서 협상이 우발적으로 결렬될 수 있지만, 대부분 서로의 조건이 수렴하기에는 너무나도 큰 차이가 있기 때문에 합의가 이루어지지 않는다. 한편 억지의 실패는 단순히 요구조건에서의 차이가 아니라, 억지 과정에서 나타나는 우발적인 전쟁 가능성 때문에 나타난다. 억지가 실패하는 경우에, 특히 억지 실패로 인하여 핵전쟁이 발생하는 경우에, 발생하는 피해는 엄청나다. 따라서 핵전쟁 직전의 최후 순간에서는 상대방의 어떠한 조건이라도 수용하는 것이 합리적이다. 하지만 억지 과정에서 우발적인 전쟁 가능성이 항상 존재하며 이러한 가능성은 억지가 진행되면서 점차 증가하여, 결국 정확히 예측할 수는 없지만 일정 시점 이후에서는 전쟁이 발발한다. 또한 개별 억지 과정에서 우연적인 요인이 작용하여, 우발적인 전쟁 가능성이 급등하고 전쟁이 발발할 수 있다.[24]

3. 이론적 질문과 쿠바 미사일 위기의 이해

쿠바 미사일 위기를 분석하는 데 있어서 이러한 이론적인 질문은 매우 중요하다. 당시 국제체제의 구조가 미국과 소련이라는 두 개의 강대국이 존재하는 양극체제이었다는 사실은 소련이 탄도미사일을 쿠바에 배치한 이유와 미국이 압도적인 전략 균형에도 불구하고 강력하게 반발하였던 이유를 잘 설명하지 못한다. 이러한 미국과 소련의 행동은 이것이 평판과 관련되는 문제이지만, 실제 행동에서는 매우 혼란스러웠다. 또한 쿠바 미사일 위기의 종결은 억지가 작동하는 원인과 그 과정을 잘 보여준다. 특히 억지의 기반이 보복 위협의 확실성인가 아니면 우발적인 전쟁 가능성의 존재인가에 대한 판정은 쿠바 미사일 위기 당시 미국과

24 이러한 관점에서 협상과 국제 분쟁에 대한 다양한 견해를 정리한 것으로는 Robert Powell, "Bargaining Theory and International Conflict," *Annual Review of Political Science*, Vol. 5 (2002), pp. 1~30이 있다. 또한 Erik Gartzke, "War is in the Error Term," *International Organization*, Vol. 53, No. 3 (Summer 1999), pp. 567~587은 이론적으로 매우 중요한 통찰력을 제공한다.

소련의 행동에 기초하여 결정될 경험적 사안이다.

하지만 쿠바 미사일 위기를 이해하기 위해서는 추상적인 국제정치 이론으로는 충분하지 않으며, 냉전이라는 맥락을 이해할 필요가 있다. 특히 앞에서 논의한 이론적 사항이 기본적으로 당사자들의 접촉이 반복되는 경우를 상정하고 있기 때문에 더욱 그러하다. 그 역사적 배경과 다양한 이전 접촉, 그리고 반복되는 사안에 대한 논의는 다음 장에서 이루어진다.

제2장
쿠바 미사일 위기의 배경

쿠바 미사일 위기는 미국과 소련 사이의 전략적 경쟁(strategic rivalry)이었던 냉전의 일부였다. 1945년 5월에 유럽 전쟁이 끝나면서 미국과 소련 사이의 긴장이 고조되었고, 1950년에는 히틀러에 대항하는 동맹국이었던 두 국가는 서로 상대방을 적대 국가로 규정하고 사실상 전쟁 상태에 들어갔다. 이러한 전쟁은 실제 군사력을 동원하여 상대방을 집중적으로 공격하지는 않았다는 측면에서 냉전(Cold War)이라고 불렸지만, 그 정치적 열기는 다른 어떠한 열전(Hot War)보다 뜨거웠다. 이후 1989년에 독일의 분단이 해소되어 동독이 소멸하고 서독에 흡수되고 1991년에 소련이 붕괴하기까지, 냉전은 국제정치의 핵심이었다. 이러한 측면에서 쿠바 미사일 위기를 이해하기 위해서는 우선적으로 냉전을 정확하게 이해하고 쿠바 문제가 가지는 맥락을 파악해야 한다.

미국과 소련의 전략적인 경쟁은 우선 양극체제 두 개의 강대국 사이에서 벌어지는 전략무기 경쟁으로 나타났다. 핵무기 경쟁에서 미국은 1945년 7월, 핵실험에 성공하였고 8월 6일과 9일에 각각 히로시마와 나가사키에 핵무기를 투하하였다. 1949년 8월에 소련이 핵실험에 성공하면서 미국의 핵무기 독점이 무너졌으며, 이후 원자폭탄을 넘어서 수소폭탄을 개발하는 경쟁이 시작되었다. 미국은 1952년 11월에, 그리고 소련은 1953년 8월에 각각 수소폭탄 실험에 성공하였다. 핵무기를 운반할 수 있는 탄도미사일 경쟁에서, 소련은 미국에 비해서 초기에 우위를 확보하였다. 미국과 소련은 1945년 직후에 독일 과학자 및 기술자들을 통해 탄도미사일 기술을 확보하고, 1940년대 말에는 미사일을 복원하였다. 1957년 10월에 소련은 최초의 인공위성인 스푸트니크(Sputnik)를 지구궤도에 올리는 데 성공하였으며, 1961년 4월에는 인류 최초의 유인 우주 비행에 성공하였다. 반면 미국은 미사일 발사에 실패하면서, 인공위성 및 우주 비행에서 각각 1958년 1월과 1962년 2월로 소련에 뒤처졌다.

냉전의 핵심 무대는 분단된 독일을 중심으로 하는 중부 유럽과 한반도 및 대만해협을 중심으로 하는 동북아시아였다. 한국전쟁의 경험상 지상군을 동원하여 한반도를 돌파하는 것은 매우 어려웠으며, 대만과 중국은 해협으로 분리되어 있기 때문에 지상군 돌파는 물리적으로 불가능하였다. 따라서 냉전에서 소련 지상군 위협의 핵심은 중부 유럽이었으며, 특히 동서독 국경선에 위치한 풀다(Fulda)에서 서독 프랑크푸르트(Frankfurt am Main)까지의 회랑 지역인 풀다 간극(Fulda Gap)은 그 위협의 핵심이었다. 풀다 지역은 동부 유럽 침공의 전통적인 경로였고, 따라서 미국과 NATO 국가들은 소련이 이러한 지형을 이용하여 서부 유럽을 공격할 가능성을 우려하였다.[1] 이러한 재래식 군사력 균형 문제와 함께, 미국과 소련은

1 이 문제에 대한 분석은 John J. Mearsheimer, "Why the Soviets Can't Win Quickly in Central Europe," *International Security*, Vol. 7, No. 1 (Summer 1982), pp. 3~39가 있다. 이 문제를 둘러싼 논쟁은 다음과 같은 방향으로 확대되었으며, 동시에 매우 감정적으로 진행되었다. Joshua M. Epstein, "Dynamic Analysis and the Conventional Balance in Europe," *International*

핵무기 전력에서 서로 경쟁하였고 동시에 유럽에서는 군사적으로는 방어할 수 없는 상징적인 장소인 과거 독일의 수도 베를린을 둘러싸고 정치적인 대립이 존재하였다. 소련은 베를린에서 미국이 철수하기를 원했으나, 미국은 서부 유럽에 대한 미국의 지지를 상징적으로 보여주는 베를린 주둔을 포기하지 않으려고 했다.

유럽에서의 대립과 함께, 미국과 소련은 아시아와 아프리카, 그리고 중동 지역에서도 경쟁하였다. 이 지역에서 영향력 증가 또는 감소가 미국과 소련의 안보에 직접적인 위협으로 작용하지는 않았지만, 개별 지역의 정치적 상징성 때문에 상당한 경쟁이 발생하였다. 본 연구의 무대가 되는 쿠바에서는 혁명이 발생하여 미국이 통제하였던 정권이 붕괴하였으며, 이후 미국과 쿠바 관계는 악화되었다. 미국은 다양한 방법으로 쿠바의 신생 정권을 무너뜨리려고 하였으나 실패하였고, 이에 소련이 개입하여 서반구 최초의 공산주의 국가를 건설하였다.

1. 냉전의 발발과 미국과 소련의 전략적 경쟁

1941년 6월 22일에 나치 독일은 소련을 침공하면서 제2차 세계대전의 지리적인 범위를 확대한다. 1939년 8월 23일에 히틀러와 스탈린은 불가침 조약을 체결하고, 9월 1일에 독일이 폴란드를 침공하자 소련이 침공에 가담하여 폴란드를 분할하였다. 1940년 2월에 독일과 소련은 무역조약을

Security, Vol. 12, No. 4 (Spring 1988), pp. 154~165 그리고 John J. Mearsheimer, "Assessing the Conventional Balance: The 3:1 Rule and Its Critics," *International Security*, Vol. 13, No. 4 (Spring 1989), pp. 54~89.

체결하였고, 이를 통해 소련은 독일이 영국과 프랑스와 전쟁을 수행하는 데 필요한 식량과 자원을 공급하였다. 하지만 독일은 이에 만족하지 않고 1941년 6월에 소련을 침공하였다. 독일은 침공 초기에 눈부신 승리를 거두었지만 소련은 굴복하지 않았다. 1941년 12월 7일, 일본의 진주만 공격으로 미국이 참전하고 독일과 미국은 12월 11일에 상호 선전포고를 통해 전쟁 상태에 들어간다.[2] 그리고 이후 전쟁에서 미국과 소련은 독일을 압도하였다.

제2차 세계대전이 끝나고 나서 동맹국이었던 미국과 소련은 서로를 의심하기 시작하였고, 따라서 자신의 안전을 확보하기 위해 군사력을 증강하면서 상대방은 자신에 대해서 공격적인 의도를 가지고 있다고 보았다. 이 과정에서 미국과 소련은 상대방을 더욱 의심하게 되었으며, 상대방이 지금은 공격적으로 행동하지 않는다고 해도 어느 순간 공격적으로 돌변할 수 있다는 불확실성이 중요한 고려사항으로 부각되었다. 전쟁 기간에 어느 정도 등장하였던 이러한 상호 인식은 1946년에 들어서면서 본격적으로 등장하였다. 우선 소련 주재 미국대사관 대사대리(charge d'affaire)인 케난(George F. Kennan)은 1946년 2월 22일에 "장문의 전보"(The Long Telegram)를 통해 소련의 공격적인 성향을 경고하였다. 케난은, 소련은 사회주의 국가로서 자본주의 국가들과 끝없는 전쟁을 수행한다고 스스로를 인식하며 전통적으로 많은 침입을 받았던 러시아의 역사적 경험에 기초하여 자신들의 안보에 과민반응(paranoia)한다고 지적하였다.

2 하지만 전쟁에 공식적으로 참전하기 이전부터 미국은 사실상 독일과 전쟁 상태를 유지하였다. 미국의 공식적인 지위는 중립국이었지만, 독일의 적국이었던 영국에 무기와 식량을 공급하였으며 미국 해군이 영국 화물선단을 대서양 중간 지점까지 호위하였다. 1941년 10월 31일에 독일 잠수함은 미군 해군 구축함(USS Reuben James)을 아이슬란드(Iceland) 근해에서 공격하여 격침하였다.

또한 소련이 군사적 위협에 매우 민감하게 반응하며 내부적으로 취약하기 때문에 미국은 군사력이 아니라 정치력으로 소련의 팽창을 봉쇄(containment)하고 미국 내부 개혁에 집중함으로써, 소련 공산주의를 압도하는 미국 민주주의의 우월성을 보여주어야 한다고 주장하였다. 동시에 소련도 미국을 유사하게 인식하였다. 1946년 9월 27일에 미국 주재 소련 대사인 노비코프(Nikolai Novikov)는 소련 외상인 몰로토프(Viacheslav Molotov)에게 보낸 전문에서 제국주의론을 원용하여 미국의 행동을 분석하였다. 노비코프는, 미국은 독점자본가가 통제하고 있기 때문에 소련에 매우 적대적이며, 또 다른 전쟁을 통해서 세계 전체를 장악하려고 하며 이를 위해 군사력을 증강하고 있다고 평가하였다. 하지만 미국은 다른 제국주의 국가인 영국과도 갈등관계에 있으며, 이와 같은 미국과 영국 제국주의의 갈등은 석유 자원을 둘러싸고 중동 지역에서 발생할 것이라고 예측하였다.[3]

이러한 인식에서 소련은 미국이 핵무기를 독점하고 있는 상황에서는 자신들의 안전이 보장될 수 없다고 보았고, 따라서 가능한 한 빨리 핵무기를 획득하기 위해 전력을 기울였다. 독일의 침공으로 물리학 연구가 사실상 중단되었지만, 1943년에 기본 연구가 다시 시작되었고 1945년에 핵무기 실험 이후에 소련의 노력은 가속화되었다. 미국 핵무기 개발계획에 대한 정보가 소련 첩보조직을 통해 유입되었으며, 체포된 독일 과학자들은 소련 과학자들과의 협력을 강요받았다. 또한 핵물리학 학술지와 미국이 공개한 핵무기 정보는 소련 핵개발에 큰 도움이 되었다. 4년 동안의 노력 끝에 소련은 1949년 8월 29일에 원자폭탄 실험에 성공하

3 Kenneth M. Jensen (ed.), *Origins of the Cold War: The Novikov, Kennan, and Roberts 'Long Telegrams' of 1946* (Washington, DC: United States Institute of Peace Press, 1993).

였다.[4] 이후 미국은 핵분열 반응(fission)을 사용하는 원자폭탄을 넘어서 핵융합(fusion) 반응에 기초한 수소폭탄 개발을 시작하였고, 1952년 11월 1일에 10.4메가톤 위력의 핵폭발 장치를 실험하였다. 하지만 이러한 장치는 군사무기로 사용할 수 있을 만큼 실용적이지 않았고, 1954년 3월 1일에 "사용가능한 무기"로서의 수소폭탄 실험에 성공하였다.[5] 소련은 1953년에 초기 단계 실험에 성공하였으며, 이것을 개량하여 1955년 11월 22일에 항공기에서 투하하는 방식으로 수소폭탄 실험에 성공하였다. 이후 소련은 폭발력 증가에 주력하여 1961년 10월 30일에 50메가톤 위력의 수소폭탄 실험에도 성공하였다.[6]

미국의 핵 독점이 무너지고 소련의 핵 능력이 매우 빨리 성장하면서 1950년대에 미국과 소련은 상대방의 본거지를 핵무기로 공격할 수 있는 군사적 능력을 의미하는 전략 균형(strategic balance)을 둘러싸고 본격적으로 경쟁하였다.[7] 당시 소련은 핵무기를 보유하고 있었지만 이것을 미국

---

4 소련 핵개발 전반에 대해서는 David Holloway, *Stalin and the Bomb: The Soviet Union and Atomic Energy, 1939~1956* (New Haven, CT: Yale University Press, 1994)이 가장 포괄적인 연구이다.

5 미국의 수소폭탄은 액체 중수소(liquid deuterium)를 사용하였기 때문에 무게 20톤의 냉각장치가 필요하였으며 동시에 전체 무게 또한 80톤에 육박하였다. 이후 미국은 수소화리튬(lithium hydride)을 사용하는 수소폭탄을 개발하여 1954년 3월에 성공하였다.

6 소련은 처음부터 수소화리튬을 사용한 수소폭탄을 개발하였으며, 실험용 폭탄을 항공기에서 투하함으로써 무기로서의 수소폭탄이 가지는 효과를 극적으로 보여주었다. 1961년 10월에 성공한 소련의 수소폭탄은 역사상 최대 폭발력을 자랑하는 무기였으며, 본래 설계에서는 100메가톤 위력을 가지도록 되어 있었지만 실험 목적을 위해서 의도적으로 위력을 절반으로 감소시켰다. 소련은 이 실험에서도 항공기에서 폭탄을 투하하였다.

7 전략무기(strategic weapons)란 냉전 시기에 미국과 소련의 경쟁관계에서 만들어진 용어로, 엄격한 정의는 존재하지 않는다. 다만 미국과 소련은 1971년에 전략무기 제한협정(SALT I; Strategic Arms Limitation Treaty)을 협상하면서 다음의 세 가지 무기를 전략무기로 지칭하는 데 합의하였다. 사정거리 5,500km 이상의 탄도미사일—사정거리 600km 이상의 잠수함 발사 탄도미사일(SLBM)— 항속거리 8,000km 이상의 폭격기 또는 사정거리 600km 이상의

본토로 운반할 수단을 가지고 있지는 않았다. 따라서 소련은 자신의 열세를 감추기 위해서 전략 능력을 과장하고 항공기와 탄도미사일을 통해 미국 본토를 공격할 수 있다고 강조하였으며, 이러한 인상을 심어주기 위해 많은 노력을 기울였다.[8] 덕분에 미국은 소련이 미국을 폭격기에서 압도하고 있다는 "폭격기 격차"(Bomber Gap)에 휩쓸려 들어갔다. 또한 인공위성 및 우주개발에서 소련이 미국을 앞서나가자 이번에는 탄도미사일에서 미국이 소련에게 뒤처져 있다는 "미사일 격차"(Missile Gap) 논란이 나타났다. 하지만 소련은 미국 본토 공격을 위한 탄도미사일을 대량생산하지 못했으며, 소련이 자랑하던 "로켓 수 백기"는 존재하지 않았다.[9] 그럼에도 불구하고 전략 균형에서의 "격차"는 정치적으로는 중요한

순항미사일을 탑재한 폭격기. 여기서 탄도미사일 사정거리 기준인 5,500km는 알래스카를 제외한 미국과 소련 본토 사이의 최단거리로, 탄도미사일로 상대방 본토를 공격하는 데 필요한 사정거리이다. 폭격기 항속거리인 8,000km는 본토에서 출격하여 공중 급유 1회를 통해 상대방을 공격하고 기지로 복귀가 가능한 최소 항속거리이다. 잠수함 및 폭격기에 탑재된 미사일 사정거리 600km는 뚜렷한 기준 없이 결정되었으며, 잠수함과 폭격기를 통해 상대방 본토 부근까지 접근할 수 있다는 사실이 고려되었다.

8 소련은 노동절(May Day) 또는 혁명 기념일(11월 6일)에 군사 행진을 통해 폭격기와 미사일 등을 공개하였다. 특히 1955년 행사에서 전략 폭격기(M-4; Bison) 10대를 동원하여 6회 반복 비행시킴으로써, "관객"들에게는 소련이 보유한 장거리 폭격기가 최소한 60대가 된다는 인상을 심어주었다. 또한 서방측은 소련이 1954년 5월에 처음 공개한 폭격기를 1년 동안 60대나 생산하였다는 "사실"을 충격적으로 받아들였으며, 특히 언론은 소련이 몇 년 이내에 600대의 장거리 폭격기를 보유할 수 있다고 추정하였다.

9 초기 로켓은 매우 불안정하였고, 특히 로켓 연료 및 산화제의 부식성 때문에 문제가 발생하였다. 소련은 로켓 연료를 따로 생산 · 저장 · 운반하지 않고 발사대에 연료 생산설비를 일회용으로 구축하였다. 따라서 연료를 주입한 이후 24시간 이내에 발사 또는 연료관 및 연료 전체를 교체해야 했다. 그럼에도 불구하고 사고는 빈발하였다. 1960년 10월의 발사 실험 과정에서 로켓이 폭발하여, 참관하였던 전략로켓군 사령관(Mitrofan Nedelin)을 비롯하여 소련 공식 발표로 82명이 사망하였다. 폭발한 로켓은 R-16으로서 사정거리는 11,000km이며, 소련이 최초로 배치한 ICBM이었다. Sergei N. Khrushchev, *Nikita Khrushchev and the Creation of a Superpower* (University Park, PA: Penn State University Press, 2000), pp. 416~425.

사안이었고 1960년의 대통령 선거에서 민주당의 케네디(John F. Kennedy) 후보에게 매우 유리하게 작용하였다.[10]

1962년에 쿠바 미사일 위기가 발생하기 직전, 전략 균형에서 미국은 소련을 압도할 정도의 우위를 확보하고 있었다. 1962년을 기준으로 전술 핵무기를 제외한 전략핵무기 보유량에서 미국은 2,150기, 그리고 소련은 420기였으며, 그 차이는 5배 정도였다. 또한 본토를 공격할 수 있는 탄도미사일 전력에서 미국은 120기의 대륙간 탄도미사일(ICBM; Inter-Continental Ballistic Missile)을, 그리고 소련은 25-75기의 ICBM을, 장거리 전략 폭격기에서도 미국은 1,600대를 보유하였지만, 소련은 175대를 보유하였다.[11] 또한 잠수함 발사 탄도미사일(SLBM; Submarine Lauched Ballistic Missile)에서도 미국은 1960년 6월에 SLBM 탑재 핵추진 잠수함(George Washington Class - Ethan Allen Class)을 취역하였고 이후 각 잠수함당 16기씩 총 144기의 탄도미사일(Polaris SLBM)을 배치하였다.[12] 하지만

---

10 폭격기 격차와 미사일 격차에 대해서는 다음 연구가 있다. Peter J. Roman, *Eisenhower and the Missile Gap* (Ithaca, NY: Cornell University Press, 1995) 그리고 Christopher A. Preble, *John F. Kennedy and the Missile Gap* (DeKalb, IL: Northern Illinois University Press, 2004).

11 전략 균형은 Richard L. Kugler, *Commitment to Purpose: How Alliance Partnership Won the Cold War* (Santa Monica, CA: RAND, 1993), p. 111에서 인용하였다. 한편 Steven J. Zaloga, *The Kremlin's Nuclear Sword: The Rise and Fall of Russia's Strategic Nuclear Forces, 1945~2000* (Washington, DC: Smithsonian Institution, 2002), pp. 241~248에 따르면, 1962년에 소련은 56기의 ICBM을, 159대의 장거리 전략 폭격기를 보유했다. 하지만, 이러한 소련의 전략 미사일 전력에 대해서는 서로 다른 평가들이 존재한다. 또한 전략 전력을 구분하면서 탄도미사일을 명확하게 분류하지 않고 있으며, 그에 따라 서로 모순되는 평가가 존재한다. 당시 소련 장거리 폭격기는 고도 측면에서 전투기 공격에 매우 취약하였으며 항속거리가 짧아서 미국을 폭격하고 소련으로 귀환할 수 없었다. Holloway, *Stalin and the Bomb*, pp. 322~324.

12 미국이 배치한 폴라리스 미사일(UGM-27 Polaris)은 사정거리 1,800km로 단일 탄두미사일이었다. 이후 미국은 지속적으로 개량하여 폴라리스 후기형은 2,800km · 3,700km · 4,600km의 사정거리를 가지게 되었다.

소련은 SLBM 탑재 핵추진 잠수함(Project 658; Hotel Class)을 건조하는 데 많은 어려움이 있었고, 결국 1962년 10월 1일까지 5척만이 취역하였으며 사정거리 600km의 탄도미사일(R-13; SS-N-4 Sark)을 잠수함당 3기, 총 15기를 배치하였다.[13] 다른 자료는 당시 미국은 80기의 SLBM을, 그리고 소련은 SLBM와 잠수함 발사 순항미사일(SLCM; Submarine Launched Cruise Missile)을 포함하여 총 125기를 보유하였다고 한다.[14]

따라서 소련은 "정상적인 방법"으로는 미국과의 경쟁에서 승리할 수 없었다. 대신 소련은 자신들의 핵전력을 과장하였다. 1958년 12월에 소련을 방문한 미국 상원의원(Hubert H. Humphrey)을 만난 흐루시초프는 면담 시간을 연장하여 오후 3시에서 저녁 11시까지 8시간 동안 소련의 핵전력 우위를 강조하였다. 여기서 흐루시초프는 소련은 사정거리 9,000마일(14,400km)의 탄도미사일을 보유하고 있다고 자랑하면서, 핵전쟁이 일어나는 경우에는 험프리 상원의원의 고향인 미네아폴리스는 핵공격 대상에서 빼주겠다고 호언하였다.[15] 동시에 소련은 이러한 과장이 "폭로"될 수 있는 기회를 가능한 한 회피하였다. 1955년 7월에 미국은 "상호 영공 공개"(Open Skies)를 제안하고 당시 소련 국방장관 주코프(Georgy

---

13 미국은 SLBM을 핵추진 잠수함에 배치하였지만, 소련은 디젤엔진을 장착한 재래식 잠수함에 미사일을 배치하였다. 따라서 재래식 잠수함에 탑재되었던 SLBM까지 전략 균형에 포함시킨다면, 소련의 열세는 상당 부분 상쇄된다. 소련은 두 종류의 재래식 잠수함을 사용하였다. 하나는 1962년 10월까지 22척이 취역하였던 잠수함(Project 629; Golf Class)이며, 다른 하나는 공격 잠수함으로 건조되었지만 그 가운데 6척이 SLBM 탑재 잠수함으로 개조되었던 잠수함(Project 611; Zulu Class)이다. 각각은 3기의 탄도미사일을 탑재하였다.

14 Kugler, *Commitment to Purpose*, p. 111. 당시 소련이 배치한 잠수함 발사 미사일은 사정거리 150km의 스커드(Scud; R-11FM; SS-N-1 Scud-A) 미사일이었기 때문에 소련 근해에서는 발사할 수 없었으며 미국 근해에 접근했어야 하지만 재래식 잠수함의 항속거리와 속도 문제로 사실상 운용에 많은 한계가 있었다.

15 William Taubman, *Khrushchev: The Man and His Era* (New York: Norton, 2003), pp. 406~408.

Zhukov)는 이러한 제안에 찬성하였지만, 흐루시초프는 상호 정찰로 소련 핵전력의 "진정한 규모"가 드러날 것을 우려하여 미국의 제안을 거부하였다.16

이에 미국은 "일방적인 영공 공개"를 강제하였다. 1950년대 중반에 미국이 도입한 U-2 정찰기는 21,000m 상공을 비행하면서 소련 대공미사일이나 전투기의 요격을 피할 수 있는 성능을 가지고 있었다. 이러한 능력에 기초하여 미국은 소련 영공을 침범하였고, 1956년 7월부터 서독과 일본의 기지에서 이륙하여 소련을 정찰하였으며, 1957년 7월에 파키스탄에 배치되어 중앙아시아 지역의 소련 탄도미사일 및 장거리 폭격기 기지 등을 촬영하였다. 이에 소련은 별다른 반응을 보이지 않았다. 1960년 4월에 소련은 U-2 정찰기 격추를 시도하였으나 처음에는 실패하였지만, 5월 1일에 소련은 파워스(Gary Powers)가 조종하는 U-2를 대공미사일(SA-2 Guideline; S-75 Dvina)을 사용하여 격추하였다.17 이후 미국은 고공 정찰기가 아니라 인공위성을 사용하여 소련의 영공을 "침범"하지 않고 소련을 정찰하는 방안을 강구하였다. 1950년대 중반에 미국 공군은 정찰위성 계획을 검토하고 있었으나, 스푸트니크 발사 이후인 1958년 2월에 미국 정부는 CIA와 미국 공군이 공동으로 관리하는 본격적인 코로나

16 Aleksandr Fursenko and Timothy Naftali, *Khrushchev's Cold War: The Inside Story of an American Adversary* (New York: W. W. Norton, 2006), pp. 43~47.

17 미국 정부는 격추된 비행기가 파키스탄에서 이륙한 정찰기가 아니라 터키에서 출발한 미국 항공우주국(NASA) 소속 항공기이며 기계 고장으로 소련 영공을 침범하였으나 소련이 격추하였다고 발표하였다. 하지만 조종사였던 파워스는 체포되어 자신이 CIA 소속으로 정찰 임무를 띠고 소련 영공을 침범하였다고 실토하였다. 소련은 이를 공개하고 미국의 사과를 요구하였지만, 미국이 사과하지 않으면서 미국 · 영국 · 프랑스 · 소련의 제네바 정상회담(1960년 5월 15일)은 파탄되었다. 파워스는 3년 수감과 7년 노동 교화형을 받았고 소련에서 21개월을 수감되었다가, 1962년 2월에 소련 스파이(Vilyam Fisher; Rudolf Abel)와 교환되어 석방되었다.

(CORONA) 정찰위성 프로그램을 발족하였으며, 로켓 발사는 모두 우주개발 실험으로 위장되었다. 하지만 초기 실험은 계속해서 실패하였고 촬영된 정찰 사진 필름이 실수로 북극 지방에 낙하하여 소련이 필름을 확보하는 "사고"까지 발생하였다. 하지만 1960년 8월에 로켓 발사와 정찰위성의 궤도 진입, 그리고 필름 회수까지 모두 성공하였으며, 덕분에 미국은 U-2 정찰기 24회 비행에 해당하는 정보를 확보하고 이전까지는 찾아내지 못했던 64개의 비행장과 26개의 새로운 대공미사일 기지를 파악할 수 있었다.[18]

즉 1960년대에 들어서면서 미국과 소련의 전략 균형은 더욱 벌어지기 시작하였으며, 이전까지 소련의 과장 때문에 유지되었던 소련의 "우위"는 사라지고 있었다. U-2 항공정찰과 코로나 위성정찰 등으로 미국이 소련에게 장거리 폭격기 또는 탄도미사일 전력에서 뒤처져 있다는 "격차 신화"(gap myth)는 불식되었으며, 이에 국방장관 맥나마라(Robert S. McNamara)는 1961년 2월 6일의 취임 첫 기자회견에서 "격차는 없다"고 선언하였다.[19]

2. 유럽에서의 냉전: 중부 유럽과 베를린

미국과 소련이 핵폭탄과 탄도미사일 그리고 장거리 폭격기 등의 전략무기를 둘러싸고 경쟁하였다면, 미국과 소련의 재래식 군사력과 이를

18 코로나 프로그램에 대해서는 Dwayne A. Day, John M. Logsdon, and Brian Latell (eds), *Eye in the Sky: The Story of the Corona Spy Satellites* (Washington, DC: Smithsonian Institution, 1998)가 있다.

19 하지만 "격차는 없다"는 발표는 행정부 전체의 의견을 조율한 결과가 아니었고, 따라서 상당한 혼란이 발생하였다. Preble, *Kennedy and the Missile Gap*, pp. 154~160.

보완하는 단거리 핵무기가 직접적으로 대치하였던 곳은 독일을 중심으로 하는 중부 유럽이었다. 미국과 소련은 이 지역을 방어하기 위해서 많은 노력을 기울였으며 엄청난 병력을 집중하였다.

상황은 제2차 세계대전의 역사적 산물이었다. 1944년 12월에서 1945년 2월 사이에 독일 야전군이 붕괴하고 1945년 5월에 나치 독일이 파멸하였다. 독일은 분할 점령되고 수도 베를린 또한 독일 점령 4개국이 독일과 공동 평화조약이 체결될 때까지 잠정적으로 베를린을 공동 관할하기로 하였다. 또한 베를린이 위치한 독일 동부 지역을 점령하고 있던 소련은 베를린과 독일 "서부 지역" 사이에 항공로 3개를 공식 인정하였고 동시에 비공식적으로 도로와 철도를 통해 미국과 영국 그리고 프랑스가 베를린 점령 지역까지 물자를 운반하는 권리를 묵인하였다. 하지만 냉전이 본격화되면서 미국과 소련은 독일 및 베를린 문제로 대립하였고, 1948년 6월에 소련은 이전의 제한적이고 산발적인 봉쇄조치를 넘어서 베를린에 대한 지상 교통 및 물자와 전력 공급을 전면 봉쇄하였다. 이에 미국 측은 포츠담 협정에 명시된 항공로를 이용하기로 결정하고, 베를린에서 필요한 물자를 항공기를 이용하여 공수하였다.[20] 서베를린 주민의 생존에는 하루 1,500톤의 식량과 3,500톤의 연료가 필요하였지만, 미국과 영국은 1948년 8월 말부터는 매일 1,500회의 비행으로 하루 4,500톤의 물자를 보급하였다. 이 과정에서 소련은 미국 측의 항공수송을 차단하거나 도전하지 않았으며, 포츠담 협정에 명시된 미국 측의 항공로 사용 권한을

---

20 독일 점령군 사령관이었던 클레이(Lucius D. Clay) 장군은 베를린 봉쇄 직전인 1948년 6월 13일에 다음과 같이 보고하였다. "미국이 베를린을 유지해야 할 이유는 없다. 하지만 베를린 문제는 다른 측면에서 심각한 사안이며, 특히 미국의 지위와 의지와 직결되어 있다. 미국이 베를린을 포기한다면, 미국이 유럽에서 가지고 있는 우월한 지위는 무너질 것이다. 좋던 나쁘던, 베를린은 미국의 유럽에 대한 강력한 의지의 상징이다."

인정하였다. 결국 소련은 1949년 5월 12일에 봉쇄를 중지하고, 베를린은 다시 "정상화"되었다.[21]

하지만 베를린의 지위는 정상적이지 않았다. 독일이 분단되는 과정에서 미국 측 점령 지역은 1949년 5월 23일에 서독(FRG)으로 주권이 이양되었고, 소련 점령 지역에서도 10월 7일에 동독(GDR)이 수립되었다. 하지만 미국과 소련을 중심으로 하는 점령국의 공동 통제 지역인 베를린, 특히 서베를린은 제3의 지위를 가지고 있었다. 1949년에 소련은 독일 지역에 대한 점령을 일방적으로 종식하고 동베를린을 포함하는 점령 지역 전체에 대한 주권을 동독 정부에게 이양하였다. 하지만 미국 측은 서베를린을 포함하는 베를린 전체를 미국 · 소련 · 영국 · 프랑스 "4개국 점령국이 공동으로 관리하는 점령지"로 인식하고, 베를린 점령은 점령 4개국 합의에 의해서만 종식될 수 있다고 보았다. 동서독 정부가 수립된 1949년 이후에도 미국 측의 공식 입장은 서베를린은 서독의 일부가 아니며 서독 헌법과 법률이 적용되지 않는다는 것이었다.[22] 베를린은 형식상 점령국 사령관을 "국가원수"로 하는, 그리고 그 밑에서 실무를 담당하는 선출직 시장(Governing Mayor)이 존재하는 독립 도시국가(free city)였으며, 여기에 동베를린도 포함된다는 것이 미국 측의 논리였다. 하지만 동베를린은 동독의 일부이자 동독의 수도이기 때문에, 실질적으로 특수 지위는

21 봉쇄 기간 동안 미국은 178만 톤의 물자를, 그리고 영국은 54만 톤의 물자를 공급하였고, 그 가운데 3분의 2는 석탄이었다. 수송기 비행 횟수는 28만 회였으며, 그 총 연장거리는 9,200만 마일로 지구에서 태양까지의 거리와 비슷하다. 봉쇄가 가장 많이 이루어졌을 때, 베를린에서는 30초마다 한 대의 수송기가 착륙하였다.

22 하지만 서베를린 의회는 서독 헌법과 법률과 동일한 내용의 서베를린 헌법과 법률을 의결하였기 때문에 법률관계에서는 혼란이 발생하지 않았다. 그렇지만, 서베를린의 독특한 지위 때문에 서베를린 주민들은 서독 선거에서 투표권이 없었으며 동시에 서독 국민들에게 부여되었던 병역 의무 또한 부담하지 않았다.

서베를린에만 적용되었다.

문제는 서베를린이 "서방 측 섬"으로 동독 한복판에 놓여 있다는 사실이었으며, 이것은 동독 입장에서는 상당히 심각한 정치적 문제로, 그리고 동독의 후견인이 소련 입장에서는 매우 골치 아픈 외교 문제로 작용하였다. 1949년 이후 동독 주민들은—특히 젊고 교육을 많이 받은 동독 주민들은—서독으로 탈출하였으며, 이 때문에 동독 정권은 심각한 위기에 직면하였다. 1961년까지 탈출한 동독 주민은 전체 인구의 20%에 육박하였고 1959년에 120,230명, 1960년에 182,278명, 1960년 10월까지 152,000명에 달하였다.[23] 이에 1961년에 소련과 동독은 베를린 문제를 해결하는 "확실한 방안"을 집행하였다. 동독 정부는 8월 12일에 장벽 설치를 공식 결정하였고, 다음 날 새벽부터 서베를린 지역을 봉쇄한 다음 장벽 공사를 시작하였다. 동서 베를린을 연결하였던 도로와 철도가 파괴되고 철조망이 임시로 가설되었으며, 최종적으로는 200km에 달하는 "베를린 장벽"(Berlin Wall)이 설치되었다.[24]

장벽 설치 자체는 위기로 이어지지 않았다. 하지만 이후 미국과 소련이 새로운 환경에 적응하는 과정에서 위기가 발생하였다. 10월 22일에 서베를린 주재 미국 외교관(Allan Lightner)이 오페라 구경을 위해 동베를린으로 들어가는 과정에서 동독 경찰에 의해 제지되었다. 이에 미국은 미국 대사관 번호판을 장착하고 외교 차량 깃발을 게양한 차량을 동원하여 다른 외교관(Albert Hemsing)을 동베를린으로 "파견"하였다. 동독 경찰이

---

23 Hope M. Harrison, *Driving the Soviets Up the Wall: Soviet-East German Relations, 1953~1961* (Princeton, NJ: Princeton University Press, 2003), p. 158.

24 장벽 설치가 결정되기 이전인 1960년 11월 30일에 소련과 동독을 정상회담을 개최하였고, 여기서 소련은 "동독의 이익이 소련의 이익이다"는 주장을 펼치면서 동독의 베를린 장벽 설치를 적극적으로 지지하였다. Harrison, *Driving the Soviets Up the Walls*, pp. 151~157.

등장하여 신분증을 확인하자, 미국은 헌병을 보내서 미국 외교관을 "보호"하고 동베를린 전체를 통과하여 서베를린으로 귀환하였다. 10월 27일에 동일한 상황이 재현되었으며, 그 과정에서는 아무런 충돌이 없었다. 하지만, 귀환 직후 미국과 소련 전차가 검문소(Checkpoint Charlie)에서 대치하였다. 100m 정도의 거리를 두고, 미국과 소련 전투 병력이 10월 27일 오후 5시에서 28일 오전 11시까지 대치하였으며, 양쪽은 동시에 물러서기로 합의하면서 상황이 종료되었다.

이러한 과정을 거치면서 베를린은 정치적으로 포기할 수 없는 상징이 되었다. 서베를린의 지리적인 위치 때문에 동독 또는 소련이 서베를린을 공격하는 경우에는 미국이 군사적으로 서베를린을 방어하는 것이 현실적으로 불가능하였다. 하지만 방어 가능성을 이유로 포기하기에는 서베를린이 가진 정치적인 상징성은 너무나도 중요하였다. 냉전 초기에 막대한 비용을 지불하면서 미국은 물자를 공수하였으며, 베를린 장벽이 만들어진 이후에 서베를린을 보호하기 위해 많은 노력을 다하였다. 이러한 노력은 1963년 6월 26일에 케네디 대통령에 의해서 매우 상징적으로 과시되었다. 서베를린을 방문한 자리에서 케네디는 "나는 베를린 시민입니다"(Ich bin ein Berliner; I am a Berliner)라고 선언하였고, 미국의 서베를린에 대한 정치적 의지를 확고하게 과시하였다.

3. 주변부에서의 냉전과 쿠바혁명

냉전의 무대가 되었던 지역은 유럽과 동북아시아만이 아니었다. 특히 중동지역에서는 이라크, 북아프리카에서는 이집트, 아프리카에서는 콩고, 동남아시아에서는 라오스와 베트남이 중요한 무대로 부각되었으며, 미국과 소련은 이 지역에 군사 및 경제 원조를 통해서 침투하면서 자신들의 영향력 확대에 노력하였다. 각각의 지역에서 미국과 소련은 경쟁하였지만, 군사적으로 충돌하지는 않았고, 이후 베트남전쟁에 미국이 본격적으로 개입하였지만 소련은 적극적으로 관여하지 않으면서 무력 충돌 자체는 없었다. 하지만 충돌 가능성은 존재하였으며, 그 가능성이 가장 높았던 지역이 바로 쿠바였다.

쿠바는 1492년에 콜럼버스(Christopher Columbus)가 "발견"하여 스페인 영토로 선언하였고, 1898년에 미국이 스페인과의 전쟁에서 승리하면서 필리핀과 푸에르토리코(Puerto Rico) 그리고 괌(Guam)과 함께 식민지로 확보하였다. 하지만 쿠바 합병에 대한 논의는 1820년대부터 미국에서 다양하게 전개되었으며, 1854년에 미국 의회는 쿠바를 "구입"(purchase)하는 방안을 추진하였지만 남북전쟁으로 실현되지는 않았다. 1870년대 미국은 쿠바 경제를 사실상 통제하였으며, 1898년의 미국-스페인 전쟁의 평화조약(Treaty of Paris)은 이러한 상황을 법률적으로 승인한 것에 지나지 않았다.[25] 1902년 5월에 쿠바는 공화국으로 독립하였지만, 미국은 쿠바를 보호국으로 지배하였고, 1903년 2월 조약으로 미국은 "쿠바의 정치 · 경제 · 군사 문제에 개입할 권리"를 확보하고 쿠바 동남부 최고의 항구인 관타나모(Guantánamo Bay)를 영구 조차하였다. 1912년과 1933년에

25 전쟁 직전인 1897년에 미국은 스페인에게 쿠바를 "구입"하겠다고 제안하였으나 스페인이 거부하였다. 결국 미국은 하바나 항구에서 미국 전함(USS Maine)에 폭파된 것을 빌미로 전쟁을 선포하였고, 쿠바를 점령하였다. 스페인에게 제안한 금액은 3억 달러였으며, 1854년에 논의되었던 금액은 1억 3,000만 달러였다. 이전에도 미국은 외국으로부터 영토를 구입하였다. 미국은 1803년인 나폴레옹 전쟁 당시 프랑스에게 루이지애나(Louisiana)를 인수하였고, 1867년에는 러시아에게서 720만 달러에 알라스카(Alaska)를, 그리고 1898년에도 미국은 필리핀을 합병하는 대신 스페인에게 2,000만 달러를 지불하였다.

미국이 군사적으로 "개입"하였으며, 이 과정에서 바티스타(Fulgencio Batista)가 쿠바를 "안정시킬 수 있는 인물"로 부각되었다. 1933년에 쿠데타로 권력을 장악한 바티스타는 1940년에서 1944년까지 대통령을 역임하였고, 이후 "미국으로 은퇴"하여 생활하다가 1952년에 쿠데타를 통해 다시 정권을 장악하였다.26

바티스타 정권은 억압을 통해 권력을 유지하고 쿠바를 착취하였고, 이에 대한 강력한 반발이 존재하였다. 이러한 배경에서 카스트로가 이끄는 게릴라 집단이 등장하여 지지 기반을 확대하였다. 스페인 출신 사업가의 아들인 카스트로는 쿠바 엘리트 계급이었으며, 하바나 대학 시절부터 반정부 단체에서 활약하였고 졸업 후 변호사로 활동하면서 정치에 관여하였다. 1953년 7월에 카스트로는 게릴라 부대를 지휘하여 쿠바군 주둔지(Moncada Barracks)를 공격하였으나 실패하여 체포되었고, 1955년 5월에 바티스타는 카스트로 등을 해외로 추방하였다. 카스트로는 동생인 라울 카스트로(Raul Castro) 등과 함께 1956년 11월에 다시 쿠바로 잠입하였다. 초기의 어려움에도 불구하고 카스트로 세력은 영향력을 확대하기 시작하였고 미국 언론 또한 카스트로의 명분에 동조하였다.

1957년에 카스트로는 쿠바 내부의 바티스타 반대 세력을 자신의 지휘하에 하나로 통합하고 쿠바의 정치적 대안으로 부상하였다. 그는 자신이 정권을 장악하는 경우에 바티스타가 쿠데타로 효력을 정지시킨 1940년 헌법을 부활시키겠다고 공언하였으며, 외국 투자를 보호하고 국유화 조치를 취하지 않겠다고 선언하였다. 1958년 5월에 바티스타 정권은

26 바티스타는 선거를 통해 정권을 장악하려고 하였지만, 승리 가능성이 너무나도 적었기 때문에 선거 예정일 3개월 전에 쿠데타를 감행하였다. "임시 대통령"의 직위를 차지하고 행정부를 통제하였고, 선거를 취소하고, 1940년에 제정된 헌법의 효력을 정지시켰다. 미국은 쿠데타 직후 바티스타 정권을 승인하였다.

카스트로 세력을 섬멸하기 위해 군사력을 동원하였으나, 병력 대부분이 탈영하면서 군사력 균형이 무너졌다. 카스트로 세력은 쿠바 동부의 산악 지대에서 중부 지방으로 세력권을 확대하였고, 주요 도시들을 점령하기 시작하였다. 1958년 12월에 쿠바 중부의 산타클라라(Santa Clara)를 둘러싼 전투(Battle of Yaguajay)에서 카스트로가 승리하자, 바티스타는 1959년 1월 1일에 도미니카공화국으로 탈출하고 카스트로가 주민들의 열렬한 환영을 받는 가운데 1월 8일에 수도 하바나에 입성하면서 기존 정권이 붕괴하였다.

권력을 장악한 카스트로는 2월 16일에 수상으로 취임하였지만, 혁명을 먼저 추진한다는 명분으로 총선을 거부하였다. 또한 4월에는 미국을 방문하여 자신이 "공산주의자라는 의혹"을 불식시키기 위해 노력하였다.[27] 하지만 미국 정부는 카스트로를 포용하지 않았으며, 아이젠하워 대통령은 카스트로의 면담을 거부하였다. 1959년 5월에 카스트로는 토지 개혁을 실시하여 대농장을 해체하고 외국인 소유 토지를 몰수하였다. 1960년 2월에 쿠바는 소련에서 석유를 수입하였으나 미국 소유의 쿠바 정유시설이 소련산 원유의 정제를 거부하자, 쿠바 정부는 정유시설을 강제 수용하였으며 미국은 쿠바와의 외교관계를 단절하였다. 1960년 6월에 미국이 쿠바에서 수입하는 설탕을 제한하자 쿠바는 쿠바에 존재하는 미국 투자 자산 8억 5,000만 달러를 국유화하였다. 이후 카스트로

27 카스트로는 이 방문에서 자신의 매력을 마음껏 발휘하였다. 하버드 대학을 방문하여 자신이 하버드 대학에 지원했다가 탈락한 사실을 공개하면서 학생들의 자부심을 고양시켰다. 당시 하버드 대학 학부 학장(Faculty of Arts and Sciences Dean)이었던 번디(McGeorge Bundy)는 환영사에서 "카스트로를 탈락시킨 것은 하버드 대학 역사상 최악의 실수"라고 하면서 우호적인 분위기를 조성하였다. 1961년 1월에 번디는 케네디 행정부의 국가안보보좌관(National Security Advisor)으로 입각하였고, 쿠바 미사일 위기에서 카스트로와 대결하였다.

정권은 생존을 위해 소련에 더욱 가깝게 접근하였으며, 소련이 쿠바 설탕을 수입하고 쿠바에 방어용 무기를 공급하면서 그 관계는 더욱 발전하였다.

1960년 3월에 미국은 카스트로 정권의 제거를 결정하였다. 3월 17일에 아이젠하워 대통령은 "카스트로 정권 전복 계획"(Program of Covert Action Against the Castro Regime) 문서를 승인하였으며, 이어 4월부터 CIA는 쿠바 망명자를 모집하여 "의용군"(Brigade 2506)을 구성하여 군사 훈련을 시작하였다.[28] 하지만 실질적인 조치가 취해지지는 않았으며, 11월에 있은 대통령선거에서 케네디가 승리하였다. 새롭게 들어선 민주당 정권은 아이젠하워 행정부에서 수립된 카스트로 제거 계획을 1961년 4월 4일에 최종 승인하였고, 이에 쿠바 망명자로 구성된 부대가 미국의 지원을 받아 1961년 4월 15일에 피그스만(Bay of Pigs)에 상륙하였다. 하지만 1,500명 정도의 침공군은 해안에서 고립되었으며, 케네디 행정부가 미국의 군사력을 동원하여 개입하지 않으면서 침공은 실패하였다. 전사 및 철수 인원을 제외한 1,200명이 포로로 잡혔고, 쿠바는 지휘관급을 처형하고 나머지 인원은 1962년 12월에 5,300만 달러 상당의 식량 및 의약품과의 교환 조건으로 미국으로 추방되었다.

이후 카스트로 정권은 미국이 다시 침공할 것이라고 예상하였고, 이것은 지극히 당연한 반응이었다. 내부 단속을 통하여 혁명에 반대하는 세력을 제거하였으며, 상당 숫자의 반대파를 미국 등지로 추방하면서 카스트로 정권의 권력 기반은 더욱 강화되었다. 하지만 케네디 행정부는

---

28 군사훈련은 미국을 비롯하여 파나마와 과테말라 등지에서 실시되었으며, 과테말라에는 쿠바 망명자 부대를 위한 비행 훈련장까지 건설되었다. 한편 소련은 스페인 내전(1936~1939) 참전자를 중심으로 한 스페인 출신 군사 고문단을 쿠바에 파견하였으며, 이들은 쿠바 군사력 보강에 큰 도움이 되었다.

쿠바 침공을 포기하고 대신 파괴 및 첩보 활동 등을 통해 카스트로 정권을 전복한다는 결정을 내렸으며, 케네디 대통령의 동생인 법무장관 로버트 케네디(Robert F. Kennedy)가 통제하는 특별위원회(Special Group)를 창설하였다. 이후에 추진된 몽구스 작전(Operation Mongoose)은 1962년부터 본격적으로 작동하였지만, 효과는 없었고 활동 또한 미미하였다.[29] 하지만 소련은 미국이 다시 침공할 것이라고 판단하였으며, 쿠바를 보다 적극적으로 지원하였다. 특히 쿠바가 "미국 제국주의에 저항하여 살아남은 라틴아메리카 혁명 세력"이며 동시에 "사회주의 혁명이 제국주의보다 강력하다는 사실을 보여주는 증거"로 부각되면서, 이에 대한 소련의 정치적 지지는 더욱 강화되었다.

29 이후 미국 정책결정자들은 몽구스 계획은 "공격적이고 시끄럽기만 하고, 효과는 없었던 실패작"이었으며, 따라서 "완벽한 실패"였다고 회고하였다. 또한 맥나마라 등은 공개석상에서 몽구스 계획은 "멍청한 발상"이라고 지적하였으며, "아무런 행동을 하지 않기 위한 심리적 정당화"라고 평가하였다.

제2부

첫 번째 질문:

왜, 그리고 어떻게 위기가 발생하였는가?

1962년 10월의 "쿠바 미사일 위기"에서 가장 특이한 사실은 위기 발생 그 자체이다. 안정적인 양극체제에서 위기가 발생하였으며, 그 과정에서 핵무기 균형에서 열세에 놓여 있던 소련은 소규모 미사일 전력을 쿠바에 배치하였고, 또한 우위를 유지하고 있었던 미국은 소련의 미사일 배치에 격렬하게 반응하였다. 그렇다면, 이러한 위기는 왜, 그리고 어떻게 발생하였는가? 이것이 제2부의 핵심 질문이다.

이와 같은 질문에 대하여 논리적인 답변을 찾기 위해서는 쿠바 미사일 배치 문제를 둘러싼 미국과 소련의 의도를 파악하는 것으로는 부족하다. 단순히 초기 의도를 서술하는 것을 넘어서, 의도를 실현하기 위해 미국과 소련이 구체적으로 취했던 행동을 분석할 필요가 있고 동시에 이러한 행동 때문에 미국과 소련의 초기 의도와는 어긋나는 결과가 빚어지는 상호작용을 파악해야 한다. 즉 이와 같은 의도와 행동, 그리고 상호작용이 모두 통합되는 경우에만, 쿠바 미사일 위기가 가지는 "위기 발생의 특이성"을 정확하게 이해할 수 있다.

따라서 다음 3장에서는 쿠바 미사일 위기와 관련된 미국과 소련의 의도를 다룰 것이다. 특히 쿠바에 미사일을 배치하기로 결정하였던 소련의 의도와 이것을 용납할 수 없다고 보았던 미국의 판단을 집중적으로 논의할 것이다. 4장에서는 미국과 소련이 자신들의 의도를 실현하기 위해서 취한 실제 행동을 살펴보고, 5장에서는 이러한 행동이 상호작용하면서 발생하였던 위기를 평가하려고 한다.

제3장
미사일 배치에 대한 미국과 소련의 의도

쿠바 미사일 위기를 이해하기 위한 첫 번째 단계는 미사일 배치와 관련된 소련의 의도에 대해 반응하는 과정에서 나타난 미국의 의도를 파악하는 것이다. 즉 여기서 핵심 질문은 다음과 같다. 우선 소련은 쿠바에 미사일을 배치하면서 무엇을 추구하였는가? 그리고 미국은 소련의 쿠바에 대한 미사일 배치에 반발하면서 무엇을 추구하였는가? 이와 같은 질문은 다음 4장에서 다루게 되는 미국과 소련의 행동과는 별개의 사항으로서 미국과 소련이 행동을 결정하는 과정에서 고려했던 이익과 목적에 관련된 부분이다. 즉 여기서 다루는 질문은 소위 쿠바에 미사일을 배치하는 과정에서 추구하였던 이익과 동시에 미국이 소련의 미사일 배치를 파악한 다음에 쿠바를 "봉쇄"하는 과정에서 추구하였던 이익에 대한 것이다.

위기의 시작을 어떻게 파악하는가에 따라서 어느 국가의 의도를 먼저 분석할 것인가가 달라지며, 동시에 의도를 어떻게 이해하는가도 달라질 수 있다. 예를 들어, 쿠바 미사일 위기의 시작을 미국이 후원하는 쿠바 망명자 부대가 쿠바를 침공(Bay of Pigs Invasion)하였던 1961년 4월로 규정한다면, 미국의 쿠바 침공 의도를 먼저 분석하게 되고 소련의 의도는 미국의 행동에 대한 대응 차원에서 분석하게 된다. 이 과정에서 미국의 쿠바혁명에 대한 적대적인 태도가 주목받게 되며, 쿠바에 미사일을 배치한 소련의 행동은 미국의 추가 침공 위협에 대한 반응으로, 특히 미국의 침공 가능성이 존재하는 상황에서 쿠바를 방어하려는 소련의 방어적인 반응으로 이해된다. 하지만 쿠바 미사일 위기가 소련이 쿠바에 핵탄두 미사일을 배치하겠다는 결정을 하였던 1962년 4월 말에 시작된 것으로 규정하는 경우에, 미국의 행동은 소련의 미사일 배치에 대한 대응으로 취급되며, 따라서 "소련의 도전에 반응하는 미국의 방어적인 의도"가 강조된다.

이와 같은 편향이 존재할 가능성에도 불구하고, 이 연구에서는 쿠바 미사일의 시작을 소련의 미사일 배치 결정으로 규정하겠다. 하지만 이러한 규정에서 나타날 수 있는 문제점을 중화시키기 위해, 미국과 소련의 의도에서 나타나는 공격적인 의도와 방어적인 의도를 공평하게 취급하겠다. 그리고 이와 같은 의도를 정확하게 파악하기 위해서 각각의 의도에서 논리적으로 유추될 수 있는 행동을 제시할 것이다. 미국과 소련이 자신들의 의도를 실현하기 위해 취할 수 있는 행동을 추론하고 이것을 다음 4장에서 보다 상세히 논의되고 분석될 해당 국가들의 실제 행동과 비교하면서 쿠바 미사일 위기를 둘러싼 미국과 소련의 진정한 의도를 분석하고자 한다.

특히 초점의 대상이 되는 것은 미국과 소련의 다음과 같은 두 가지 행동이다. 첫째, 소련은 쿠바에 탄도미사일과 함께 상당한 정도의 재래식 군사력을 배치하였다. 대공미사일과 MiG-21 전투기 등의 방공 전력, 기계화 보병과 전술용 지대지 미사일 및 전술 핵탄두 등의 지상군 전력, 그리고 미국의 상륙함대를 공격하기 위한 해안방어용 순항미사일 및 순항미사일용 전술핵무기 등을 쿠바에 반입하였다.[1] 쿠바에 배치 예정이었던 소련군 병력은 50,000명 정도였으며, 이에 탄도미사일을 담당하는 미사일 5개 연대가 추가되어 있었다.[2] 즉 소련은 미국을 공격할 수 있는 탄도미사일 전력과 함께 미국의 공격에 대비해서 쿠바를 방어할 수 있는 상당한 규모의 군사력을 배치하였다. 따라서 쿠바에 대한 미사일 배치 문제는 소련의 군사력 배치라는 사실에서 출발해야 하며, 동시에 소련이 탄도미사일로 대표되는 전략 미사일 전력을 배치한 이유와 해안방어용 순항미사일 등의 쿠바 방어를 위한 재래식 전력을 배치한 이유에 대한 두 가지 질문이 독립적으로 제기될 수 있다. 그리고 소련의 의도에 대한 분석은 이러한 두 가지 질문에 대한 일관성 있는 답변이어야 한다.

이러한 측면에서 쿠바 미사일 위기에서 미국이 극렬하게 반응한 이유 또한 소련의 전략 미사일 배치에 대한 부분과 소련의 재래식 전력 배치에 대한 부분으로 분리할 수 있다. 미국은 소련이 쿠바에 무기를 배치하는 것 자체를 반대하지는 않았다. 소련이 직접 소련군을 동원하여 주둔하는 것에는 반대하였지만, 소련이 쿠바에 상당한 정도의 무기를 제공하는 것 자체는 용납하였다. 최소한 두 번에 걸쳐서 케네디 행정부는 소련이 쿠바에 공격용 무기를 배치해서는 안 된다고 공개적으로 경고하였고,

1 쿠바에 반입되었던 소련 핵무기는 총 158개였다. 이 가운데 탄도미사일용 전략 핵탄두는 60개였으며, 나머지 98개는 단거리 전술미사일용 핵탄두 12개, 해안방어 순항미사일용 탄두 80개, 그리고 항속거리 2,000km의 폭격기(IL-28)용 핵폭탄 6개였다. Michael Dobbs, *One Minute to Midnight: Kennedy, Khrushchev, and Castro on the Brink of Nuclear War* (New York: Alfred A. Knopf, 2008), p. 58.

2 미국의 봉쇄(Quarantine)로 소련군 병력의 일부는 쿠바에 도착하지 못했다. 1962년 10월 24일에 봉쇄가 집행되었던 날짜에 쿠바에 이미 배치되어 있던 소련군 전체 병력은 41,902명이었다. Anatoli I. Gribkov & William Y. Smith, *Operation Anadyr: U. S. and Soviet Generals Recount the Cuban Missile Crisis* (Chicago, IL: Edition Q, 1994), p. 28.

이러한 논리에 따라서 방어적 무기가 배치되는 것은 용인하였다. 특히 소련이 대공미사일을 제공하여 쿠바가 영공 방어를 할 수 있고 미국이 쿠바를 항공정찰하는 것이 어려워졌지만, 특별히 반발하지 않고 수용하였다. 하지만 10월 14일 정찰에서 탄도미사일이 발견되면서 미국은 소련이 공격용 무기를 배치하였다는 사실을 파악하고 반발하였다. 따라서 미국의 의도에 대한 설명 또한 일관성을 유지하면서 이러한 행동을 설명하여야 한다.

1. 소련의 의도: "쿠바에 군사력을 배치하면서 추구하려고 했던 이익은 무엇인가?"

소련은 왜 쿠바에 군사력을 배치하였는가? 이 문제에 대해서는 다음 세 가지 설명을 상정할 수 있다. 첫째, 소련은 쿠바를 방어 또는 미국의 쿠바 침공을 억지하려고 하였다. 즉 쿠바혁명 이후 미국은 쿠바에 대한 통제권을 상실하면서 카스트로 정권에 적대적이었으며, 카스트로 정권을 전복하고 통제권을 회복하려고 시도하였으며, 1961년 4월에 쿠바 망명자로 구성된 군사력을 동원하여 침공하였다. 또한 미국은 몽구스 작전을 통해서 카스트로 정권 전복을 위해 쿠바 내부의 소요 사태를 유도하고 파괴 공작을 시도하였다.[3] 따라서 소련과 소련이 후원하는 쿠바는 미국이

3 하지만 과연 적극적인 파괴활동이 있었는가에 대해서는 논란의 여지가 있다. 쿠바 정부의 주장에 따르면, 미국이 제공하는 무기에 의하여 1962년 1월에서 8월까지 5,780건의 파괴활동이 있었으며 이 가운데 716건에서는 중요한 사회경제적 목표물이 손상되었다고 한다. James G. Blight, Bruce J. Allyn, and David A. Welch, *Cuba on the Brink: Castro, the Missile Crisis,*

다시 공격할 것이라고 생각하였으며, 이러한 판단은 지극히 당연한 것이었다. 특히 쿠바 망명자 부대를 통한 간접적인 침공이 실패하였기 때문에, 미국은 다시 쿠바를 침공할 것이며 동시에 미국은 정규군을 동원해서 쿠바를 직접 공격할 것이라고 보았다. 따라서 소련은 미국의 추가적인 쿠바 침공을 억지하려고 하였으며, 만약 억지가 실패하는 경우에는 미국의 침공으로부터 쿠바를 방어하려고 하였다. 바로 이러한 이유에서 소련은 쿠바에 군사 원조를 제공하였으며, 특히 미국의 공습을 저지할 수 있는 대공미사일과 침공 부대를 해안에서 격파할 수 있는 지상군 장비 등을 쿠바에 배치하였다고 볼 수 있다.

특이한 사항은 미국의 쿠바 침공 억지 또는 쿠바 방어를 위해서는 다양한 선택이 가능했지만, 소련은 여러 가능성 가운데 가장 "과격한" 방식을 사용하였다는 사실이다. 미국의 침공을 억지하거나 방어하기 위해서 소련이 사용할 수 있는 방식은 단순한 경고에서 핵무기 배치까지 상당히 광범위하며, 이 가운데 소련은 자신이 추구하는 목표에 가장 적합한 방식을 선택하였을 것이다. 그리고 바로 이와 같은 다양한 선택 가능성과 최종 선택을 검토함으로써, 우리는 소련이 추구하였던 목표와 미사일 배치 의도를 논리적으로 추론할 수 있다.[4] 그리고 이렇게 추론된

---

and the Soviet Collapse (New York: Rowman & Littlefield, 2002), p. 151. 하지만 1962년 10월 16일에 로버트 케네디(Robert F. Kennedy) 법무장관은 몽구스 작전 회의에서 파괴활동이 전혀 진행되지 않았다고 질책하였고 담당자는 아직 파괴 작전을 시작하지는 않았다고 변명하였다. CIA Memorandum, "Mongoose Meeting with the Attorney General, October 16, 1962," Documents No. 10 in Laurence Chang and Peter Kornbluh (eds.), *Cuban Missile Crisis, 1962: A National Security Archive Documents Reader* (New York: New Press, 1999), pp. 62~63.

4 이러한 방식으로 소련의 의도를 파악하기 위해서는 소련이 합리적으로 행동하였다는 가정을 깔고 있다. 여기서 의미하는 "합리적 행동"이란, (1) 소련이 자신의 의도를 완전히 파악하고 있으며, (2) 그 의도가 일관성을 가지며, (3) 그리고 단기간에는 의도가 변화하지 않는다는 것을 의미한다. 즉 여기서 상정하는 합리성은 매우 제한적인 개념으로 실질적인 내용은

의도를 소련의 실제 행동과 비교하는 경우에는 소련이 미사일 및 재래식 군사력을 배치하는 과정에서 추구하였던 진정한 목표를 파악할 수 있다.

우선 소련은 미국에 대한 단순한 경고를 통해서 쿠바에 대한 침공을 억지할 수 있다. 구체적으로 소련은 자신의 군사력을 쿠바에 배치하거나 또는 쿠바와의 동맹을 체결하지 않고, 미국이 UN 헌장이 규정하고 있는 내정 불간섭과 정치적 독립을 쿠바에 대해서도 존중하라고 요구하고 만약 미국이 이러한 의무를 이행하지 않는다면 개입한다고 선언할 수 있다. 냉전 기간 동안 미국과 소련은 자신의 동맹국이 아닌 지역에 대해서 상대방이 "진출"하는 경우에 UN 헌장을 원용하여 비난하였고 그에 대응하는 개입을 위협하였다.[5] 이러한 방법에서 조금 나아가서, 소련은 쿠바와의 동맹 조약 체결로 미국의 침공 억지 및 쿠바 방어라는 목적을 상당부분 달성할 수 있다. 예를 들어, 소련과 중국은 미국의 "침공"으로부터 북한을 보호하기 위해서 동맹 조약을 사용하였다. 1961년 7월에 김일성은 모스크바와 북경을 각각 방문하여 "우호협력 및 호상 원조 조약"을 체결하였으며, 이와 같은 북한의 동맹 조약은 "미국의 북한 침공" 가능성이 현실화되지 않았다는 측면에서 그 억지 효과를 충분히 달성하였다. 따라서 소련은 쿠바와의 동맹 조약을 체결하고 그 사실을 공개하는 방식을

없으며, 최종 결정이 합리적이라는 것을 의미하지 않는다.

5 예를 들어, 현재 미국은 이스라엘과 대만과는 어떠한 동맹관계를 가지고 있지 않다. 하지만 중동지역에서 이스라엘이 파멸의 순간에 직면하거나 또는 중국이 대만을 무력 침공하는 경우에는 UN 헌장 등에 의거하여 개입할 가능성이 매우 높다. 1979년 1월에 미국은 중화인민공화국(PRC; People's Republic of China)과 외교관계를 수립하였고, 1980년 1월 1일에는 대만과의 동맹 조약을 종식시켰다. 하지만, 미국은 1979년 4월에 입법화된 대만관계법(Taiwan Relations Act)을 통해 대만 방어를 선언하고 있다. 즉 이를 통해 대만은 미국의 공식적인 동맹국은 아니지만, 미국은 대만을 보호하고 중국의 대만 공격을 억지하고 있다고 볼 수 있다.

취할 수 있었으며, 미국의 입장에서 일단 소련과 쿠바의 동맹이 공개된 상황에서 소련의 동맹국을 침공하는 것은 매우 어려웠다.[6]

쿠바 침공을 억지하고 억지가 실패하는 경우에 쿠바를 방어하는 또 다른 방식은 소련이 직접 개입하지 않고 대신 쿠바에 무기만을 공급하는 것이다. 이 경우에 소련과 쿠바는 동맹 조약을 체결할 수도 있고 체결하지 않을 수도 있으며, 동맹 조약이 체결되는 경우에도 소련군이 쿠바에 주둔하지는 않는다. 대신 소련은 쿠바에 대한 군사 원조 등을 통해서 쿠바 군사력을 보강함으로써 미국의 침공을 억지하고 동시에 침공이 발생하는 경우에 쿠바가 스스로를 방어하는 효과를 거둘 수 있다. 예를 들어 북한과 동맹을 체결하기 이전인 1950년대에 소련은 북한에 무기를 제공하였으며, 이를 통해서 "미국의 침공"을 억지하고 동시에 북한의 자체 방어 능력을 개선하였다.[7]

네 번째 방식은 소련 지상군 병력의 쿠바 주둔이다. 이 경우에 소련군은 핵무기 등을 제외한 재래식 무기로 무장하며, 미국이 침공할 때 쿠바를 방어할 능력을 가지지만 미국을 직접 공격할 능력은 보유하지 않는다.

6 만약 소련이 쿠바와의 동맹을 공개하지 않는다면, 미국에 대한 억지 효과는 줄어든다. 공개된 동맹은 공개되지 않은 동맹에 비해서 억지 효과가 크며, 그것은 다음과 같은 두 가지 요인 때문이다. 우선 동맹이 공개된 경우에 미국은 쿠바가 소련의 동맹국이라는 사실을 인식하게 되면 따라서 소련의 동맹국을 침공하는 데 더욱 많은 부담을 지게 된다. 또한 소련도 미국이 쿠바를 침공하는 경우에 자신이 공개적으로 보호하겠다고 선언한 동맹국이 공격을 받았기 때문에 쿠바를 더욱 강력하게 지원하게 되며, 따라서 이러한 결과를 예상한 미국은 쿠바를 침공하는 데 더욱 주저하게 된다.

7 무기 제공은 미국이 쿠바를 침공하는 경우에 이를 방어하는 데 직접적으로 초점이 맞추어진 정책이다. 하지만 간접적으로 쿠바의 방어 능력이 증강되면서, 쿠바를 침공하는 경우에 발생하게 되는 피해가 증가하고 침공 작전의 성공 가능성이 감소한다. 따라서 미국은 쿠바 침공을 포기하고 결국 침공은 억지된다. 이러한 억지 방식은 일반적인 보복 위주의 억지(deterrence by punishment)와 대칭되는 형태로 거부 위주의 억지(deterrence by denial)라고 부른다.

배치된 군사력은 쿠바 방어를 목적으로 하지만, 침공이 있는 경우에는 소련군 병력이 전투를 담당하고, 따라서 소련군 사상자가 발생하기 때문에 쿠바 문제에 소련이 개입할 가능성은 증가한다. 이러한 방식은 냉전 기간 동안 미국에 의해서 널리 사용되었다. 미국은 서베를린에 대한 소련과 동독의 공격을 억지하기 위해서 1개 여단 규모의 지상군 전력을 배치하였다. 이 병력은 소련 및 동독의 전면 공격에서 서베를린을 방어하지는 못하지만, 공격이 있는 경우에는 미군 사상자를 유발함으로써 미국의 개입을 초래하는 인계철선(tripwire)으로 작동하였다.[8] 또한 북한의 공격을 억지하고 억지가 실패하는 경우에는 한국을 방어하기 위해서, 미국은 북한이 사용할 수 있는 진격 루트에 미군 전투부대를 배치하였다. 주한미군은 서베를린에 주둔한 미군 병력과 같이 미국의 본격적인 개입을 보장하는 인계철선으로 작동하였으며, 냉전 기간 동안 전술핵무기를 보유하였다.[9]

마지막으로, 그리고 가장 과격한, 그리고 실제로 집행된 방식은 소련이 직접 쿠바에 탄도미사일 및 재래식 군사력을 배치하는 것이다. 쿠바에 대한 미국의 침공을 억지하는 수단으로 소련이 본토에서 통제하는 미사일이나 또는 서독 등의 미국 동맹국을 보복 공격하겠다는 위협이 아니라

8 서베를린 주둔 미군의 핵심은 베를린 여단(Berlin Brigade)으로 준장이 지휘하였지만, 그 상 위에 소장이 지휘하는 서베를린 주둔군 사령부가 있었으며 서베를린 미국 육군(USAB; United States Army Berlin)을 통솔하였다. 이러한 군사조직은 1961년 12월에 베를린 위기가 고조되면서 기존의 다양한 부대를 통합하여 창설되었고, 냉전이 종식된 이후인 1994년 7월에 해체되었다.

9 정확히 어느 시점에 미국이 한국에 핵무기를 배치하였는지는 확실하지 않다. 하지만 대부분의 경우에 1958년 무렵으로 추정되며, 1991년 12월에 완전히 철수되었다. 이어서 한국 정부는 북한과의 합의를 통해서 1991년 12월 31일에 한반도비핵화공동선언 및 남북기본합의서에 서명하였다.

쿠바에서 직접 미국 본토를 공격할 수 있는 핵미사일을 쿠바에 배치하였다. 이 경우에 쿠바에는 소련 병력이 배치되지만, 소련군은 쿠바 방어 및 침공 억지를 위한 재래식 전력 또는 방어 목적의 단거리 전술핵무기뿐 아니라 미국에 대해 보복 핵공격을 감행할 수 있는 장거리 전략핵무기를 보유한다.10 전략핵무기가 배치되어 있기 때문에, 소련은 쿠바 방어에 대해 더욱 많은 노력을 기울이게 되며 쿠바는 소련의 강력한 의지를 확인할 수 있다. 그리고 이러한 의지의 표명으로 재래식 군사력을 배치하였다. 또한 소련은 전략핵무기 배치를 공개한다면, 미국은 쿠바 공격이 초래할 핵전쟁의 위험 때문에 쿠바 침공을 포기하게 된다. 즉 가장 고전적인 방식인 보복 위주의 억지가 작동한다.

소련이 쿠바에 군사력을 배치하면서 추구하였던 이익으로 상정할 수 있는 두 번째 목표는 베를린 문제의 해결이다. 이러한 추측에 따르면, 소련은 미국 본토에서 가까운 지역에 탄도미사일과 핵무기 그리고 그 밖의 군사력을 배치하여 미국을 자극하고 협상을 통해 "베를린 문제"를 해결하고 미국 등의 서베를린 철수를 강요하려고 하였다. 미국이 베를린 문제에서 소련에게 양보하는 경우, 소련은 자신이 쿠바에 배치한 탄도미사일 등의 군사력을 철수한다는 계획이다. 여기서 쿠바는 그 자체로서의 중요성은 없으며, 소련이 반드시 방어하거나 미국의 침공을 억지해야 하는 지역은 아니다. 쿠바는 베를린 문제를 해결하기 위한 협상 카드이며, 따라서 베를린 문제에서 미국이 양보하는 경우에는 포기할 수 있는 사안이다.

10 쿠바에 배치된 핵무기 158개 가운데 전술핵무기는 98개였으며, 이것은 14Kton 순항미사일 탄두 80개, 2Kton짜리 단거리 전술미사일 탄두 12개, 그리고 12Kton짜리 항공기 투하용 핵폭탄 6개였다.

이와 같은 방식으로 베를린 문제를 해결하기 위해서, 소련은 미국이 "정상적으로는 수용할 수 없는 상황"을 의도적으로 도발해야 한다. 즉 쿠바 방어를 위한 소련의 강력한 의지 표명이나 동맹 체결 그리고 군사 원조 등은 미국이 제한적으로는 수용할 수 있는 것이기 때문에 베를린 문제를 압박한다는 소련의 목표와 부합하지 않는다. 흐루시초프의 표현을 빌리자면 베를린 문제는 "목에 걸린 가시"(bone in my throat)였으며, 따라서 이러한 가시를 제거하려면 미국에게도 참을 수 없는, 하지만 전쟁을 하지는 않을 정도의 고통을 강요해야 한다.[11] 따라서 "쿠바 문제"는 미국이 수용할 수 없는 상황으로 전개되어야 한다. 쉽게 해결할 수 있는 것은 고통을 가져오지 않으며, 따라서 미국은 이러한 문제를 해결하기 위해 베를린 문제에서 양보를 하지 않을 것이다. 하지만 쿠바 문제가 "바지 속의 고슴도치"와 같이 고통스러운 문제로 악화된다면, 미국은 소련의 요구를 수용하여 베를린 문제에서 양보해서라도 쿠바 문제를 해결할 것이다.[12]

그러므로 쿠바에 탄도미사일과 핵무기를 배치하는 것은 소련의 입장에서는 필수적이다. 미국이 쿠바에 대한 군사 원조 등을 수용하고 지상군 병력의 제한적 배치 등의 쿠바 방어를 위한 조치를 묵인한다면, 소련의

---

11 베를린 문제를 "목에 걸린 가시"로 비유한 것은 1958년 12월에 흐루시초프가 미국의 험프리(Hubert Humphrey) 상원의원을 면담하는 자리에서였다. Fursenko and Naftali, *Khrushchev's Cold War*, p. 211.

12 쿠바 문제를 "바지 속의 고슴도치"로 비유한 것 또한 흐루시초프이다. 1962년 4월에 핵전력 검토 회의에서 소련이 미국에 비해서 전략핵무기 전력에서 뒤처져 있으며 ICBM 능력에서 미국에 대등해지는 데 10년 이상이 소요된다는 보고를 듣자, 흐루시초프는 "미국의 바지 속에 고슴도치를 넣자"(Why not throw a hedgehog at Uncle Sam's pants)고 제안하였다. Aleksandr Fursenko and Timothy Naftali, *One Hell of a Gamble: Khrushchev, Castro, and Kennedy, 1958~1964: The Secret History of the Cuban Missile Crisis* (New York: Norton, 1998), p. 171.

입장에서 미국의 "바지 속으로 고슴도치를 집어넣을 수 있는 방법"은 방어용 무기의 배치를 넘어서 탄도미사일 등의 공격용 무기의 배치밖에 남지 않는다. 일단 "고슴도치가 바지 속으로 들어가면" 미국은 그 "고슴도치"를 꺼내기 위해서 "목에 걸린 가시"를 빼달라는 소련의 요구를 들어줄 것이며, 이에 소련은 베를린 문제를 해결하고 대신 쿠바 문제를 양보할 수 있다. 상당한 정도의 고통이 따르겠지만 그 고통을 제거하기 위해서 직접 군사력을 동원하지는 않을 정도의 고통을 유발하는 것이 중요하며, 쿠바에 배치되는 탄도미사일 등은 미국에게 이러한 고통을 유발하기 위한 수단이었다.[13]

소련이 쿠바에 군사력을 배치했던 행동에 대한 세 번째 설명은 전략 균형의 만회이다. 이러한 설명에 따르면, 장거리 핵무기 전력에서의 열세를 단기간에 만회하기 위해서 소련은 쿠바에 미국을 공격할 수 있는 탄도미사일을 배치하였다. 쿠바는 미국 본토와 지리적으로 인접하기 때문에, 당시 소련이 보유한 사정거리 2,070km와 4,500km의 탄도미사일을 이용해서도 미국에 대한 공격이 가능하며 동시에 미국에 대한 보복 공격 또한 가능하다. 장기적으로 전략을 만회하기 위해서는 ICBM 등의 장거리 탄도미사일 전력을 강화해야 하지만, 쿠바에 중거리 탄도미사일을 배치하는 경우에는 전략 균형을 단기적으로, 그리고 큰 투자 없이 만회할 수 있다.[14]

---

13 만약 지나치게 많은 고통이 유발되는 경우에는 전쟁이 발생한다. 협상을 통해서 문제를 해결하는 것이 너무 어렵거나 또는 해결하는 것이 불가능하다고 판단되는 경우에는 군사력을 동원해서 강제적으로 문제를 해결할 것이며, 따라서 베를린 문제에 대한 해결 가능성은 사라진다. 소련 또한 베를린이 처한 지리적인 위치 때문에 군사력을 동원하여 베를린 문제를 제거할 수 있지만, 이 경우에 미국의 보복 공격 위협 때문에 이와 같은 군사력 사용을 하지 않고 협상을 통한 문제 해결에 집중하였다.

14 중거리 탄도미사일에 대한 엄격한 정의는 없다. 하지만 SALT I 협상 과정에서 나타난

당시 전략 균형에서 미국이 누렸던 압도적인 우위와 그에 따른 소련의 전략적 문제점을 고려할 때, 쿠바에 탄도미사일을 배치하는 것은 매우 매력적이다. 초기 우주개발에서 소련은 미국을 앞질렀지만, ICBM 개발과 생산 그리고 배치에서 소련은 미국에 뒤쳐졌으며 당시 소련이 배치한 ICBM은 미국을 위협하기에는 너무나도 적었으며 그 정확도가 낮았다.15 하지만 중거리 미사일(IRBM/MRBM)에서 소련은 상대적으로 풍부한 전력을 보유하고 있었기 때문에, 그 일부를 쿠바에 배치해서 ICBM 전력을 보강하는 것은 기술적으로 가능하였고 동시에 바람직한 선택이었다. 일단 단기적으로 전략 균형을 만회하고 시간을 벌면서 차근차근 ICBM 전력을 보강하여 소련의 열세를 완전히 회복하려고 하였다.

이러한 경우에 쿠바는 그 자체로서 매우 중요하다. 쿠바가 가진 지리적인 위치가 소련에게는 핵심적이며, 베를린 문제 등의 다른 사안에서 미국의 양보를 얻어낸다고 해도 쿠바에 배치한 탄도미사일을 철수하는

사정거리 5,500km 이상의 탄도미사일을 전략 미사일 또는 장거리 탄도미사일이라고 정의한다. 따라서, 중거리 탄도미사일은 사정거리 5,500km 이하의 미사일을 의미한다. 중거리 탄도미사일을 세분하여 사정거리 3,000~5,500km의 IRBM(Intermediate Range Ballistic Missile)과 1,000~3,000km의 MRBM(Medium Range Ballistic Missile)로 나누기도 한다. 이러한 구분은 실제로는 큰 의미가 있지는 않으나, 쿠바 미사일 위기에서 미국 정책결정자들이 사용하였다. 소련이 쿠바에 배치한 탄도미사일은 사정거리 2,070km의 R-12(Dvina; NATO 명칭 SS-4 Sandal)와 사정거리 4,500km에 달하는 R-14(Chusovaya; NATO 명칭 SS-5 Skean)였다. 당시 미국 정보기관은 R-12를 MRBM으로, 그리고 R-14를 IRBM으로 지칭하였고, 케네디 또한 소련의 탄도미사일을 MRBM과 IRBM으로 구분하였다.

15 당시 ICBM 전력 비율에 대해서는 다양한 의견이 존재하지만, 확실한 것은 미국이 소련에 비해서 최소 2배에서 최대 9배 정도의 "압도적인 우위"를 보유하였다는 사실이다. 1962년 당시 소련 ICBM의 최소 숫자는 20기이며, 미국의 최소 숫자는 120기이다. 반면, 소련의 최대 숫자는 75기이며, 미국의 최대 숫자는 180기이다. 여기에 잠수함 발사 미사일과 전략 폭격기를 포함하는 경우에는 미국의 우위는 더욱 강력해진다. 하지만 일부는 소련이 사용 가능한 ICBM을 보유하지 않았다고 증언한다.

등의 행동은 하지 않게 된다. 또한 탄도미사일 배치에 미국은 반대할 것이기 때문에, 미국을 의도적으로 도발해서는 안 되며 가능한 한 은밀하게 미사일을 배치해야 한다. 미사일 공개까지 미국을 자극하지 않는다. 미사일 배치와 관련된 의혹을 불식하기 위해 노력을 기울이며, 그 과정에서 미국에 어떠한 고통도 유발하지 않아야 한다.

2 미국의 의도: "쿠바에 배치된 소련 군사력에 반대한 이유는 무엇인가?"

미국의 반응을 검토하는 과정에서 가장 중요한 요소는 미국이 소련이 쿠바에 군사력을 배치하는 행동 자체를 거부하지는 않았다는 사실이다. 여러 번의 항공정찰과 쿠바 내부의 정보원 등으로부터, 미국은 소련이 쿠바에 무기를 제공하고 있으며, 동시에 소련 인원이 쿠바에 배치되었다는 사실을 파악하였다. 그리고 이것이 1962년 9월 초에 공개되자, 케네디 행정부는 소련이 쿠바에 군사 지원을 하고 있다는 사실을 인정하면서, 배치된 무기는 미국 본토를 공격할 수 없는 방어용 무기라고 규정하였다. 하지만 소련이 장거리 탄도미사일과 폭격기 등의 공격용 무기를 배치하는 경우에는 "심각한 결과"(grave consequences)가 초래될 것이라고 경고하였다.[16]

---

16 미국은 쿠바에 전략 미사일 등을 포함한 "공격용 무기"를 배치하지 말라고 소련에게 공개적으로 최소 두 번 경고하였다. 1962년 9월 4일에 케네디 대통령은 성명서를 통해 소련이 쿠바에 대공미사일을 배치하였다고 발표하면서 소련에게 공격용 무기를 배치하지 말 것을 경고하였다. 이어 9월 13일에 케네디는 소련이 쿠바를 공격 목적의 군사기지로

그렇다면, 미국은 소련의 군사력 배치에 대해서 차별적으로 반응하였는가? 이러한 질문에 대해서 베를린-쿠바 교환에 대한 우려와 전략 균형 보호라는 두 가지 해석이 가능하다. 첫째, 미국은 쿠바에 배치된 탄도미사일을 수용하는 경우에, 소련은 쿠바 기지를 사용하여 미국을 위협하여 서베를린 등에서 미국의 양보를 얻어내려고 할 것으로 판단하였다. 즉 쿠바 문제는 쿠바에 국한된 것이 아니며 유럽에서 벌어지고 있는 미국과 소련의 대립과 연결해서 파악해야 하는 문제라고 보았다. 소련은 쿠바에 탄도미사일을 배치함으로써, 미국이 용납할 수 없는, 하지만 전쟁을 수행할 정도의 고통을 유발하고, 미국의 요구에 따라 협상을 통해 미사일을 철수하지만 베를린 등의 지역에서 미국의 양보를 강요할 것이라고 판단하였다. 그리고 이렇게 협상에서 베를린 문제를 양보한다면, 다른 부분에서 소련은 비슷한 형태로 행동하여 미국의 세력권을 차츰 약화시킬 것이라고 우려하였다.[17]

케네디 행정부는 일단 미국이 양보하는 경우에 소련은 다른 문제에 있어서 소련이 미국을 다시 압박할 것이라고 보았다. 즉 현재 쿠바에 배치한 미사일 문제는 단순히 쿠바에 탄도미사일이 배치되었다는 문제로 국한되거나 또는 미국과 소련 사이의 핵무기 전력 균형의 문제가 아니라, 미국에 대한 소련의 지속적인 도발 가능성이었다. 특히 1962년 당시의 맥락에서 케네디 행정부가 두려워했던 것은 소련이 베를린 문제에서

변경하는 경우에 미국은 안전을 위해서 "모든 수단을 동원할 것"이라고 선언하였다. 하지만 케네디는 현재로는 군사행동이 필요하거나 정당화되지 않는다고 지적하면서, 쿠바에는 소련의 공격용 무기는 배치되지 않았다고 확인하였다.

17 베를린 문제 등에서 미국이 양보한다면, 소련은 쿠바에서 탄도미사일을 철수하였을 수 있다. 하지만 일단 미국이 이와 같은 상황에서 협상하였고 소련의 요구를 수용하였다면, 소련은 이러한 위협을 통해 미국의 양보를 얻어낼 수 있다고 보고 한반도, 이란, 터키, 또는 동남아시아 등에서 미국을 압박할 가능성을 우려하였다.

미국을 압박할 가능성이었다. 또한 일단 미국은 자신이 쿠바 문제의 해결을 위해서 베를린 문제에서 소련에게 양보하는 경우에, 소련이 이러한 방식을 다른 사안에 대해서도 사용할 가능성 및 이러한 가능성이 NATO에 미치는 영향을 우려하였다.[18] 즉 쿠바 문제는 쿠바에 국한되지 않고, 미국의 동맹 체제 전체를 흔들 수 있는 사안으로 인식되었으며, 이러한 케네디 행정부의 판단은 정책 결정 과정에서 매우 강력하게 작용한다.

소련의 탄도미사일 배치에 대한 미국의 반응을 설명하는 또 다른 해석은 미국이 소련의 행동을 전략핵무기 균형에 대한 가장 심각한 도전으로 받아들였다는 것이다. 1962년에 미국은 전략 무기에 있어서 소련을 압도할 정도의 전력을 보유하고 있었지만, 소련은 쿠바에 중거리 탄도미사일을 배치하여 자신의 열위를 단기간에 만회할 수 있었다. 물론 쿠바에 배치한 미사일 때문에 미국의 우위가 사라지는 것은 아니지만, 기존까지의 우위는 상당 부분 약화된다. 만약 이러한 상황이 현실화된다면, 이전까지 전략 전력에서의 우위를 이용하여 소련을 압박하였던 미국의 정책은 그 현실성을 상실하며 소련은 미국의 압박에 보다 적극적으로 대응할 수 있게 된다.

전략핵무기 균형과 관련된 또 다른 문제는 소련이 쿠바에 배치한 탄도미사일이 미국 전략 핵전력을 선제공격하는 데 사용될 수 있다는 사실이다. 소련은 미국 남부에 위치한 전략공군(SAC; Strategic Air Command) 기지와 ICBM 기지를 공격할 수 있었으며 동시에 워싱턴을 공격함으로써

18 바로 이러한 이유에서 미국은 터키에 배치된 주피터 미사일 철수에 미온적이었다. 쿠바 문제를 해결하기 위해 NATO 동맹국을 "희생"시킬 수 없으며, 이러한 희생이 반복되는 경우에 동맹국들이 미국의 안보 공약을 신뢰하지 않게 되어 동맹 자체가 붕괴될 가능성을 우려하였다.

소련에 대한 보복 공격을 명령할 미국 수뇌부를 제거(decapitation)할 수 있었다. 물론 이러한 가능성은 순수한 이론적 가능성에 지나지 않지만, 1950년대 후반에는 이와 같은 문제가 매우 심각하게 논의되었다. 특히 월스테터(Albert Wohlstetter)는 RAND 연구소를 중심으로 이러한 가능성을 강조하면서, SAC이 소련의 기습 공격에 취약하며, 현실적으로 전략 폭격기는 매달 평균 31시간만 비행하며 대부분의 시간은 지상에 착륙해 있다고 지적하였다. 즉 사람들의 일반적인 인식과는 달리 억지는 매우 쉽게 무너질 수 있다는 것이다. 특히 소련의 기습 공격으로 미국 핵전력의 중요한 부분이 파괴된다면, 미국은 소련에 대한 보복 능력을 상실하고 소련의 위협에 굴복한다는 것이다.[19]

이와 같은 측면에서 볼 때, 소련의 행동은 미국에 대한 선제공격 또는 선제공격을 위협하려는 행동이다. 당시 미국의 핵전력이 ICBM이 아니라 장거리 폭격기 중심으로 구성되어 있었으며, 따라서 쿠바에서 발사된 소련 탄도미사일이 SAC 공군기지 및 비행장을 파괴한다면 미국은 소련에 대한 보복 능력을 상실하게 되었다.[20] 더욱 심각한 문제는 당시 미국이 쿠바로부터의 공격을 탐지할 능력을 가지고 있지 않았다는 사실이며, 이러한 문제는 이미 1956년 9월에 지적되었다. 당시 월스테터는 SAC의

19 월스테터는 이러한 견해를 다음과 같은 논문으로 공개하였다. Albert Wohlstetter, "The Delicate Balance of Terror," *Foreign Affairs*, Vol. 37, No. 2 (January 1959), pp. 211~234. 월스테터는 일반적으로 SAC 폭격기의 상당 부분이 항상 비행 또는 비행 대기를 하고 있다고 생각하지만, 실제로는 그렇지 않다고 지적하였다. 현실적으로 매달 평균 비행시간은 전체 시간(720시간)의 4%에 지나지 않는 31시간이며, SAC은 이것을 6%인 45시간으로 늘이려고 한다고 지적하였다.

20 당시 미국은 ICBM 120기와 SLBM 144기를 동원할 수 있었다. 하지만 SAC이 운용하는 1,600대의 장거리 전략 폭격기는 여전히 미국의 핵전략의 핵심이었다. 1962년에 미국이 보유한 2,150기의 전략핵무기 대부분은 폭격기에서 투하하는 폭탄이었으며, 미사일 탄두 형태로 만들어진 것은 소량이었다.

조기경보체계가 미국 남부 지역을 포괄하고 있지 않으며, 따라서 레이더 기지 증강을 주장하였다. 또한 1957년 11월의 가이서 보고서(Gaither Report) 또한 SAC 비행장의 취약성을 경고하면서, 전략 폭격기를 SAC 기지에 집중시키지 말고 위기가 발생하는 경우에는 민간 비행장 등으로 분산시켜야 한다고 지적하였다.[21] 하지만 1962년 10월까지 미국 남부 지역을 포괄하는 조기경보체계는 구축되지 않았으며, 레이더 시설 또한 건설되지 않았다. 위기가 발생하면서 SAC은 긴급히 남부 지역을 포괄하는 조기경보체계를 구축하였지만, 그 효율성은 높지 않았다.[22]

3. 미국과 소련의 의도: "각자의 행동에서 드러나는 의도는 무엇인가?"

그렇다면, 이러한 가능성 가운데 실제 의도는 무엇이었는가? 특히 미국과 소련이 보여주었던 실제 행동과 일치하는 의도는 무엇이었는가? 각각의 상황에서 다양한 가능성이 존재하며 동시에 미국과 소련은 여러 가지 의도를 가지고 쿠바 문제에 접근하였지만, 그 상황에서도 우선순위가 있었으며 그에 따라 가장 중요한 목표를 파악하는 것이 가능하다.

---

21 가이서 보고서는 1957년 11월, 대통령 과학자문위원회(President's Science Advisory Committee)가 낙진 및 핵폭발 방호시설 문제에 대해 작성한 보고서이다. 공식 명칭은 Deterrence & Survival in the Nuclear Age이지만, 위원회 위원장(Horace Rowan Gaither)의 이름을 따서 가이서 보고서라고 불린다. 원문은 다음에 있다. http://www.gwu.edu/~nsarchiv/NSAEBB/NSAEBB139/nitze02.pdf. (검색일: 2011년 11월 20일)

22 Scott D. Sagan, *The Limits of Safety: Organizations, Accidents, and Nuclear Weapons* (Princeton, NJ: Princeton University Press, 1994), p. 122.

또한 미국과 소련이 행동하는 과정에서 자신들의 정책 우선순위가 변경되었을 가능성이 있지만, 이러한 변화는 미사일을 배치하고 그에 대응하는 과정에서는 없었다고 가정한다.[23]

우선 미국의 행동에서 미루어볼 때, 미국은 쿠바 침공을 계획하지는 않았다. 소련이 쿠바에 대공미사일과 해안방어용 순항미사일을 제공하였고 미국은 이러한 소련의 행동을 묵인하였기 때문에, 미국은 쿠바를 침공할 계획을 가지고 있지는 않았다고 보아야 한다. 다양한 정보망을 통해서 케네디 행정부는 소련이 쿠바에 군사력을 집중시키고 있다는 사실을 파악하였으며, 동시에 집중되는 군사력이 대공미사일과 지상군 전력 등의 방어용 무기라는 사실 또한 인지하였다. 하지만 이러한 소련의 행동에 별다른 반응을 보이지 않았다. 소련에 대해 경고하였지만, 이러한 경고는 공격용 무기 배치에 관한 것이었으며, 쿠바에 대공미사일 등의 방어 무기를 반입하는 행동은 수용하였다.

그리고 이러한 이유에서 소련은 쿠바 방어를 목적으로 하지는 않았다고 보아야 한다. 쿠바를 방어 또는 미국의 쿠바 침공을 억지하는 데 필요한 것은 탄도미사일은 아니었으며, 그에 필요한 방어용 무기는 미국의 묵인 하에 반입되었다. 소련은 미국의 쿠바 침공을 억지하고 억지가 실패하는 경우에 쿠바를 방어하기 위해 필요한 다양한 조치들 가운데 가장 극단적이고, 동시에 실제로는 사용되지 않았던 탄도미사일 배치를 시도하였다. 물론 냉전 기간 동안 미국은 동맹국에 탄도미사일을 배치하였으며, 소련에 인접한 터키에도 주피터 미사일을 배치하였다. 하지만 이러한 배치

23 하지만 우선순위의 변화는 오랜 기간이 흐르는 동안, 또는 강력한 압력이 작용하는 경우에는 변화할 수 있다. 실제 쿠바 미사일 위기에서 미국과 소련은 자신의 우선순위를 변경 또는 변경하는 것을 심각하게 고려하였으며 그 결과, 위기는 미국과 소련 사이의 전쟁으로 비화되지 않고 평화적으로 해결되었다.

과정에서 미국은 터키 방어 또는 소련의 터키 침공에 대한 억지가 아니라 동맹국 터키에 대한 미국의 안보 공약을 보여준다는 정치적 목적을 더욱 중요시하였으며, 미사일을 공개적으로 배치하였다.[24] 따라서 소련 또한 쿠바에 대한 안보 공약을 강화한다는 목적에서 탄도미사일을 배치하였을 수 있다. 하지만 당시 소련은 쿠바에 대한 안보 공약을 명시적으로 하고 있지 않았으며, 따라서 통상 전력의 배치 또는 군사 원조 등의 방식으로 안보 공약을 시작하거나 강화할 수 있었다.[25]

대신 소련은 탄도미사일을 배치하였고 동시에 이러한 배치를 공개하지 않았다. 미국은 터키에 탄도미사일을 배치하면서 미사일 배치를 공개 선언하였으며, 이러한 공개 행동을 통해 터키에 대한 안보 공약을 강화하였다. 반면 소련은 쿠바에 대한 미사일 배치를 공개하지 않았고 동시에 미국 및 국제사회에 대해 쿠바에는 탄도미사일 등의 공격용 무기를 배치하지 않는다고 선언하였다. 이러한 소련의 기만 행동은 소련의 의도를 추정하는 데 있어서 또 다른 부분을 알려준다. 만약 베를린 문제 등에서 미국의 양보를 압박하기 위한 행동이었다면, 소련은 미사일 배치를 공개하였을 것이다. 이러한 공개 배치를 통해 소련은 미국을 보다 강력하게 압박할 수 있으며, 미국과의 협상에서 더욱 유리한 고지를 차지하게 된다. 하지만 배치 자체를 공개하지 않는다면, 소련은 미국과 협상할 수 없다. 배치가 완료된 이후에 협상하는 것도 가능하지만, 배치

24 터키에 배치된 주피터 미사일과 관련된 사안은 다음 연구에서 상세히 다루고 있다. Philip Nash, *The Other Missiles of October: Eisenhower, Kennedy, and the Jupiters, 1957~1963* (Chapel Hill, NC: University of North Carolina Press, 1997).

25 미국은 NATO를 통해 터키에 대한 안보 공약을 이미 하고 있었으며, 따라서 기존의 안보 공약을 확인 또는 강화하기 위해서는 탄도미사일 배치 등의 행동이 필요하였다. 터키는 NATO 창설 구성원은 아니었지만, 1952년 2월에 그리스와 함께 NATO에 가입하였다.

이전부터 협상하는 것이 보다 유리하며 그 비용 자체도 절감할 수 있다.[26] 미사일 배치를 공개하면서 배치 이전에 이루어질 수 있는 협상 가능성을 포기하였으며, 이전에 베를린 위기에서의 행동과는 다른 방식으로 행동하였다. 1958년에 소련은 동독과의 독자 평화조약을 체결하겠다고 위협하면서, 이제 미군의 베를린 주둔 문제는 동독과 미국이 협상해서 결정하라고 선언하였다. 하지만 소련은 행동을 하지 않았으며, 6개월 후 흐루시초프는 독자 평화조약 협상을 일방적으로 중지하였다. 하지만 쿠바 문제에 있어서 소련은 이러한 일방적 선언 또는 공개 행동을 하지 않았다.

이러한 측면에서 볼 때, 소련의 전략 균형 확보는 사실상 유일한 가능성으로 남으며, 동시에 소련의 행동과 부합되는 해석이 된다. 탄도미사일 및 장거리 전략 폭격기 전력에서 미국의 우위에 도전하기 위해서는 소련은 탄도미사일의 쿠바 반입을 공개할 수 없었다. 탄도미사일 배치 자체는 미국에 대한 강력한 도전이기 때문에 도전할 수 없었다. 그리고 도전의 대상 자체가 전략 균형이기 때문에 단순한 통상 무기 배치나 동맹 체결 등으로는 소련이 처한 전략 균형의 열위를 해결할 수 없었다. 반입된 통상 무기 등은 소련이 배치한 탄도미사일을 방어하기 위한 것이며, 따라서 미국이 강력하게 반발할 가능성, 또는 미국의 경고가 있자 미사일 기지 방어를 위해 더욱 강력한 전력을 배치하였다.

26 소련이 쿠바에 탄도미사일을 배치하겠다고 한 선언 자체는 미국을 협상장으로 끌어낼 수 있는 중요한 카드가 된다. 또한 미국이 소련의 미사일 배치 이전에 양보한다면 소련은 탄도미사일을 쿠바까지 운반하고 배치하고 최종적으로 협상이 타결되는 경우에 이를 철수하는 데 소요되는 비용을 절감할 수 있다.

제4장
미사일 배치를 둘러싼 미국과 소련의 행동

쿠바 미사일 위기가 "위기"로 비화되는 과정에서 미국과 소련은 "특이하게 행동"하였다. 소련은 탄도미사일을 비밀리에 배치하였으며, 미국의 반복되는 경고를 무시하였다. 반면 방어용 무기의 반입을 허용했던 미국은 탄도미사일 배치를 뒤늦게 파악하였고, 군사 공격은 잠정적으로 연기하고 대신 봉쇄 등의 방식으로 압력을 가하기로 결정하였다. 이러한 실제 행동으로 인하여, 쿠바 미사일 위기가 발생하였다. 예를 들어, 1961년 11월에 미국은 터키에 탄도미사일을 배치하기 시작하였고, 이것은 사실상 쿠바에 소련이 탄도미사일을 배치하였던 행동과 군사적으로는 유사했다. 하지만 터키에 대한 탄도미사일 배치는 위기를 초래하지 않았으며, 소련은 미국과는 달리 터키에 배치된 미사일을 수용하였다.

우리가 쿠바 미사일 위기를 둘러싼 배치 및 대응 행동에 초점을 맞추어야 하는 또 다른 이유는 이러한 행동에서, 그리고 이러한 행동을 결정하는 과정에서 미국과 소련은 쿠바에 배치된 탄도미사일과 관련된 자신들의 진정한 의도를 보여주기 때문이다. 탄도미사일을 배치하는 과정에서 소련은 쿠바에 대한 미국의 침공 억지 또는 쿠바 방어보다는 전략 균형에 대한 도전으로만 이해될 수 있는 행동을 하였다. 미국 또한 논리적으로 일관된 행동을 하지 않았으며, 베를린 문제에 대한 압박 예방과 미국의 강력한 안보 공약 유지 및 평판 강화라는 초기 목표는 위기 막바지에 가면서 변화한다. 위기가 전쟁으로 비화될 가능성이 높아지면서, 케네디 대통령은 동맹국에 대한 안보 공약을 약화시킨다는 부담을 무릅쓰고 소련의 요구를 수용하였다. 하지만 최소한 위기 초기 상황에서, 미국과 소련은 자신들의 목표를 일관성 있게 유지하면서 자신들의 목표를 달성하기 위해서 행동하였다. 그리고 이와 같은 실제 행동을 분석하는 경우에, 미국과 소련의 의도를 보다 정확하게 파악할 수 있다.

그렇다면, 위기가 고조되는 과정에서 어떠한 행동이 중요한 분석의 대상이 되는가? 쿠바 미사일 위기가 전개되는 과정에서 미국과 소련은 수없이 많은 결정을 내렸으며, 그에 따라 행동하였다. 이와 같은 많은 결정 및 행동 가운데 본 연구는 소련의 미사일 배치를 비밀리에 하겠다는 결정과 그 이후의 배치 행동, 그리고 쿠바에 대한 소련의 군사력 지원이 알려진 상황에서 쿠바에 대한 항공정찰과 쿠바에서 소련의 탄도미사일이 발견된 이후 쿠바를 봉쇄하는 미국의 결정을 집중 분석하겠다.

1. 소련의 결정: 탄도미사일을 비밀리에 배치한다

탄도미사일 배치에 대한 결정이 어느 시점에 내려졌는지는 분명하다. 하지만 배치가 사전에 치밀하게 구상되지는 않았으며, 상당 부분 충동적으로 흐루시초프 개인이 결정하였던 것 같다. 탄도미사일 배치가 가지는

"폭발력" 때문에, 이러한 구상은 관련 부서의 협의 또는 의견을 참조하지 않았으며, 동시에 일단 자신이 결정을 내린 이후에는 국가 의사결정 기구의 사후 승인을 받았다.[1] 탄도미사일 배치 구상이 처음 나타나는 시점은 1962년 4월 중순이다. 4월 12일에 소련은 쿠바에 SA-2 대공미사일 배치를 결정하였으며, 그 직후 흐루시초프는 쿠바에 탄도미사일을 배치해서 미국의 "바지 속에 고슴도치"를 집어넣는 문제를 거론하였다.[2] 이어 5월 중순에 흐루시초프는 불가리아 흑해 연안의 휴양지를 방문하여 이러한 구상을 가다듬었고, 5월 20일에 귀환하여 미사일 배치를 본격적으로 추진하였다.[3] 쿠바 주재 소련 대사로 지명된 알렉세프(Alexander Alekseev)에게 신임장을 제정하는 자리에서 흐루시초프는 탄도미사일 배치 문제를 거론하였고, 이에 알렉세프는 쿠바 정부가 반대할 것이라고 지적하였다. 하지만 흐루시초프는 이러한 지적을 무시하고 탄도미사일 배치를 추진하였다. 쿠바 정부와의 협의를 하지 않은 상황에서 5월 21일, 국방위원회(Defense Council)에 탄도미사일 배치를 공식적으로 상정하였

1 바로 이러한 측면에서 소련의 의도는 분명하지 않을 수 있으며 내부에서 모순된 부분이 있을 수 있다. 여러 부서의 의견이 종합되는 과정에서 정책의 일관성이 떨어질 수 있지만, 동시에 모순되는 부분 등을 교정하는 것도 가능하기 때문이다. 그리고 이와 같은 의도의 불분명함 때문에 소련의 의도는 일관성이 결여되어서 합리적이지 않다는 평가가 가능하다.

2 James G. Blight and David A. Welch, *On the Brink: Americans and Soviets Reexamine the Cuban Missile Crisis* (New York: Hill and Wang, 1989), p. 238.

3 불가리아 방문 당시 흐루시초프는 말리노프스키(Rodion Malinovsky) 국방장관과 흑해 해안을 산책하면서 수평선 너머인 터키에 배치된 미국의 탄도미사일 문제를 논의하였다. 하지만 본격적인 논의는 없었다. 또한 외교보좌관(Oleg A. Troyanovsky) 등도 미사일 배치가 결정된 이후에 그 사실을 알았다. Oleg Troyanovski, "The Caribbean Crisis: A View from the Kremlin," *International Affairs*, Vol. 38, No. 45, pp. 147~148. 트로야노프스키는 소련 외교관으로 일본 대사(1967~1976), UN 대표부 대사(1977~1986)와 중국 대사(1986~1990)를 역임하였다. 미국 주재 초대 소련 대사였던 부친을 따라서 미국에서 교육받았으며, 스탈린의 영어 통역과 흐루시초프의 외교보좌관 등을 역임하였다.

고, 배치의 필요성을 미국의 쿠바에 대한 공격 위협, 소련의 위신, 전략균형의 세 가지 측면에서 역설하였다. 5월 24일에 정치국(Politburo)은 미사일 배치를 만장일치로 승인하였으며, 쿠바의 동의를 얻은 다음인 1962년 6월 10일에 정치국 확대회의에서 미사일 배치가 공식적으로, 그리고 최종적으로 승인되었다.[4]

이러한 결정 과정에서 소련은 몇 가지 특이한 행동을 했는데, 이것은 소련의 의도에 대해 많은 정보를 제공한다. 첫째, 미사일 배치 결정의 시점이다. 흐루시초프는 1962년 4월 중순에 탄도미사일 배치를 구상하였고, 소련 정부는 이러한 구상을 5월에 승인하였다. 하지만 미국의 쿠바 침공은 1961년 4월이었으며, 소련은 1년 동안 쿠바에 대한 미국 침공을 억지하거나 쿠바를 방어하기 위해서 실질적인 조치를 취하지 않았다. 1961년 9월에 소련은 쿠바와 군사협정을 체결하였고 쿠바는 소련 대사를 통해 우선적으로 대공미사일 배치를 요구하였으나, 소련은 답변하지 않았다. 결국 1961년 12월 20일에야 소련은 군사 지원을 논의하였고 1962년 2월 8일에 1억 3,300만 달러의 군사 원조를 제공한다고 결정하였다.[5] 하지만 이러한 군사 원조는 구식 무기로 구성되었으며, 최신식 무기는 배제되었다. 소련이 쿠바에 대공미사일을 제공하기로 결정한 것은 1962

4 Fursenko and Naftali, *One Hell of a Gamble*, pp. 179~181. 국방위원회는 소련 국방 및 군사 문제에 대한 최고 의결기구로서, 국방부 및 참모본부 등의 군사조직 상위에 위치한다. 소련 공산당 중요 당원과 주요 군사 지휘관 등으로 구성되어 정책을 결정하고 이것을 국방부 및 참모본부에서 집행하였다. 정치국은 소련 공산당의 핵심 의사결정 기구로, 공산당 중앙위원회(Central Committee)의 핵심 구성원이 참석하는 소규모 회의체이다. 공식적으로는 공산당 중앙위원회의 승인을 거쳐야 하지만, 실질적으로 소련 공산당 정치국은 소련의 행정부로서 기능하였으며 중앙위원회는 정치국의 결정을 승인하였다.

5 Fursenko and Naftali, *One Hell of a Gamble*, pp. 142~148 그리고 pp. 153~154. 1961년 12월에 소련은 전차 몇 대를 쿠바에 제공하였으나, 정치국은 대공미사일을 포함한 대규모 지원에는 소극적이었다.

년 4월 12일이며, 그 직후 흐루시초프는 탄도미사일 배치를 구상하였다. 하지만 이 기강 동안 미국은 쿠바에 대해 위협을 가속화하지 않았다. 당시 소련은 미국의 쿠바 침공을 예상하였다고 하지만, 그 근거로 제시한 위협 인식은 상대적으로 사소한 것이었다.[6]

또 다른 중요 결정은 소련이 미사일 배치 자체와 쿠바와의 동맹 체결을 공개하지 않았다는 사실이다. 미사일 배치 이전의 상당 기간 동안, 쿠바 정부는 소련과의 동맹을 추진하였으며 소련이 주도하는 바르샤바 조약기구(Warsaw Pact) 가입 의향을 밝혔다. 하지만 소련은 쿠바의 동맹 요청을 거부하였다.[7] 대신 소련은 쿠바에 미사일을 배치하는 문제를 카스트로와 상의하기로 결정하면서, 동맹 체결과 미사일 배치 사안을 연계하였다. 1962년 5월 29일에 전략로켓군 사령관 비류조프(Sergei Biryuzov) 등은 쿠바를 방문하여 카스트로와 회견하여, 탄도미사일 배치 문제를 논의하면서 동맹 조약 체결 가능성을 언급하였다. 카스트로는 처음에는 망설였지만, 회견 다음 날인 5월 30일에 탄도미사일 배치는 소련의 쿠바에 대한 안보 지원을 공고하게 하고 세계 사회주의 세력의 힘을 강화한다는 측면에서 수용하였다.[8] 그리고 6월 10일에 정치국 확대회의는 쿠바에

6 미국은 쿠바 침공에 대한 개념 계획(OPLAN 314)을 가지고 있었으며, 이를 구체화하기 위하여 1962년 4월에 대서양과 카리브해 지역에서 기동훈련(Lantphibex-62)을 실행하였다. 하지만 미국은 유럽 및 동아시아 지역에서도 훈련 작전을 수행하였고, 소련은 다른 지역에서의 훈련 작전에는 큰 관심을 보이지 않았다.

7 쿠바는 바르샤바 조약기구에 대한 가입을 시도하였지만, 소련은 쿠바를 방어할 수 없다고 보고 가입 요청을 거절하였다. 따라서 카스트로는 소련의 탄도미사일이 배치되면 쿠바는 바르샤바 조약기구에 사실상 가입한다고 판단하였다. James G. Blight and Philip Bernner, *Sad and Luminous Days: Cuba's Struggle with the Superpowers After the Missile Crisis* (New York: L Rowman and Littlefield, 2002), pp. 19~20.

8 Fursenko and Naftali, *One Hell of a Gamble*, pp. 181~182. 사절단 출발 직전, 흐루시초프는 비류조프 장군과 쿠바 대사로 지명된 알렉세프 등을 자신의 별장으로 초청하여, 미사일

대한 탄도미사일 배치를 최종적으로, 그리고 만장일치로 승인하였다. 일부 정치국원은 서명을 거부하였지만, 흐루시초프의 강력한 설득으로 만장일치가 이루어졌다. 하지만 이 경우에도 소련은 쿠바와의 동맹 조약을 공개하지 않았다. 미사일 배치 직전인 7월 2일에 피델 카스트로의 동생인 라울 카스트로가 소련을 방문하여 조약 협상 및 가서명하였으며, 8월에는 체 게바라(Che Guevara)가 소련을 방문하여 일부 수정을 거친 최종 합의문을 완성하였다. 하지만, 소련은 정식 조인 및 조약 공개를 미루었고, 공개된 조약 등이 가지는 억지 효과 등을 포기하였다.[9] 대신 흐루시초프는 우선 미사일을 배치하고, 배치가 완료된 이후인 1962년 11월 또는 12월에 자기 자신이 직접 쿠바를 방문하여 동맹 조약을 공식 체결한다고 구상하였다. 즉 소련은 쿠바에 대한 미국의 침공을 억지하는 데 가장 쉽게 사용할 수 있는 방법인 공개 동맹을 포기하였으며, 대신 상당한 비용과 위험이 수반되는 미사일 배치를 추진하였다.[10]

이러한 측면에서 소련은 "쿠바 방어 또는 미국의 쿠바 침공 억지"라는 목표 이상의, 다른 의도를 가지고 있었다고 보아야 한다. 즉 소련이 쿠바와의 동맹 조약을 공개하지 않았던 행동 자체는 소련이 쿠바에 대한 미국의 침공을 억지하거나 또는 억지가 실패하는 경우에는 쿠바를

배치는 미국의 쿠바 침공을 억지하려는 것이라고 주장하면서, 미사일을 가지고 미국을 겁주고(scare) 동시에 미국의 행동을 억제(restrain)하는 것이 목표라고 강조하였다.

9 Gribkov and Smith, *Operation Anadyr*, pp. 21~23. 하지만, 실제로 서명된 것은 7월에 마련된 1차 초안이었으며, 8월에 만들어진 최종안은 결국 정식으로 조인되지 않았다. Blight, Allyn, and Welch, *Cuba on the Brink*, p. 57 그리고 79.

10 당시 미사일 배치에 관여했던 그리코프(Anatoli I. Gribkov) 장군은 1992년에 하바나에서 열린 회의에서 흐루시초프는 11월 25일~27일에 미사일을 공개할 계획이었다고 증언하였다. Blight, Allyn, and Welch, *Cuba on the Brink*, p. 76. 쿠바 측은 미사일 배치를 공개할 것을 요구하였지만, 흐루시초프는 공개를 거부하였다.

방어하는 것을 넘어서, 추가 목표를 가지고 있었다는 가능성을 보여준다. 소련은 보다 적은 비용으로, 그리고 큰 위험 없이 동맹 조약의 공개 등으로 쿠바에 대한 침공을 억지할 수 있었다. 또한 소련이 배치한 탄도미사일은 미국의 침공을 억지할 수 있었지만 억지 효과를 위해서는 미사일 배치가 공개되었어야 하며, 동시에 침공군 격퇴 등의 목표에도 적합하지 않았다. 반면 쿠바는 탄도미사일 배치로 소련이 쿠바 안보 문제에 직접적으로 개입하게 되므로 이를 환영하였지만, 자신의 안보에 직접적으로 기여하지는 않는다고 보았다. 교섭 과정에서 카스트로는 탄도미사일이 침공 억지 또는 쿠바 방어에는 적합하지 않다고 지적하자, 흐루시초프는 미사일은 "쿠바 방어 이상의 목표를 가진다"고 주장하였다.[11]

2. 소련의 행동: 탄도미사일의 비밀 배치 작전

소련은 탄도미사일 등을 비밀리에 운반 및 배치하는 데 성공하였다. 소련군은 당시까지 대규모 상륙 작전 또는 해양 수송 등의 경험이 없었으며, 대부분의 군사 이동은 철도를 이용하였다. 쿠바는 이러한 소련의 경험 부족 등을 우려하였지만, 흐루시초프는 카스트로에게 수송 작전은 반드시 성공한다고 다짐하면서 "문제가 발생하는 경우에는 발트함대를 파견한다"고 호언하였다.[12] 미사일 배치에 쿠바가 동의하자, 소련은 극비

11 Fursenko and Naftali, *Khrushchev's Cold War*, p. 439. 소련 정치국이 탄도미사일 배치를 최종 확인하자, 피델 카스트로는 이를 환영하였으며, 라울 카스트로는 소련 대표단을 포옹하였다. Fursenko and Naftali, *One Hell of a Gamble*, p. 190.

12 Blight, Allyn, and Welch, *Cuba on the Brink*, p. 81 그리고 p. 85.

리에 탄도미사일 수송을 준비하였다. 작전 암호명은 동부 시베리아에서 베링해협으로 흐르는 하천 명칭인 아나디르(Anadyr)로 결정되었으며, 이를 통해 시베리아에 미사일 기지를 건설한다는 인상을 주려고 노력하였다. 동원 병력에게는 방한 장비가 지급되었으며, 일부 병력은 쿠바에 도착해서야 방한 장비를 처분하였다.[13] 최종 승인된 계획은 50,874명의 병력과 3개월분 보급품을 수송하는 것을 목표로 하고 있었으며, 전체 중량은 230,000톤이었으며, 이를 위해서 85척의 선박을 동원하였으며 총 150번 왕복하였다.[14] 배치 계획을 숨기기 위해서 선박의 외관 및 화물 포장을 달리하였고, 항선지는 출항 이후에 KGB 장교 입회 아래 선장에게 통보되었다.

대공미사일이 우선적으로 배치되었다. 7월 초에 국방장관인 말리노프스키 장군이 대공미사일 및 지상군 부대가 먼저 출발하도록 계획을 변경하였고, 이에 7월 12일에 대공미사일 장비를 적재한 수송선단이 소련 북부와 흑해 연안의 항구에서 출발하였다. 주요 지휘관들은 항공편을 이용하여 가짜 이름으로 발급된 여권을 사용하여 쿠바에 입국하였다.[15] 소련은 쿠바에 24개 대대로 구성된 대공미사일 부대를 배치하였으며, 동시에 MiG-21 전투기 40대로 구성된 전투기 사단을 파견하였다. 대공미사일 1개 대대에는 6대의 미사일 발사대가 배정되고 발사대 하나에 4기의 미사일이 할당되면서, 쿠바는 144대의 미사일 발사대와 총 576기의 대공미사일을 보유한 소련군 대공미사일 2개 사단의 보호를 받게 되었다.[16] 배치된 대공미사일은 1960년 5월 1일에 U-2 정찰기를 격추한

13 Gribkov and Smith, *Operation Anadyr*, p. 15. 결국 방한 장비는 하바나 항구에서 소각되었다.

14 Gribkov and Smith, *Operation Anadyr*, p. 28 그리고 Dobbs, *One Minute to Midnight*, p. 26.

15 Gribkov and Smith, *Operation Anadyr*, p. 56.

16 CWIHP, "R. Malinovsky and M. Zakharov, Memorandum on Deployment of Soviet Forces

V-75로서, 9월 초순에 미사일 발사대가 자리를 잡으면서, 미국의 쿠바 정찰을 위협하였다. 9월 15일에 대공미사일 레이더 전파가 포착되었고, 10월 20일에 사격통제 레이더가 가동되었다. 하지만 소련은 미사일 위기 동안 대공미사일을 본격적으로 가동하지 않았고 따라서 레이더를 작동시키지 않았다.[17]

8월 25일에 탄도미사일을 적재한 첫 번째 선박이 소련에서 출발하였다. 탄도미사일을 외부에 적재할 수 없었기 때문에 미사일과 같이 20m 이상의 길고 가는 물품을 적재할 수 있는 목재 운반선을 동원하여 선창에 미사일을 대각선으로 선적하였다. 또한 탄도미사일을 긴급히 발사하는 상황에 대비한 콘크리트로 만들어진 발사판(launch pads)까지 적재하였다.[18] 소련은 탄도미사일 및 탄도미사일 장비 운반에 총 32척의 선박을 사용하였다. 이 가운데 MRBM 부대 이동에 18척이 할당되었는데, 10월 22일에 케네디 대통령이 텔레비전 연설을 통해 소련의 탄도미사일 배치를 공개하였을 때, 모든 선박이 쿠바에 도착하여 화물을 하역하였고 1척만이 미사일 연료와 미사일 연대 지휘관을 태우고 바하마 해역에 있었다. 하지만

to Cuba, 24 May 1962," *CWIHP Bulletin*, No. 11 (Winter 1998), pp. 254~256. 소련군은 24개 대공미사일 대대를 6개 연대로 편성하였고, 다시 3개 연대씩이 2개 사단(12사단과 27사단)으로 통합되었다.

17 서방측은 이러한 소련 대공미사일(V-75)을 SA-2 가이드라인(Guideline)이라고 호칭하였으며, 따라서 상당 숫자의 연구들은 SA-2가 배치되었다고 기술한다. Dobbs, *One Minute to Midnight*, pp. 184~187. 소련군은 10월 27일 0시를 기해서 대공미사일망을 통합 가동하였고, 워싱턴 시간으로 오전 11시 20분 U-2를 격추하였다.

18 Gribkov and Smith, *Operation Anadyr*, pp. 29~34. 소련은 탄도미사일을 운반하기 위해 목재 운반선 세 척(Poltava, Omsk, Kimovsk)만을 사용하였다. 따라서 전체 탄도미사일을 한 번에 운반할 수 없었고, 우선 9월에 MRBM을 쿠바에 운반하고 이어서 폴타바와 키모프스크 호가 다시 소련에서 IRBM을 운송하였다. 하지만 쿠바에 도착하기 이전에 미국이 쿠바를 봉쇄하면서 IRBM은 반입되지 못했다.

14척의 선박이 할당되었던 IRBM 부대의 경우에 1척은 쿠바에 도착하였고 2척은 하루 정도의 거리에 떨어져 있었지만, 탄도미사일을 적재한 선박을 포함한 대부분의 장비는 아직 대서양에 있는 상황이었다. 다만 IRBM 핵탄두를 적재한 선박(Aleksandrovsky)만이 쿠바 인근 해역에 접근하고 있었다.[19] 소련은 IRBM을 운반하고 있던 수송선 2척(Kimovsk와 Poltava)과 MRBM 연대 장비 일부와 지휘부가 탑승하였던 수송선(Yuri Gagarin)을 회항시켰지만, 핵탄두 운반선은 가장 가까운 쿠바 항구로 급히 대피하였다.[20]

일단 수송선에 승선한 병력은 규모 및 목적을 숨기기 위해서 선창에서 밖으로 나오지 못하였으며, 제한된 야간에만 엄격한 통제 하에 밖으로 겨우 나올 수 있었다. 내부 온도 50℃, 습도 95%인 상황이었으며, 미사일을 적재한 선박은 지나치게 가벼운 화물 때문에 파도에 배가 심하게 흔들렸고 모든 병력이 심각한 배 멀미에 시달렸다. 보름 정도의 항해 기간 동안 일부 선박에서는 승선 병력의 75%는 10kg 정도 체중이 감소되었으며, 30% 정도는 쿠바에 도착했을 때 움직일 수 없을 정도로 쇠약해져 있었다. 지나친 더위와 습기로 병사 한 명은 항해 중 사망하였다. 버터는 열대의 태양에서 녹아버렸고 군복은 곰팡이로 엉망이 되었다. 일단 쿠바에 도착한 병력은 "소련까지 다리가 생기기 전까지 절대로 쿠바에서 선박 편으로는 돌아가지 않겠다"고 다짐하였다.[21]

탄도미사일 하역 자체는 야간에만 이루어졌으며, 이동은 밤 12시에서 새벽 5시 사이에만 이루어졌다. 쿠바에 하역한 미사일을 기지 건설 현장으

19 Dobbs, *One Minute to Midnight*, pp. 42~43.

20 Dobbs, *One Minute to Midnight*, p. 44.

21 Dobbs, *One Minute to Midnight*, p. 28 그리고 Gribkov and Smith, *Operation Anadyr*, p. 36.

로 수송하는 데에도 많은 어려움이 있었다. 탄도미사일의 길이가 20m 이상이었기 때문에 운반이 어려웠으며 트럭 이동을 위해서 쿠바 정부는 도로를 확장하거나 가옥과 건물을 철거하였다. 이동 도중에 소련군 병력은 러시아어를 사용하지 않고 기존에 만들어진 스페인어 숫자 메시지로 무선 교신을 하였다. 따라서 220km를 이동하는데 꼬박 3일 밤이 소요되었다.[22] 또한 쿠바에 도착한 병력은 군사기지를 건설하는 데 많은 난관에 봉착하였다. "쿠바의 야자수가 모든 것을 가려준다"는 주장이 있었지만, 현지에서는 야자수는 없었다. 따라서 소련군의 작업은 위장되지 않은 상황에서 이루어졌으며, 동시에 기지 건설은 도로 건설 등의 작업을 수반하기 때문에 위장하는 것이 처음부터 불가능하였다.[23] 또한 지반 곳곳에서 지하수가 분출하면서 참호를 구축하는 것이 매우 어려웠으며, 뜨거운 열기 속에서 소련군 병력은 10~12시간씩 교대로 작업하였다. 지반에 암반이 너무나도 많아서 중장비 사용에 많은 어려움이 있었고 결국 병력이 삽을 가지고 작업하였다. 모기는 밤낮을 가리지 않고 병력을 괴롭혔으며, 야간에는 텐트를 밀봉해야 했다. 작업 시작 후 8~15일 후 미사일 기지가 완성되었지만, 탄도미사일 기지 건설에는 더욱 많은 시간이 소요되었다. 목표는 10월 25일~27일에 미사일 기지 전체를 완공하는 것이었지만, 이것은 현실적으로 불가능하였으며, 다른 지상군 부대의 인력과 장비를 지원받은 이후에만 부분적으로 가능했다.[24]

---

22 Dobbs, *One Minute to Midnight*, p. 28~30.

23 소련군 선발대 지휘관(Sharaf Rashidov)은 1962년 6월, 국방위원회에 보고하면서, "쿠바의 야자 숲이 모든 것을 가려준다"고 주장하였다. 하지만 이러한 야자 숲은 쿠바에 존재하지 않았다.

24 Gribkov and Smith, *Operation Anadyr*, p. 56.

3. 미국의 결정: 쿠바에 대한 방어적 무기는 용인하지만 공격용 무기는 봉쇄한다

소련이 쿠바에 탄도미사일을 배치하는 과정에서 나타난 가장 특이한 행동은 미국이 쿠바에 대한 소련의 군사력 지원을 용인하였다는 사실이다. 케네디 행정부는 소련의 쿠바 개입 또는 쿠바에 대한 "방어용 무기" 공급 자체는 묵인하였지만, "그 이상의 행동"은 용납하지 않았다. 특히 사정거리가 길어서 미국 본토를 공격할 수 있는 전략 무기 또는 "공격용 무기"가 쿠바에 반입되는 것은 허용할 수 없다고 명시적으로 경고하였다. 1962년 6월에 쿠바 공군기지에서 소련이 제공한 당시 최신식이었던 MiG-21 전투기가 발견되었으며, 동시에 MiG-19 전투기 10기와 구식이 되었지만 소련이 제공한 MiG-15/17 전투기 20기가 발견되었으며, 기타 전차와 대공 포대 그리고 레이더 기지가 포착되었다.[25]

다양한 정보를 종합하여, 미국 정보기관은 8월 1일에 정보분석 통합 보고서인 국가정보분석(NIE; National Intelligence Estimate)을 통해 소련이 쿠바에 "군사력을 지원하고 있으며, 덕분에 쿠바군은 미국의 전면 침공을 제외한 모든 위협에서 정권을 수호할 능력을 보유하였다"고 평가하였다. 하지만 소련은 "쿠바에 대규모 군사력을 배치할 가능성은 크지 않다(unlikely)"는 결론을 내렸다.[26] 또한 8월 20일에 CIA는 소련의 쿠바에

---

25 Dino A. Brugioni, *Eyeball to Eyeball: The Inside Story of the Cuban Missile Crisis* (New York: Random House, 1991), pp. 72~74.

26 National Intelligence Estimate (NIE), "The Situation and Prosepcts in Cuba, 1 August 1962," CIA Documents No. 3 in Mary S. McAuliffe (ed.), *CIA Documents on the Cuban Missile*

대한 지원은 "7월과 8월에 급증하고 있으며, 7월에 21척의 선박이, 그리고 8월에 17척의 선박이 도착 또는 도착 예정"이라고 밝히고 있다. 7월 1일 이후에 4,000~6,000명 정도의 소련 인원이 쿠바에 배치되었지만 아직까지 소련군 부대가 쿠바에서 목격되지는 않았으며, 하역 작업은 소련인이 직접 담당하고 있고 동시에 미사일 부품 및 통신 장비 그리고 차량 등이 반입되고 있다고 기록하였다.[27] 또한 CIA는 1962년 8월 22일의 보고에서 "지난 7월 말 이후 소련은 쿠바에 대규모 무기를 수송"하고 있으며, 쿠바인 항구 노동자가 아니라 "소련 측 인원이 물자를 하역"하며, 이러한 소련인들은 "군복이 아니라 셔츠"를 입고 있다고 보고하였다. 하바나 동쪽의 일부 지역(Matanzas)에서는 소련인들이 중장비로 땅을 고르고 있지만, 다른 지역에서는 이러한 공사 관련 첩보가 없다고 지적하였다.[28]

하지만 이러한 상황에서도 미국은 특별히 반응하지 않았다. 8월 31일에 일부 지역에 해안방어 미사일 배치가 확인되었지만, 케네디는 이러한 사실을 공표하지 않았다. 대신 케네디는 쿠바에 소련이 무기를 공급하고 있다는 사실이 유출되지 않도록 주의하라고 지시하였다. 케네디 행정부는 쿠바 문제를 둘러싸고 소련과의 "불필요한 충돌"이 벌어지는 것을 피하려고 하였으며, 특히 소련이 쿠바에 방어용 무기를 배치하는 행동을 용인하였지만 이러한 결정을 공식화하거나 또는 이러한 결정이 집행되는 과정에서 발생하는 국내적 논란을 피하려고 하였다.[29] 하지만 8월 31일에

Crisis, 1962 (Washington, DC: Government Reprints Press, 2001), pp. 9~12.

27 McCone, "Memorandum on Cuba, 20 August 1962," CIA Documents No. 5 in McAuliffe (ed.), *CIA Documents*, pp. 19~20.

28 CIA Intelligence Memorandum, "Recent Soviet Military Aid to Cuba, 22 August 1962," Documents No. 12 in Chang and Kornbluh (eds.), *The Cuban Missile Crisis, 1962*, pp. 67~70.

공화당의 키팅(Kenneth B. Keating) 상원의원이 의회 연설을 통해 "소련이 쿠바에 탄도미사일 기지를 건설하고 있다"고 주장하면서 상황이 급변하였다. 이러한 주장은 사실에 근거하지 않은 주장이었으며, 쿠바 난민들의 주장을 일방적으로 수용한 것이었다.[30] 9월 1일 당시 소련은 탄도미사일 배치를 결정하여 수송 중이었지만, 미사일은 아직 쿠바에 반입되지 않았다. 하지만 이와 같은 근거 없는 키팅의 주장으로 케네디 행정부는 국내적으로 궁지에 몰렸다. 그리고 이러한 배경에서 9월 20일에 미국 상원은 "쿠바가 미국의 안보를 위협하는 공격용 군사기지로 변화할 가능성을 방지하기 위해 군사력 사용을 허용"하는 결의안을 찬성 86, 반대 1표로 통과시켰다.[31]

이에 미국은 1962년 9월, 두 번에 걸쳐서 소련에게 경고하였다. 9월 4일에 백악관 대변인(Pierre Salinger)은 "최근 소련이 쿠바에 무기를 공급하고 있는 상황에 우려"하지만, 소련은 쿠바에 "대공미사일 등의 방어무기"를 공급하고 있으며 "지대지 미사일 또는 그 밖의 공격용 무기를

---

29 케네디 대통령은 소련이 쿠바에 배치하는 군사력에 대한 정보가 언론 등에 유출되지 않도록 많은 노력을 기울였다. 탄도미사일을 포착하기 직전인 10월 초에 미국은 소련 수송선에 적재된 IL-28 폭격기 운반용 상자를 촬영하였지만, 케네디는 우선 정보 통제를 강조하면서, "이것은 첩보이며 동시에 단순한 개연성에 지나지 않는다"고 공격용 무기의 배치 가능성을 폄하하였다. McCone, "Memorandum on Donovan Project, 11 October 1962," CIA Documents No. 44 in McAuliffe (ed.), *CIA Documents*, pp. 123~125.

30 또한 10월 10일에 키팅은 소련이 쿠바에 총 6개의 IRBM 기지를 건설하고 있다고 주장하였다. 이와 같은 추가 폭로는 8월 31일에 있었던 것과는 달리 최소한 쿠바에 미사일이 반입된 이후에 이루어졌기 때문에 사실에 부합하였다. 그리고 이러한 10월 10일의 폭로와 정보원에 대해서는 다음 연구가 있다. Max Holland, "A Luce Connection: Senator Keating, William Pawley, and the Cuban Missile Crisis," *Journal of Cold War Studies*, Vol. 1, No. 3 (Fall, 1999), pp. 139~167.

31 Ernest R. May and Philip D. Zelikow, *The Kennedy Tapes: Inside the White House During the Cuban Missile Crisis* (Cambridge, MA: Harvard University Press, 1997), p. 37.

제공하지는 않고 있다"는 대통령의 쿠바 정책 성명서를 발표하였다. 하지만 동시에 소련에게 만약 공격용 무기가 쿠바에 배치된다면, "심각한 상황"이 발생한다고 경고하였다. 9월 13일의 기자회견에서는 케네디 대통령이 직접 등장하여 쿠바에 소련의 탄도미사일이 배치되지 않았다고 확인하고 동시에 미사일 배치를 용납할 수 없다고 공개 경고하였다. 케네디는 미국의 침공이 임박했다는 쿠바의 주장은 "카스트로 정권을 유지하려는 단발마적 술책"라고 비난하면서, 만약 소련이 공격용 군사기지를 쿠바에 보유하는 경우에 미국은 자신 및 동맹국의 안전을 확보하기 위해서 "모든 조치를 취할 것"이라고 강조하였다. 하지만 케네디는 지금까지의 정보를 종합할 때, 군사행동이 필요하거나 정당화되지 않는다고 강조하였다.32

4. 미국의 행동: 쿠바에 대한 항공정찰과 미사일 발견

1962년 9월 1일 현재 소련은 탄도미사일을 수송 중에 있었으며, 쿠바에 배치된 것은 대공미사일 등의 방어용 무기였다. 또한 쿠바 망명객들의 진술은 너무나도 많이 과장되고 왜곡되었기 때문에 이것을 신뢰할 수

32 미국은 이러한 방침을 소련에 통보하는 방안을 고려하였다. 1961년 4월의 피그스만 공격이 실패한 이후 케네디 행정부는 소련 주재 미국 대사인 톰슨(Llewellyn Thompson)을 통해 미국은 소련이 쿠바에 방어적 군사 지원은 수용하지만 그 이상은 아니라고 하면서, 공격적 군사기지 설치는 세계 안정의 최소 조건을 충족하지 못한다는 입장을 전달하려고 하였다. W. W. Rostow, "A Post−Bay of Pigs Strategy Paper on Cuba: Notes on Cuban Policy, April 24, 1961," Documents No. 3 in Chang and Kornbluh (eds.), *Cuban Missile Crisis, 1962*, pp. 16~19. 하지만 이러한 "통보"가 이루어졌는지에 대해서는 확인할 수 없다. 따라서 통보가 없었다고 보아야 하며, 이와 같은 제안은 기각된 것으로 보인다.

없었다. 위기 이후의 정보 분석은 망명자 진술이 가지는 문제점을 잘 지적하고 있다. 1962년 1월 1일 이전에 쿠바에 핵미사일이 배치되었다는 증언은 총 211건이었으나, 항공정찰에서는 어떠한 미사일도 포착되지 않았다. 소련이 핵미사일을 쿠바에 배치한다는 결정이 내려진 것은 1962년 5월이며 본격적인 배치는 9월부터 시작되었기 때문에 "핵미사일 목격"에 대한 211건의 증언은 모두 거짓이었다.[33] 1961년과 1962년의 2년 동안 미국 정보기관들은 쿠바 난민 및 정보원을 통해 소련이 탄도미사일을 쿠바에 배치하고 있다는 3,500건 이상의 첩보를 받았지만, "상대적으로 유효"(reasonably valid)한 첩보는 8건에 지나지 않았으며 이것조차도 항공정찰 결과, 추가 증거가 나타나지 않았다. 결국 9월 이후에 소련이 탄도미사일을 쿠바에 반입한 이후에야 적절한 첩보가 입수되었고, 이에 기초하여 9월 말부터 항공정찰이 논의되었다.[34]

쿠바혁명 이후 미국 해군은 관타나모 기지를 오가는 항공기를 이용하여 간접적으로 쿠바에 대한 항공정찰을 수행하였다. 하지만 별다른 변화가 포착되지 않았으며, 이에 기초하여 1959년과 1960년 당시 쿠바 망명자들의 "핵무기 배치" 정보는 거짓으로 판정하였다. 아이젠하워 행정부는 1960년 10월 27일에 U-2를 이용하여 쿠바 전체를 촬영하였고, 이후 항공정찰은 매달 1회씩 수행되면서 1960년 10월의 사진과 비교해서 판독되었다.[35] 케네디 행정부는 항공정찰을 강화하였다. 소련이 쿠바에 제공하는 무기를 파악하기 위해서 소련 화물선을 대서양에서 근접 촬영한

---

33 Richard Lehman, "Excerpt from Memorandum for Director of Central Intelligence, 14 November, 1962," CIA Documents No. 36 in McAuliffe (ed.), *CIA Documents*, pp. 99~102.

34 McCone, "Memorandum for the President, 28 February, 1963," CIA Document No. 112 in McAuliffe (ed.), *CIA Documents*, pp. 373~376.

35 Bruginoni, *Eyeball to Eyeball*, pp. 41~42, 54~55, 그리고 60~63.

다음, 적재된 화물 상자의 형태와 크기를 이용하여 그 내용물을 추정하는 방식이 사용되었다.[36] 그리고 일단 쿠바에 도착한 무기들은 항공사진을 통해서 확인하였다. 1962년에 들어오면서 쿠바 망명자들이 일주일에 1,700명에 육박하면서 다양한 첩보가 등장하였다. CIA는 쿠바와 인접한 플로리다에서 망명자를 심문하여 첩보를 수집하였지만, 항공정찰에서는 이러한 것이 확인되지 않았다. 1962년 6월에 첩보 확인을 위해 매주 항공정찰이 이루어졌으나, 4회에 걸친 정찰에서도 망명자들이 주장하였던 탄도미사일은 나타나지 않았으며 대공미사일조차 존재하지 않았다.[37] 소련이 대공미사일을 배치하자 망명자들은 대공미사일을 탄도미사일이라고 주장하기 시작했다. 1962년 9월의 망명자들은 "소련 탄도미사일을 목격"했다고 882건이나 제보하였지만, 모두 사실이 아니었으며 순수한 날조 또는 미국이 용인한 쿠바 방어용 대공미사일에 대한 첩보였다.[38]

7월에 들어오면서 항공정찰에서 대공미사일 등의 방어용 무기가 포착되었고 대통령에게 보고되었다. 배치되는 무기가 누적되면서 CIA 국장인 맥콘(John A. McCone)은 8월 10일에 소련이 공격용 무기를 배치할 가능성을 거론하였다. 하지만 이러한 가능성은 가능성에 그치는 것이었으며, 뒷받침할 증거는 존재하지 않았다. 맥콘은 그 가능성을 8월 21일에 다시 거론하였고 22일에 대통령을 면담한 자리에서도 지적하였다.[39] 맥콘의

---

36 이러한 방식은 당시 화물선들이 통일된 컨테이너(container)를 사용하지 않았기 때문에 가능하였다. 오늘날 흔히 사용되는 컨테이너는 길이 19.1피트(6.058m), 폭 8피트(2.438m), 높이 8.6피트(2.591m)로 통일되어 있으며, 1960년대 후반에 들어와서 널리 사용되기 시작하였다. 따라서 1960년대 초반 소련은 쿠바로 수송하는 물품을 통일된 컨테이너가 아니라 개별적으로 "포장"하였으며 그 "포장"에 따라서 내용물을 추정하는 분석(cratology)이 가능하였다.

37 Bruginoni, *Eyeball to Eyeball*, pp. 84~89.

38 Dobbs, *One Minute to Midnight*, p. 123.

주장은 소련이 먼저 대공미사일을 배치하여 미국의 항공정찰을 막은 이후, 탄도미사일 등의 공격용 무기를 배치하려고 한다는 것이었다. 따라서 맥콘은 U-2가 아니라 저공 정찰기를 사용하여 쿠바 전체를 촬영하기를 제안하였지만, 이러한 주장은 수용되지 않았다.[40] 8월 29일에 U-2 정찰이 있었으며, 여기서 상당한 정도의 방어시설이 드러났지만, 공격용 무기는 나타나지 않았다. 하지만 쿠바의 동부 지역은 구름에 가려져 있어서 정확한 정찰이 어려웠고, 이후 추가 정찰이 논의되는 과정에서 U-2 정찰기는 사고에 휘말린다. 8월 30일에 사할린 부근에서 U-2가 소련 영공을 침범하였고 이에 소련은 강력하게 항의하였다. 이어서 9월 8일에 대만에서 이륙하여 중국을 정찰하던 U-2가 실종되었다. 그러자 국무성은 쿠바 상공에서 U-2가 격추될 가능성을 우려하여 쿠바에 대한 정찰을 잠시 중지할 것을 요구하였다.[41]

---

39 John A. McCone, "Memorandum: Soviet MRBM in Cuba, 31 October 1962," CIA Documents No. 4 in McAuliffe (ed.), *CIA Documents*, pp. 13~17. 맥콘 자신은 이러한 가능성을 제기하였지만 정작 이를 심각하게 고려하지는 않은 듯하다. 심각하게 고려하였다면, 맥콘은 8월 23일에 결혼하여 프랑스 남부에서 1개월 동안의 신혼여행을 즐기지는 않았을 것이다. 물론 맥콘은 신혼여행 기간에도 공격용 무기 배치 가능성을 계속해서 주장하였고 자신의 보좌관(Ray Cline)에게 공격용 무기 배치에 대해 자신에게 보고하라고 지시하였다.

40 문제는 소련이 제공하는 무기가 특별한 것이 아니었으며, 쿠바 이외의 다른 국가에도 제공되었던 무기였다는 사실이었다. 예를 들어 인도네시아와 이집트 그리고 시리아 등은 소련 대공미사일와 항공기를 수입하였으며, 고속정 등 또한 소련이 많은 국가들에 제공하였던 물품이었다. 따라서 이러한 소련의 행동은 미국 정보분석가들 사이에서는 큰 우려를 자아내지는 않았다. Brugioni, *Eyeball to Eyeball*, p. 100.

41 Carter to McCone, "Cable, 8 September 1962," CIA Documents No. 18 그리고 Carter to McCone, "Cable, 10 September 1962," CIA Documents No. 19, in McAuliffe (ed.), *CIA Documents*, pp. 55~58. 1958년에 미국과 대만은 중국에 대한 U-2 정찰을 담당하는 소규모 부대(Black Cat Squadron)를 대만 공군의 일부로 창설하는 데 합의하였다. 1960년부터 1974년까지 이 부대는 미국 공군과 CIA를 제외하고는 유일하게 U-2를 운용하였던 조직으로, 2대의 U-2만을 운용하였다. 하지만 중국에 대한 정찰 과정에서 5개가 격추되었으며 동시에

이와 같은 시점에서 미국 정보기관은 1962년 9월 1일까지의 정보에 기초하여 소련의 쿠바에 대한 군사력 배치 현황과 그 의도를 분석한 통합 보고서를 제출하였다. 9월 19일에 특별국가정보보고 85-3-62(SNIE 85-3-62; Special National Intelligence Estimate)는 쿠바에서 나타나고 있는 소련의 군사력 배치에도 불구하고 소련의 쿠바에 대한 정책에서는 큰 변화가 없다고 결론지었다. 즉 소련은 정치적 이익을 위해서 쿠바에 군사력을 배치하고 있으며, 이를 통해 카스트로 정권을 보호하려고 한다는 것이다. 물론 쿠바가 내부에서 안정되는 경우에 남미 지역으로 영향력을 확대하려고 시도할 수 있지만, 지금 현재로는 소련이 쿠바에 탄도미사일 등의 공격용 무기를 배치하려고 하지 않을 것이라고 추정하였다. 소련은 공격용 무기의 배치가 세계 전체에 충격을 줄 것이라는 사실을 잘 이해하고 있으며, 미국이 강력하게 반발할 수밖에 없는 행동을 피할 것이라고 보았다.42

정보 분석과는 무관하게 쿠바에 대한 정찰은 계속되었다. 하지만 기상 관계로 쿠바 전체에 대한 촬영이 이루어지지 않았으며, 대신 부분적인 정보 수집만이 가능하였다. 예를 들어 9월 15일에 소련 화물선(Poltava)이 항해 중 촬영되었다. 사진에 나타난 홀수선을 통해 정보 분석관들은 화물선이 부피에 비해서 상대적으로 가벼운 물품을 운반하고 있다고 추정하였다.43 이어서 9월 17일에는 미사일이 하역되었다는 첩보가 있었

사고 등으로 6대의 U-2가 추가로 손실되었다.

42 Special National Intelligence Estimate (85-3-62), "The Military Buildup in Cuba, 19 September, 1962," CIA Documents No. 33, in McAuliffe (ed.), *CIA Documents*, pp. 91~93.

43 Brugioni, *Eyeball to Eyeball*, pp. 144~150. 화물선은 목재 운반용으로 설계되었기 때문에 탄도미사일을 운반하는 것이 가능하였고, 실제로 해당 선박은 탄도미사일을 적재하고 있었다. 하지만 당시에는 어느 누구도 이러한 선박을 이용하여 소련이 탄도미사일을 운반한다고 주장하지는 않았다.

지만, 이것을 확인할 정찰 비행은 기상 관계로 취소되었다. 또한 쿠바 상공을 직접 비행하는 것이 금지되고 대신 공해상에서 쿠바에 근접하여 비행하면서 쿠바 해안지대를 촬영하는 주변부 정찰 비행(peripheral flight)이 시작되었다. 9월 27일의 정찰에서는 쿠바 서부 지역을 촬영하였고 여기서 대공미사일과 해안방어 순항미사일 등이 포착되었으며, 9월 29일에는 쿠바 남부 지역을 정찰하여 같은 종류의 방어용 무기를 발견하였다.[44] 문제는 쿠바 내륙에 대한 정찰 사진이 없다는 것이었으며, 따라서 일단 쿠바에 반입된 무기를 내륙으로 이동하면서 "사라져버렸다." 따라서 10월 9일에 항공정찰 수행이 결정되었고, 항로는 쿠바 북쪽에서 남쪽으로 비행하는 것이 아니라 남쪽에서 북쪽으로 비행하는 방안이 검토되었다.[45] 그리고 이러한 결정에 기초하여 10월 14일에 항공정찰이 수행되었고 쿠바에서 MRBM을 발견하였다.

5. 쿠바에 배치된 소련 군사력 규모

쿠바 배치 소련 군사력에 대한 최초 계획은 1962년 5월 24일에 문서화되었다. 흐루시초프에게 보고한 내용에 따르면, 모두 60기의 탄도미사일(MRBM, IRBM) 발사대와 함께 탄도미사일 60기, 그리고 탄도미사일 핵탄두 60개가 배치될 예정이었다.[46] IRBM 기지를 건설하는 데 4개월이

44 Brugioni, *Eyeball to Eyeball*, pp. 157~159.

45 대공미사일이 미국과 인접한 쿠바 북쪽 해안에 집중되어 있었기 때문에 남쪽에서 북쪽으로 비행한다면 격추되어도 비행기는 쿠바 북쪽에 추락하고, 따라서 기체를 인양하거나 조종사를 구출하는 것이 가능하였다.

46 탄도미사일 배치를 위해 소련은 스타첸코 소장(Statsenko)이 지휘하는 제43미사일 사단을

소요될 예정이었으며, MRBM의 경우에는 이동 발사대를 사용할 것이기 때문에 쿠바 도착 10일 이내에 미사일을 발사 가능한 상태로 기지를 구축할 계획이었다. 이를 위해서 소련은 크레인과 불도저 등의 건설용 중장비와 함께, 시멘트와 강화 콘크리트 등의 건설 자재까지 수송하였다. 또한 쿠바 방공망 구축을 위해 대공미사일 2개 사단, 총 24개 대대를 파송하였고, 대공미사일 발사대는 144개, 그리고 미사일은 발사대당 4기로 총 576개를 선적하도록 되어 있었다. 이와 함께, 해안방어를 위해 단거리 순항미사일(Sopka) 1개 연대, 총 3개 대대 18개 해안방어 순항미사일이 배치되었으며, 미사일 고속정과 단거리 전술용 탄도미사일(FKR) 등 또한 계획되었다. 동시에 9월에 소련 수상함대가 쿠바를 우호 방문하고 그곳에 잔류하는 형태로 해군기지를 구축하는 방안까지 검토되었다.[47]

하지만, 이러한 계획은 여름 동안 계속 수정되었고 6월 20일에 부대 편재가 이루어졌으며, 최종적으로 1962년 9월 8일에 배치 계획이 확정되었다. 이에 따르면, 탄도미사일 배치는 해당 연대가 변경되었으나 규모는 5개 연대로 유지되었다. MRBM을 담당하는 3개 연대 가운데 539연대와 546연대는 쿠바 서부에, 그리고 524연대는 쿠바 중부에 배치되기로 하였다. 또한 IRBM은 2개 연대가 동원되며 657연대는 쿠바 중부에, 그리고 564연대는 쿠바 서부에 배치될 계획이었다. 또한 대공 방어를 위해 동원된 대공미사일 2개 사단 가운데, 12사단은 쿠바 서부에, 그리고 27사단은

동원하였으며, 이것은 모두 5개 미사일 연대로 구성되었다. 개별 연대는 발사대 8대를 통제하며, 따라서 MRBM을 담당하는 3개 연대(79연대, 181연대, 664연대)와 IRBM을 담당하는 2개 연대(665연대와 668연대)가 각각 24개와 16개의 발사대를 보유하였다. 또한 미사일 발사 및 통제를 담당하는 기술 부대(field missile technical base)가 개별 연대에 하나씩 배정되었다.

47 CWIHP, "R. Malinovsky and M. Zakharov, Memorandum on Deployment of Soviet Forces to Cuba, 24 May 1962," *CWIHP Bulletin*, No. 11 (Winter, 1998), pp. 254~256.

쿠바 동부에 전개되었다. 이와 함께 213 전투기 사단이 산타클라라(Santa Clara) 비행장에 배치되었다. 이와 함께 지상군 병력이 결정되었다. 모두 4개 자동차화 소총연대가 선정되어, 74연대는 서부 쿠바에 배치되어 인근 지역의 미사일 기지를 방어하고, 43연대는 하바나 인근 지역에서 쿠바 주둔 소련군 사령부를 보호하고, 146연대는 쿠바 중부 지역에서 인근 미사일 기지를 방어하도록 되어 있었다. 이러한 3개 연대는 각각 전술미사일(Luna; FROG-7) 1개 대대의 지원을 받고 있었다. 마지막 지상군 부대인 106연대는 쿠바 동부에 전술미사일 없이 배치되었다. 해군 함대는 축소되었지만, 해안방어 순항미사일은 4개 대대로 증강되었다. 2개 연대의 순항미사일 부대(231연대와 222연대)가 쿠바 동부와 서부에 각각 배치되면서, 미국의 침공이 있는 경우에 전술핵무기를 사용하여 상륙 지점과 관타나모 미군 기지를 파괴할 계획이었다.[48]

탄도미사일 및 전술미사일에 사용할 핵탄두 1차분은 9월 15일에 소련을 출발해서 10월 4일에 쿠바에 도착하였다.[49] 인디기르카(Indigirka)에 선적되었던 핵탄두는 모두 90개였다. 반입된 핵탄두는 1Mton의 폭발력을 가진 MRBM 탄두 36개, 14Kton 순항미사일 탄두 36개, 2Kton짜리 단거리 전술미사일 탄두 12개, 그리고 12Kton짜리 항공기 투하용 핵폭탄 6개였다. 또한 알렉산드로프스키(Aleksandrovsk)가 추가 핵무기 68개를 싣고서 10월 6일에 소련을 떠났다. 여기에는 IRBM에 사용할 수 있는 1Mton 탄두 24개와 14Kton 순항미사일 핵탄두 44개가 적재되어 있었다.[50] 인디기르카

48 CWIHP, "Memorandum, R. Malinovsky and M. Zakharov to Command of Group of Soviet Forces in Cuba, 8 September 1962," *CWIHP Bulletin*, 11 (Winter, 1998), pp. 259~261. 명령서 자체는 7월 9일에 작성되었지만, 최종 결재는 9월 8일에 이루어졌다.

49 CWIHP, "Handwritten Note for the Record by Colonel General S. P. Ivanov, 5 October 1962," *CWIHP Bulletin*, 11 (Winter, 1998), pp. 261~262.

가 운반하였던 핵탄두 90개는 쿠바 배치 소련군에게 완전히 전달되었지만, 알렉산드로프스키에 적재되었던 68개의 탄두는 미국이 봉쇄를 선언하자 가장 가까운 쿠바 항구(La Isabela)에 입항하여 탄두는 쿠바에 반입되었다. 하지만 소련군 지휘부는 알렉산드로프스키에 적재된 핵탄두를 하역하지 않았으며, 특히 IRBM 자체가 반입되지 못했기 때문에 IRBM용 핵탄두는 위기가 종결될 때까지 항구에 정박한 수송선에 적재되어 있었다.51

소련군은 시간 및 자재 문제로 쿠바에 완전한 형태의 핵무기 및 핵탄두 저장시설을 건설하지 못하였다. 본래 소련에서 핵무기는 미사일 등과는 분리되어 독립 부대가 관리하였으며, 온도와 습도가 엄밀하게 조정되는 시설에 보관하였으며, 특수 열차를 사용하여 수송하였다. 하지만 쿠바에서는 이러한 시설을 기대할 수 없었고, 따라서 임시 수송용 트럭에 적재하고 비포장도로를 통해 이동하였다. 보관 시설 또한 엄중한 방어 및 경계 시설을 갖추지 못했으며, 따라서 임시로 철조망을 가설하고 초병이 간단한 시설을 경비하였다. 이러한 이유에서 미국은 쿠바에서 소련 핵무기 저장시설을 찾아내지 못하였다. 미국은 핵무기 저장시설은 엄중히 경비되고 강력한 방어시설을 갖출 것이라고 예상하고 그러한 시설을 찾았지

---

50 Dobbs, *One Minute to Midnight*, p. 58. 핵무기 수송에 사용하였던 선박은 냉동 생선의 운반을 위한 선박들로서, 온도 및 습도를 조절하는 설비를 갖추고 있었다. 해상 수송을 위해 소련은 핵탄두를 강철 상자(1.8m×4.5m)에 개별 포장하였다. 하지만 항해 중간에 폭풍 때문에 핵탄두 상자 일부가 파손되었지만, 관리 장교의 "영웅적인 노력"으로 사고는 발생하지 않았다. 소련으로 귀환하여 핵탄두 관리 장교에게는 훈장(Order of the Red Banner)이 수여되었다.

51 Gribkov and Smith, *Operation Anadyr*, pp. 62~63. 핵무기 저장시설은 마리엘 항 부근에 건설되고 있었지만, 이사벨라 항구 부근에는 없었다. 따라서 소련군은 핵탄두를 하역하지 않았다.

만, 이러한 시설은 존재하지 않았다. 동시에 핵무기 저장 및 수송을 담당하였던 소련군 장교들은 핵무기 사고 등을 심각하게 우려하였으며, 핵탄두를 완성되지 않은 시설에 하역하지 않고 핵무기 운반 차량을 미완성 시설 내부에 주차시키는 방식으로 핵무기를 보관하였다.[52]

당시 소련이 배치한 탄도미사일은 미국의 전략 공격 능력을 제한적으로 위협하였다. 1962년 10월 말 현재 미국과 소련의 핵무기 전력의 정확한 비율을 알기 어렵다. 하지만 분명한 사실은 미국이 소련에 대해서 압도적인 우위를 유지했다는 것이며, 그 우위는 전략핵무기의 경우에 거의 5배 정도의 차이였다. 또한 서로 본토를 공격할 수 있는 핵무기 숫자를 고려한다면, 그 격차는 더욱 벌어진다. 이러한 전략 균형에 대해서는 다양한 평가가 있지만, 가장 널리 사용되는 수치는 다음과 같다. 1962년 10월 31일 당시 미국은 172기의 ICBM, 144기의 폴라리스 미사일, 폭격기를 통해 사용가능한 1,450개의 핵탄두를 포함하여, 총 2,952개의 전략핵무기로 소련을 공격할 수 있었다. 반면 소련이 사용가능한 ICBM의 숫자는 20~24개에 지나지 않았다. 소련의 전략 폭격기 전력은 미약하였고 미국의 방공망을 돌파하는 것이 어려웠기 때문에, 핵전쟁이 발발하는 경우에 소련은 탄도미사일만을 사용할 수 있었다. 따라서 미국은 상대적으로 본토에 대한 보복 위협 없이 소련을 공격할 수 있었으며, 특히 이러한 핵전력으로 미국은 모두 220개의 목표물을 즉시 파괴할 수 있었다.[53]

이러한 측면에서 소련이 배치한 60개의 탄도미사일은 소련이 미국을

---

52 Dobbs, *One Minute to Midnight*, pp. 59~60. 위기가 발생하면서 미국은 정찰을 통해 핵무기 저장시설을 파악하였으나 경비 시설이 너무 미비하여 확신하지는 못하였다.

53 Blight, Allyn, and Welch, *Cuba on the Brink*, pp. 134~135 그리고 Dobbs, *One Minute to Midnight*, p. 96. 여기서 핵무기 숫자는 전체 핵무기 숫자가 아니라 본토 공격 능력에 기초한 전략핵무기 균형이다.

공격할 수 있는 능력을 300% 증가시키는 효과를 가질 수 있었다. 즉 쿠바에 탄도미사일 배치가 완료된다면, 소련은 20~24개가 아니라 80~84개의 목표물을 공격할 수 있었다. 특히 전략 공군기지(SAC) 76개 가운데 36개가 MRBM 사정권에 들어가 있었고, IRBM 사정권에는 76개 모두가 들어갔다. 1962년 10월 당시에 소련은 MRBM 36개와 IRBM 24개를 배치하였지만, 이러한 전력은 시간이 지나면서 증강될 수 있었기 때문에 소련은 미국의 전략 공격 능력의 상당 부분을 파괴할 수 있었다. 그러나 소련은 미국의 전략 전력 전체를 파괴할 수 없었다. 상당 부분의 전력이 잠수함과 이륙한 항공기에 탑재되어 있었으며, 그 전력은 상당한 정도였다. 당시 미국의 소련에 대한 보복 공격 능력은 841개의 핵탄두였으며, 이것은 소련의 미국에 대한 선제 핵공격 이후에 살아남을 것으로 추정되는 미국 핵탄두의 숫자였다. 하지만 소련이 쿠바에 배치한 탄도미사일까지 동원하여 미국에 대한 선제공격을 감행하는 경우, 살아남을 핵탄두의 숫자는 483개로 감소하는 것으로 추정되었다.[54] 하지만 이러한 정도의 핵전력으로도 미국은 소련에 대한 보복 공격을 할 수 있었으며, 이를 통해 파멸적인 타격을 줄 수 있었다.[55] 또 다른 문제는 소련이 쿠바에 탄도미사일을 배치함으로써, 미국 대통령으로 대표되는 미국 수뇌부를

---

54 Dobbs, *One Minute to Midnight*, p. 98. 이러한 평가를 내린 것은 MIT 및 프린스턴 대학 정치학과 교수 출신으로 국방장관 보좌관으로 있었던 카우프만(William Kaufmann)이다. 이후 카우프만은 미국 핵전략 논쟁에서 민간목표 공격설정(countervalue targeting)이 아니라 군사목표 공격설정(counterforce targeting)을 주장하면서, 미국 핵전략 변화에 핵심적인 역할을 수행하였다.

55 반대 견해 또한 존재한다. 1962년 당시 미국 합참의장 부관이었던 스미스(William Smith)는 미국의 전략 전력은 탄도미사일이 아니라 전략 공군사령부의 폭격기 편대에 의존하고 있었기 때문에 소련은 선제공격을 통해서 미국의 반격 능력을 파괴할 수 있었다고 회고하였다. Gribkov and Smith, *Operation Anadyr*, p. 104.

기습적으로 제거할 수 있었다는 사실이었다. 이러한 공격이 정치적으로 바람직한가, 그리고 소련에 대한 보복 공격을 명령하기 이전에 수뇌부를 제거하는 것이 가능한가를 제외하고라도, 소련은 쿠바에 배치된 탄도미사일로 워싱턴을 파괴할 수 있었다. 특히 쿠바에서 워싱턴까지의 탄도미사일 비행시간은 13분에 지나지 않기 때문에, 기습 공격 자체는 기술적으로 가능하였다.56

하지만 소련은 이러한 위협에 항상 노출되어 있었다. 흐루시초프의 주장처럼 미국은 군사기지로 소련을 포위하고 있었으며, 터키와 이탈리아 등에 배치된 중거리 탄도미사일을 사용하여 모스크바를 15분 이내에 파괴할 수 있었다. 즉 소련 지도부는 미국의 기습 공격에 항상 노출되어 있었다. 다만 소련은 서독과 영국 · 프랑스 · 한국 · 일본 · 이란 · 터키 등의 미국 동맹국에 대한 공격을 위협함으로써, 미국의 공격 가능성을 봉쇄하였다. 10월 20일 아침, 소련군 탄도미사일 부대 가운데 하나는 배치 지역(Sagua la Grande)에서 기지 공사를 완료하였고 미사일 발사에 필요한 준비를 마쳤다. 미사일 발사대 8개가 완성되었고, 발사 장치와 기타 시설이 완공되었다. 탄도미사일 및 연료 주입 차량 등 또한 배치되었다. 탄두는 따로 분리되어 보관되었지만, 24시간 이내에 수송이 가능하였고, 최소한 미사일은 발사 준비가 완료되었다. 이에 소련군은 러시아에서 가져온 흙으로 1m 정도의 단상을 만들고 "쿠바를 소련처럼 방어한다"는

---

56 하지만 기습 공격은 미국 수뇌부가 소련에 대한 보복 공격을 명령하기 이전에 완전히 제거해야만 성공할 수 있다. 또한 미국이 핵무기 사용권한을 현장 지휘관들에게 전혀 사전 위임하지 않았던 경우에만 성공할 수 있지만, 1960년대 초에 미국은 핵무기 사용권한을 주요 지휘관들에게 위임하였기 때문에 기습 공격으로 미국의 핵전력이 마비되지는 않았을 것이다. 또 다른 문제점은 이와 같이 수뇌부를 제거하는 경우, 핵전쟁을 종식시킬 상대방이 사라지기 때문에 무의미한 핵무기 사용이 계속될 위험이 존재한다는 사실이다.

구호를 새겼다. 지휘관은 단상에서 “소련군은 쿠바를 버리지 않을 것”이라고 연설하였고, 병사들은 열광하였다.[57]

57 Dobbs, *One Minute to Midnight*, pp. 25~26.

제5장
상호작용과 대립 그리고 위기의 시작

미사일 위기를 정확하게 이해하기 위해서는 미사일 배치와 관련된 소련 및 미국의 의도와 실제 행동만을 파악해서는 부족하며, 각자의 행동이 가져왔던 상호작용과 그에 따른 변화까지 분석할 필요가 있다. 쿠바 미사일 위기를 포함하는 모든 국제관계는 기본적으로 국가들의 상호작용에 의해서 형성된다. 즉 모든 국가는 자신의 가장 중요한 의도와 목표를 달성하기 위해서 행동하지만, 동시에 상대방의 반응을 예측하면서 그에 적절한 자신의 행동을 결정하고 변경한다. 클라우제비츠(Carl von Clausewitz)의 표현을 빌리자면, 상대 국가는 "바위가 아니기 때문에 내가 내려치려고 하면 가만히 있으면서 나의 공격을 받아들이는 것이 아니라 피하고 반격하는 생명체(animate object that reacts)"이다.[1] 각자는 자신들의 목표를 맹목적으로 추구하지 않으며, 상대방의 행동과 목표를 추정하고 상대방이 선택한 수단을 고려하면서 자신의 행동을 결정하였다.

---

1 Carl Von Clausewitz, *On War* (Princeton, NJ: Princeton University Press, 1976), p. 149.

따라서 쿠바에 탄도미사일을 배치하였던 소련의 의도와 탄도미사일 배치를 수용하지 않았던 미국의 이익을 정확하게 파악하였다고 해도, 쿠바 미사일 위기가 전개되는 과정의 행동을 이해하기 위해서는 위기 초기 및 진행 과정에서 나타난 상호작용과 그 결과로의 미국과 소련의 행동을 살펴보아야 한다.

국가들은 처음 의도와 그러한 의도를 달성하기 위해서 특정한 행동을 취하며, 이 과정에서 발생하는 상호작용은 국가의 의도와 행동에 영향을 미친다. 상대의 행동을 보고 상대의 의도를 추측하며, 그에 맞춰서 자신의 행동을 수정하고 필요한 경우에는 자신의 의도까지도 변화시킨다. 그리고 이러한 상황은 미사일 위기에서도 나타난다. 소련은 미국의 경고에 전술핵무기를 증강하는 방식으로 대응하였고, 미사일을 발견한 미국은 소련의 행동에—특히 기만행위에— 대하여 격분하였다. 그리고 케네디 행정부는 탄도미사일을 수용할 수 없다고 결정하고 이를 제거하는 방법으로 공습 등의 군사력 사용이 아니라 쿠바 봉쇄라는 강압적 압력 수단을 사용하였다. 이 결정에서 소련은 미국의 쿠바 침공을 두려워했고 따라서 전술핵무기의 긴급 배치로 쿠바 방어 능력을 강화하려고 하였으며, 동시에 미국은 자신이 쿠바를 침공하는 경우에는 소련이 베를린을 봉쇄 또는 점령할 가능성을 우려하였다.

특히 여기에서 집중하고자 하는 상호작용은 다음 네 가지이다. 우선 공격용 무기의 반입은 허용할 수 없다는 미국의 경고와 그에 따른 소련의 전술핵무기 배치 시도로, 이것은 소련이 추구하였던 목표에 대해서 상당히 많은 사실을 시사한다. 둘째, 미사일 배치를 숨기기 위해서 소련이 취했던 기만행위와 그에 대한 미국의 반응이다. 특히 케네디 대통령은 정찰을 통해 미사일 배치를 확인한 후 소련 외무장관과 면담하여 소련은 "공격용 무기를 쿠바에 배치하지 않았다"는 발언을 확보하였으며, 이를 통해 소련이 추구하는 목표를 추측하였다. 셋째, 미국은 탄도미사일이 배치되는 것을 용납할 수 없다고 결정하고 이를 제거하기 위해 공습과 같은 군사력이 아니라 봉쇄라는 군사적 압력을 사용하였다. 이러한 과정에서 미국은 자신이 쿠바에 대해 군사력을 사용하는 경우에 소련의 대응 방안을 분석하였고, 그에 기초하여 직접적인 군사력 사용이 아니라 군사력 사용을 통해 간접적으로 압력을 가하는 방안을 선택하였다. 넷째, 소련은 미국의 봉쇄 결정 공개와 관련된 반응에 대해 긴장하였고, 봉쇄를 직접 도전하기보다는 묵시적으로 수용하고 상황을 안정화시킨다고 결정하였다.

1. 미국의 경고와 소련의 전술핵무기 긴급 배치

소련은 극비리에 탄도미사일을 배치하였으며, 동시에 탄도미사일이 배치되기 이전에 쿠바 영공을 방어하기 위해서 대공미사일을 우선적으로 배치하였다. 1962년 7월 12일, 대공미사일 수송선단이 출발하였으며, 탄도미사일 첫 번째 선적 분은 9월 말에 도착하였다. 하지만 이러한 소련의 군사력 수송은 미국 정보기관에 포착되었고, 8월 29일에 U-2 정찰기는 쿠바에서 소련 대공미사일을 촬영하였다. 이에 케네디 행정부는 소련에게 경고하였다. 9월 4일에 법무장관 로버트 케네디(Robert Kennedy)가 도브리닌(Anatoly Dobryinin) 대사에게 소련이 쿠바에 제공하는 무기의 위험성을 경고하고, 성명서 형태로 공개하였다.[2] 9월 13일에 미국은 동일한 경고를

2 도브리닌은 1962년 3월에서 1986년 5월까지 미국 주재 소련 대사로 재임하였으며, 부임 직후부터 케네디 대통령의 동생으로 법무장관에 재직하고 있던 로버트 케네디와 함께

되풀이하였다.

이러한 상황에서 소련은 세 가지 방식으로 대응하였다. 첫째, 소련은 "쿠바를 방어할 권리"를 천명하면서, "쿠바 또는 쿠바로 향하고 있는 소련 선박에 대한 공격은 소련에 대한 공격으로 간주된다"고 항의하였다.[3] 9월 11일에 타스 통신사가 발표한 성명서는 소련 정부의 공식 반응은 아니었지만, 모든 국가들은 이것을 공식 입장으로 이해하였다. 둘째, 소련은 탄도미사일 배치 계획을 수정하였다. 1962년 6월에 승인된 군사력 배치 계획에 따르면, 소련은 쿠바에 해군기지를 구축하고 미사일 탑재 잠수함 7척, 순양함 2척, 미사일 탑재 구축함 2척, 그리고 통상 병기 탑재 구축함 2척의 분견 함대를 배치하려고 하였다. 하지만, 이러한 해군력 배치는 9월에 취소되었으며 잠수함 4척을 쿠바에 파견하는 것으로 대신하였다.[4]

셋째, 가장 중요한 사안은 소련이 미국의 침공에 대비하여 전술핵무기 전력을 강화하기로 결정하였다는 사실이다. 초기 배치 과정에서 소련은 쿠바에 전술핵무기를 배치한다고 결정하였지만, 수송에 있어서의 우선순위는 낮았다. 하지만 미국의 경고가 있은 후, 소련은 우선순위를 변경하여

미국과 소련 최고 지도자의 비공개 대화 통로를 구축하였다. 케네디 대통령 암살 이후에도 계속 재임하면서, 냉전의 나머지 기간 동안 미국에서는 소련의 얼굴이자, 소련을 대표하는 외교관으로 활동하였다. 소련으로 귀환한 이후에도 소련 공산당 서기국에서 국제문제를 담당하였으며, 1989년 몰타 정상회담에도 참석하였다.

3 이와 같은 소련의 대응에 대해 쿠바 정부는 매우 만족하였으며, 카스트로는 소련의 강력한 지지로 인하여 미국이 쿠바를 침공하지 못하고 있다고 쿠바 주재 소련 대사(Alekseev)에게 치하하였다. CWIHP, "Telegram from Soviet Ambassador to Cuba Alekseev to the USSR MFA, 11 September 1962," *CWIHP Bulletin*, No. 5 (Spring, 1995), p. 65.

4 소련이 잠수함 배치를 변경하면서 잠수함 발사 탄도미사일 21기 또한 같이 취소되었다. 또한 변경된 계획에 따라, 원자력 추진 탄도미사일 잠수함이 아니라 디젤 추진 잠수함이 배치되었다.

전술 핵탄두와 발사 수단을 항공기로 쿠바에 긴급 배치하려고 시도하였다. 흐루시초프는 이러한 구상을 검토하였지만, 군부는 9월 6일에 항공기를 사용하여 전술핵무기를 수송하는 위험을 꺼려했으며 결국 항공 수송은 적절하지 않다는 결론을 내렸으며 이에 흐루시초프는 항공 수송을 포기하였다.[5] 대신 전술핵무기는 선박 편을 통해 우선 배치되었고 선적 중이던 IRBM보다 우선적으로 수송되었다.[6] 하지만 소련은 탄도미사일 배치 자체를 포기하지 않았다. 전술핵무기를 항공 수송해야 할 정도로, 또는 항공 수송을 고려할 정도로 상황이 급박하였지만, 흐루시초프는 탄도미사일 배치를 추진하였다.

이와 같은 소련의 행동은 당시 흐루시초프가 탄도미사일 배치 자체에 부과하였던 중요성을 보여준다. 흐루시초프는 9월 4일에 미국의 경고를 케네디 행정부가 소련의 탄도미사일 배치를 파악한 이후의 조치로 생각하였다. 즉 흐루시초프는 미국이 소련의 탄도미사일 배치를 파악하였고, 이에 쿠바 침공을 경고한다고 보았다.[7] 이러한 판단에 따라, 흐루시초프는

5 CWIHP, "To the Chairman of the Defense Council of the USSR, Comrade N. S. Khrushchev (September 6, 1962)," *CWIHP Bulletin*, No. 10 (March, 1998), p. 226. 취소 결정에는 장거리 항공기에 대한 신뢰성 문제와 함께 기착지 및 항로 안정성 문제 등이 고려되었다. 보다 자세한 문서는 다음에서도 찾을 수 있다. CWIHP, "Memorandum from R. Malinovsky to N. S. Khrushchev, 6 September 1962," *CWIHP Bulletin*, No. 11 (Winter, 1998), pp. 258~259.

6 이러한 과정에서 IRBM 수송은 연기되었고 9월 15일에 출항한 수송선이 전술핵무기를 수송하여 10월 4일에 쿠바에 하역하였다. 반면, IRBM 수송선은 10월 5일에 미사일을 적재하고 다음 날 출발하였다. 따라서 10월 22일에 미국이 봉쇄를 선언하였던 시점에 쿠바에 도착하지 못하였다. CWIHP, "To the Chairman of the Defense Council of the USSR, Comrade N. S. Khrushchev, 6 September 1962," *CWIHP Bulletin*, No. 10 (March 1998), pp. 226~227 그리고 CWIHP, "Document No. 6: Hadwritten Note for the Record by Colonel General S. P. Ivanov, 5 October 1962," *CWIHP Bulletin*, No. 11 (Winter, 1998), pp. 261~262.

7 Aleksandr Furenko and Timothy Naftali, "The Pisunda Decision: Khrushchev and Nuclear Weapons," *CWIHP Bulletin*, No. 10 (March, 1998), pp. 223~225. 하지만 9월 초에 소련 탄도미사일은

소련 군사력의 쿠바 배치 계획을 변경하여 해군력 배치는 포기하였지만, 탄도미사일 배치는 계속 추진하였다. 즉 쿠바는 해군기지로서의 중요성보다는 탄도미사일 기지로서의 중요성이 더욱 크다는 것이다. 또한 전술핵무기 추가 배치에 대한 고려는 소련이 탄도미사일 기지를 미국이 용납하지 않을 것이며, 침공이 있는 경우에는 이를 방어하기 위해서 핵무기를 사용하겠다는 의지를 나타낸다. 물론 현장 지휘관에게 전술핵무기 사용 권한이 명시적으로 부여되지는 않았으며 국방장관은 전술핵무기 사용 권한을 부여하는 명령서에 서명을 거부하였지만, 흐루시초프가 소련의 탄도미사일 배치 때문에 미국의 쿠바 침공 가능성이 높아진다고 판단하였던 것은 분명하다. 즉 쿠바 방어는 목표가 아니었다.

또한 전선 지휘관에게 전술핵무기 사용에 대해 폭넓은 재량권이 부여되었다. 기안되었으나 승인되지 않았던 훈령 초안에 따르면, 쿠바 주둔 소련군 사령관은 모스크바와의 통신이 두절되고 동시에 미국이 침공하는 경우에 한하여 전술핵무기를 사용할 권한이 부여되었다.[8] 즉 소련은 핵무기를 사용하지 못해서 쿠바 및 배치된 탄도미사일을 상실할 위험보다는 우발적으로, 그리고 공식적인 사용 명령이 없는 경우에 핵무기가 사용될 위험을 수용하였다. 철저한 지휘통제를 통해 핵무기 사용의 안정성을 추구하고 명령이 있는 경우에만 핵무기를 사용하도록 하는 경우에는, 통신이 두절되어 사용 명령을 전달할 수 없는 경우에는 핵무기 사용은

쿠바에 아직 도착하지 않았으며, 8월 25일에 출항한 첫 번째 탄도미사일 수송선(Omsk)이 항해 중이었다. 따라서 미국은 소련의 탄도미사일 배치를 인지할 수 없었고, 이러한 측면에서 소련의 평가는 의문의 여지가 있다.

8 이러한 명령서가 결제되려면 책임자 두 명의 서명이 필요하였으나, 국방차관 겸 참모총장(Matvei Zakharov)은 명령서에 서명하였지만 국방장관(Malinovsky)은 서명하지 않았고 결국 최종 결제되지 않았다.

불가능해진다. 반면 핵무기 사용권한을 사전에 위임한다면 핵무기 사용 가능성이 높아지지만, 명확한 사용명령이 없이 재량권에 기초하여 핵무기가 사용될 수 있기 때문에 우발적인, 또는 승인되지 않은 핵무기 사용 가능성이 높아진다. 이러한 딜레마에 직면하여 소련은 최소한 미국이 공격용 무기의 반입은 허용하지 않겠다고 공식적으로 표방하였던 1962년 9월 시점에서는 상당 정도의 재량권을 현지 지휘관에게 위임하려고 하였다. 하지만 이러한 방안은 실현되지 않았으며, 이후 철회되었다.[9]

2. 미국의 미사일 배치 발견

10월 14일 일요일, 국가안전보좌관인 번디는 텔레비전 방송에 출현하여 소련이 쿠바에 배치한 군사력이 공격적이라는 "현존하는 증거 또는 가능성(present evidence or likelihood)은 없다"고 주장하였다.[10] 하지만 같은 날 이루어진 U-2 항공정찰은 소련이 쿠바에 탄도미사일을 배치하였다는 증거를 제공하였다. 8월 29일, 쿠바에 대한 항공정찰이 있은 이후, 미국은 U-2 정찰이 가지는 격추 및 추락 위험 때문에 정찰을 자제하였고 결국 9월에는 특별한 정찰활동을 하지 않았다. 10월에 들어와서 정찰이 다시 시작되었지만, 기상조건으로 쿠바 내륙 지방에 대한 정찰은 이루어지지

---

9 핵무기 사용에서 나타나는 딜레마에 대해서는 다음 연구가 있다. Peter D. Feaver, "Command and Control in Emerging Nuclear Nations," *International Security*, Vol. 17, No. 3 (Winter, 1992/1993), pp. 160~187.

10 James G. Hershberg, "The Cuban Missile Crisis," in Melvyn P. Leffler and Odd Arne Westad (eds.), *The Cambridge History of the Cold War, Volume II: Crises and Detente* (Cambridge: Cambridge University Press, 2010), p. 71.

않았다. 10월 14일 오후, 이륙한 정찰기는 내륙 지방을 촬영하고 무사히 귀환하였다. 10월 15일, 필름이 인화되어 분석이 시작되었다. 분석 팀은 18m 길이에 캔버스 천으로 덮인 물체를 발견하고 이것을 "미사일 관련 사항"으로 분류하였다. 그리고 소련 탄도미사일 정보와 대조하여, MRBM 이라는 사실을 확인하였다. 10월 15일 오후 4시에 확인된 정보는 CIA를 거쳐 저녁 9시 번디에게 보고되었고, 번디는 대통령에게 다음 날인 10월 16일 아침에 탄도미사일 발견을 보고하였다. 8월 29일의 정찰에서는 등장하지 않았던 미사일 기지가 계속해서 나타났으며, 추가 정찰 및 분석 결과 5곳에서 MRBM 기지를, 그리고 2곳에서 IRBM 기지를 발견하였다.[11]

케네디의 반응은 경악과 실망감이었다. 특히 어느 정도는 신뢰하고 있었던 흐루시초프에 대한 인간적인 배신감을 격렬하게 드러냈다. 케네디 대통령은 "흐루시초프는 책임감 있는 정치가가 아니라 깡패"라고 동생인 로버트 케네디 법무장관에게 토로하였다.[12] 이어 중요한 보좌관 및 장관 등으로 구성된 ExComm을 구성하였다.[13] 10월 16일 정오 무렵에 시작된 ExComm 첫 번째 회의에서 미사일 발견에 대한 기술적인 사항이 논의되었으며, 동시에 미사일이 당장 미국에 심각한 위협을 가하는 것은 아니라는 군사적 평가가 제시되었다. 여기서 러스크(Dean Rusk) 국무장관

---

11 Brugioni, *Eyeball to Eyeball*, pp. 214~217. 하지만 일단 대통령에게 보고된 것은 MRBM 기지이며, IRBM 기지는 10월 14일 및 10월 17일의 정찰 사진에 대한 정밀 분석 결과 10월 18일에 대통령에게 보고되었다.

12 Dobbs, *One Minute to Midnight*, p. 7.

13 국가안전보장회의 집행위원회(ExComm)는 임시조직으로 1962년 10월 22일에 케네디가 서명한 국가안전보장 활동 각서(National Security Action Memorandum) 196호로 공식적으로 출범하였다. 하지만 그 활동은 10월 16일에 시작되었고 따라서 10월 22일 각서 196호는 이전까지의 ExComm 회의 활동을 추인하였다.

은 공격을 통해 미사일을 파괴하는 방안과 협상을 통해 소련의 미사일 철수를 유도하는 방안을 제안하였다. 맥나마라 국방장관은 군사력을 사용하는 경우에는 미사일 기지에만 한정된 제한 공습이 아니라 침공까지 포함한 군사작전이 필요하다고 강조하였고, 테일러(Maxwell Taylor) 합참의장은 일단 추가 정찰이 필요하다고 강조하면서 군사작전 이전에 쿠바를 봉쇄할 필요가 있다고 역설하였다.14 이러한 상황에서 케네디 대통령이 소련이 탄도미사일을 쿠바에 배치하는 의도를 질문하였다. 즉 그것은 왜 소련이 탄도미사일을 배치하였고, 소련 본토에 배치된 ICBM에 만족하지 않고 추가로 미국을 공격할 수 있는 미사일 전력을 증강하는가였다.15 러스크는 소련의 의도가 베를린 문제에서의 타협일 수 있다고 주장하였다. 즉 쿠바에 탄도미사일을 배치하여 미국을 압박하고 베를린 문제에서 미국의 양보를 얻어내려고 한다는 해석이었다. 동시에 러스크는 미국이 군사력을 사용하면 동맹국들과의 관계가 어려움에 처한다고 경고하면서, 정밀 폭격으로 미사일을 제거하고 미국의 입장을 일방적으로 선언하는 방안에 반대하였다. 이어 대통령은 정밀 폭격, 전면 공격, 전면 공습 및 봉쇄 등의 세 가지 방안이 있다고 정리하였다.16

회의 이후 케네디 대통령은 동생인 로버트 케네디 법무장관과 함께 걸으면서 상황을 정리하였다. 케네디는 미국이 행동해야 한다는 사실을 인식하고 있었으며, 다만 군사력을 사용하는 경우에 발생하는 문제점을 우려하였다. 특히 미국이 쿠바를 공격하면 소련이 베를린에서 반격 또는

14 May and Zelikow, *The Kennedy Tapes*, pp. 54~59.

15 May and Zelikow, *The Kennedy Tapes*, p. 59. 이러한 질문에 대해 테일러 장군은 소련이 단거리 미사일로 장거리 탄도미사일 전력을 보완하려고 한다는 해석을 제시하였다. 하지만 이러한 주장에 대한 찬반 논의는 없이 회의는 기술적 문제에 집중되었다.

16 May and Zelikow, *The Kennedy Tapes*, pp. 61~68.

보복할 가능성을 심각하게 우려하였다. 따라서 미사일을 수용할 수 없고 동시에 군사력 사용은 불가능하기 때문에, 새로운 해결 방안을 만들어낼 것을 요구하였다. 다만 언론의 주목을 피하기 위해서 대통령이 ExComm 회의에는 참석하지 않겠다고 결정하였다. 이에 회의는 로버트 케네디가 주재하기 시작하였다.17

10월 16일 저녁 6시 30분, ExComm 회의는 소련 탄도미사일 배치에 대한 정치적 평가에 집중하였다. 국가안전보좌관 번디가 소련이 쿠바에 MRBM을 배치해서 얻을 수 있는 전략적 이익이 무엇인가라는 질문을 던지자, 국방장관 맥나마라는 합참(JCS)은 전략적 이익이 상당하다(substantial)고 이야기하지만 자신의 견해로는 전혀 없다(not at all)고 단언하였다. 이에 번디도 동의하면서 이익이 있다고 해도 크지 않다(not so much)고 주장하면서, 소련의 목표는 군사적이기보다는 정치적이라고 지적하였다. CIA 부국장 카터(Marshall Carter)는 이러한 평가에 찬성하면서, 탄도미사일 배치로 소련이 얻을 수 있는 이익이 크지 않기 때문에 지금까지 CIA는 소련이 쿠바에 미사일을 배치하지 않을 것으로 보았다고 주장하였다. 합참의장 테일러 장군 또한 소련이 보유하고 있는 탄도미사일 전력이 너무나도 작기 때문에 미국과 소련의 핵무기 균형에는 변화가 없다는 데 동의하면서, 다만 쿠바에 배치된 미사일은 소련의 공격 전력을 보강할 수 있다고 지적하였다.18 러스크는 베를린 문제와 쿠바 문제를 연결시켰다. 국무장관은 쿠바와 베를린의 교환 또는 소련이 쿠바에 미사일을 배치해서 미국을 자극하여 쿠바 침공을 유도하고 소련이 서베를린을

17 Kennedy, *Thirteen Days*, pp. 26~27.

18 May and Zelikow, *The Kennedy Tapes*, pp. 89~90. CIA를 비롯한 미국 정보기관들은 1962년 9월 19일의 통합 보고서에서 "소련은 쿠바에 탄도미사일 등을 배치하지 않을 듯하다"고 주장하였다.

침공하는 시나리오를 제시하였다. 즉 소련의 목표는 베를린 장악이라는 정치적 사안이라는 지적이었다.[19]

정밀 공습(surgical air strike)으로 배치된 탄도미사일을 파괴하는 방안 또한 검토되었지만, 성공 가능성에 대해서는 회의적이었다. 공습 자체는 가능하며 명령에서 집행까지 24시간이면 충분하고 미사일을 파괴할 수 있지만, 공습으로 모든 미사일을 파괴하였는지를 확인할 수 없었다. 10월 16일 회의에서 테일러 장군은 "하루 정도 공습해서 미사일을 전체 파괴할 수는 없지만, 5일 정도 계속 공습한다면 가능하다"고 주장하였고, 맥나마라는 최소 700회의 출격을 통해서 탄도미사일을 파괴하고 쿠바의 방어시설을 제거한 다음 침공해야 한다는 군부의 주장을 전달하였다.[20] 그리고 이러한 논의의 연장선에서 정치적 타협—봉쇄를 통한 압박—, 공습 및 침공 등 세 가지 대안을 체계적으로 제시하였다. 국방장관은 침공하기 위해서는 90,000~150,000명의 병력이 필요하며, 소련은 반격하겠지만 그 반격은 제한적일 것으로 추정하고 미국은 소련의 반격에 어느 정도의 희생을 치러야 하며 이것은 "소련을 억지하기 위한 비용"이라고 강조하였다.[21]

여기에 케네디 대통령은 "만약 미국이 미사일 기지를 공격하지 않으면 소련은 더욱 많은 무기를 반입하여 미사일 기지를 강화할 것"이라고 지적하면서 군사행동이 필요하다는 주장에 동조하였다. 특히 소련이

---

19 May and Zelikow, *The Kennedy Tapes*, p. 61. 하지만 러스크의 발언은 추가 논의로 이어지지 않았다.

20 May and Zelikow, *The Kennedy Tapes*, pp. 84~85.

21 May and Zelikow, *The Kennedy Tapes*, pp. 86~87. 공습 및 침공 계획에서 맥나마라 등은 일단 미국이 군사적으로 개입하면, 쿠바 내부에서는 카스트로에 반대하는 세력이 봉기할 것으로 확신하였다. 로버트 케네디의 회고록에 따르면, 10월 16일 오후 회의에서 처음으로 봉쇄에 대한 체계적인 주장이 등장하였다.

쿠바 미사일 기지를 이용하여 베를린에서 미국을 압박(squeeze in Berlin)할 가능성을 명시적으로 언급하였고, 케네디 법무장관은 남미 지역에 쿠바 및 소련의 영향력이 확대되지만, 미국이 속수무책으로 좌시하게 된다고 우려하였다.[22] 하지만 번디 등은 소규모 공습을 제안하였다. 소련이 미국의 경고를 무시하고 미국을 기만하면서 탄도미사일을 배치하였기 때문에 미국으로서는 행동해야만 하지만, 그 행동은 "소련의 기만을 처벌"하는 의미에서 소규모에 그쳐야 한다고 주장하였다. 또한 법무장관은 대규모 공습으로 전면 전쟁이 발생할 수 있다고 경고하였다. 대통령 또한 전면 공습의 문제점을 지적하였다. "일단 공습이 이루어지면 침공으로 이어질 수 있다"고 지적하면서 "공습 목표를 탄도미사일로 한정하는 경우에는 향후 상황을 통제할 수 있다"고 제한 공습을 찬성하였다. 이와 함께 케네디는 소련은 베를린 문제에서는 상당히 조심스럽게 행동하였지만, 쿠바에서는 무모할 정도로 과감하게 행동하는 원인을 파악할 것을 요구하였다.[23]

모든 참가자들은 소련의 행동을 묵인할 수 없으며, 어떠한 방식으로든 미국이 행동해야 한다는 데 동의하였다. 하지만 어떻게 행동할 것인가에 대해서는 이견이 존재하였다. 봉쇄에 반대하는 사람들은 봉쇄를 통해서는 일단 반입된 탄도미사일을 철수시키거나 또는 미사일 기지 건설을 중지시킬 수 없다고 주장하였다. 또한 봉쇄 과정에서 소련과 충돌할 수 있으며 동시에 미국이 쿠바를 봉쇄하는 경우에 소련은 베를린을

22 May and Zelikow, *The Kennedy Tapes*, pp. 90~91.

23 May and Zelikow, *The Kennedy Tapes*, pp. 89~90. 케네디는 소련의 의도에 대한 질문과 소련 행동의 무모함 또는 베를린 문제에서와는 다르게 나타나는 소련의 행동이 가지는 정치적 의미에 대한 질문을 여러 부분에서 던지고 있다. 이러한 측면에서 케네디의 분석은 다른 정책 결정자들보다 탁월하다.

봉쇄할 수 있다고 우려하였다. 하지만 봉쇄를 통해 미국은 필요한 정도의 압력만을 행사할 수 있으며, 사태가 악화되는 것을 통제하면서 소련에게 압력을 가할 수 있다고 보았다.[24]

10월 17일 오후와 저녁에 중요 결정자들은 국무성에 모였다. 여기서 논의된 사항은 크게 두 가지였다. 우선 맥나마라, 볼(George Ball), 길패트릭(Roswell Gilpatric) 등은 소련의 탄도미사일이 가지는 전략적 의미가 작다고 보았지만, 테일러와 맥콘 등은 쿠바에서 발사되는 탄도미사일은 전략 균형에 상당한 영향을 준다고 지적하였다.[25] 하지만 전략적 의미가 크지 않다고 생각하는 사람들까지도 소련이 쿠바에 탄도미사일을 배치하도록 용납할 수 없으며, 어떠한 형태로든지 미국이 행동해야 한다는 데 의견이 일치하였다. 또한 군사행동에 대해서 맥나마라와 테일러 그리고 애치슨(Dean Acheson) 등은 사전 경고 또는 외교 협상 없이 즉시 공격해야 한다고 주장하였으며, 경고를 한다면 소련은 미사일을 위장할 것이므로 공습의 효과가 줄어든다고 반박하였다. 하지만 참석자 대부분은 어떠한 형태로든 외교적 조치가 군사행동 이전에 필요하다는 데 동의하였다. 다만 러스크는 미국이 이미 9월 4일과 13일에 공격용 무기 배치를 용납할 수 없다고 경고하였다는 것을 지적하였다.[26]

---

24 로버트 케네디의 회고록에 따르면, 10월 16일 오후 회의에서 처음으로 봉쇄에 대한 체계적인 주장이 등장하였다. Kennedy, *Thirteen Days*, p. 27.

25 테일러는 오후 회의에서는 쿠바에 배치된 탄도미사일이 중요하지 않다는 주장에 동의하였지만, 저녁 회의에서는 입장을 바꿔서 미사일이 전략 균형을 위협한다고 주장하였다. 전략 균형을 위협한다고 보았던 맥콘 또한 소련이 베를린 문제 등에서 미국을 압박하려고 미사일을 배치하였다는 견해에도 찬성하였다. 이와 같은 측면에서 볼 때, 쿠바 미사일이 전략 균형을 위협한다는 평가는 소수 견해로 강력하게 개진되지는 않았다.

26 John A. McCone, “McCone Memorandum for the File: Memorandum of Meeting Wednesday October 17th at 8:30 am and Again at 4:00 pm,” 19 October 1962, CIA Documents No. 57, in McAuliffe (ed.), *CIA Documents*, pp. 169~173.

10월 17일에 2대의 U-2가 이륙하여 모두 6회에 걸쳐 쿠바 전역을 촬영하였다. 쿠바 및 소련 당국은 이러한 미국의 정찰활동을 묵인하였으며, 반입한 대공미사일과 레이더를 작동하여 정찰을 저지하지 않았다. 게다가 대공미사일 기지는 위장이 충분하지 않았으며, 탄도미사일 기지는 전혀 위장이 이루어지지 않았다.[27] 10월 18일 아침, 사진 판독 결과, 미국은 MRBM에 추가하여 IRBM 기지를 발견하였다. IRBM 자체는 찾을 수 없었지만, 건설되고 있는 시설은 소련이 본토에 건설한 IRBM 기지와 동일하였고 핵탄두 저장시설로 추정되는 시설 또한 포착되었다. 모든 기지가 완성되면, 소련은 미국 본토의 대부분을 공격할 능력을 보유하는 것으로 추정되었다.[28] 따라서 정책 결정의 분위기가 변화하였다. 맥나마라는 소련이 배치한 탄도미사일 전체 규모를 알 수 없기 때문에 제한 공습이 아니라 전면 공격을 제안하였고, 소련이 미사일을 이동시킨다고 해도 미국은 미사일을 찾을 수 있다고 주장하였다.[29] 러스크 또한 이전까지는 군사력 사용에 유보적이었지만, 새롭게 등장한 미사일 등을 고려할 때 군사력 사용이 필요하다고 주장하였다. 또한 케네디 대통령 또한 미국이 9월에 이미 경고했지만 소련이 공격용 무기를 배치하였기 때문에 미국은 어떻게든 행동해야 한다고 지적하면서, 미국의 행동에

27 Brugioni, *Eyeball to Eyeball*, pp. 251~252. 소련군은 10월 22일에 미국이 탄도미사일 발견과 쿠바 봉쇄를 선언한 이후에야 탄도미사일 기지에 대한 위장을 시작하였다.

28 Joint Evaluation of Soviet Missile Threat in Cuba, 19 October 1962, CIA Documents No. 65, in McAuliffe (ed.), *CIA Documents*, pp. 203~208. 8월 29일에 미국은 이 지역을 촬영하였지만 아무런 시설도 구축되지 않았다. 하지만 10월 15일에서 17일 사이의 정찰에서는 IRBM 기지 형태의 시설이 촬영되었다. 미국 정보기관은 소련 탄도미사일 사정거리를 MRBM은 1,020마일, 그리고 IRBM은 2,200마일로 추정하였다. 하지만 이러한 추정과는 달리, 소련 탄도미사일의 실제 사정거리는 보다 길었다.

29 May and Zelikow, *The Kennedy Tapes*, pp. 131, 133, 그리고 135~136.

따라서 소련이 반격하고 피해가 발생하겠지만 미국은 행동하지 않을 수 없다고 주장하였다.[30] 즉 미국이 행동한다는 데 모두가 동의하였다.

3. 소련의 기만행위와 미국의 반응

당시 미국과 소련은 다양한 경로의 비밀 접촉을 하고 있었다. 케네디 대통령은 동생인 로버트 케네디 법무장관을 통해서 워싱턴 주재 소련 대사관 정보책임자인 볼셰이코프(Georgii Bolshakov)와 접촉하여 흐루시초프와 대화하였다. 덕분에 1961년 4월에 비엔나 정상회담을 조율할 수 있었고 동시에 베를린 장벽 이후 갈등 또한 조율이 가능하였다. 1962년 3월에 도브리닌 대사가 부임하면서, 소련 측 창구는 도브리닌 대사로 격상되었다. 하지만 소련은 이러한 경로를 이용하여 공격용 무기를 배치하지 않는다는 입장을 되풀이하였다. 1962년 9월 4일에 미국이 성명서를 통해서 쿠바에 공격용 무기의 배치를 용납하지 않겠다고 경고한 직후, 도브리닌은 로버트 케네디를 통해 소련은 쿠바에 공격용 무기를 배치하지 않는다는 원칙을 비공식적으로 확인하였다.[31] 또한 소련 정부는 9월 11일에 타스통신사 성명을 통해 쿠바에 공격용 무기를 반입할 필요도 없으며 반입할 의도도 없다고 주장하였고, 쿠바 또는 쿠바에 물자를 공급하는 소련 선박에 대한 공격은 전쟁을 의미한다고 반발하였다. 이어서 소련은 비밀 접촉을 통해 "11월 중간선거 이전에는 케네디 대통령을

---

30 McCone, "Memorandum for the File, 19 October 1962," CIA Documents No. 60, in McAuliffe (ed.), *CIA Documents*, pp. 183~186.

31 Brugioni, *Eyeball to Eyeball*, p. 115.

곤혹스럽게 만들지 않겠다"는 메시지를 전달하고, 쿠바에 공격용 무기를 배치하지 않겠다고 다짐하였다.[32]

하지만 소련은 미국을 기만하였고, 여기에 소련 외무장관 그로미코(Andrei A. Gromyko)까지 가담하였다. 미국이 탄도미사일 배치를 파악한 직후인 10월 18일에 UN을 방문하였던 그로미코는 백악관에서 케네디를 면담하였다. 면담에 앞서 미국 정책 결정자들은 그로미코에게 "쿠바에 공격용 무기가 배치되고 있는지"를 물어보고, 이에 "탄도미사일 등의 공격용 무기는 없다"는 답변을 다시 받아내기로 결정하였다.[33] 10월 18일 오후 5시에 케네디는 그로미코를 면담하여, 독일 및 베를린 문제를 토의하였고 논의는 쿠바 문제로 이어졌다. 그로미코는 쿠바에 대한 소련의 공식 입장을 되풀이하면서, 소련은 평화공존을 지지하며 다른 국가의 내정간섭에 반대한다고 주장하면서, 미국은 쿠바의 주권을 존중하고 내정에 관여하지 말아야 한다고 역설하였다. 케네디는 미국은 쿠바를 침공할 의사가 없으며 피그스만 침공은 실수(mistake)였다고 인정하면서, 지난번 정상회담에서 자신이 흐루시초프에게 피그스만 침공이 어리석은 행동이었다고 고백했다고 하였다. 면담 마지막에 케네디는 9월 4일의 성명서를 인용하면서 공격용 무기의 배치는 허용할 수 없다고 역설하였고, 그로미코는 소련의 쿠바에 대한 군사 지원은 "쿠바의 방어 능력 향상을 위한 것"에 국한된다고 주장하였다.[34] 대통령은 소련이 쿠바에

---

32 Hershberg, "The Cuban Missile Crisis," p. 71.

33 May and Zelikow, *The Kennedy Tapes*, pp. 105~106.

34 이 면담에 대한 미국과 소련의 기록은 다음과 같다. Foreign Relations of the United States (FRUS) 1961~1963 Vol. XI: Cuban Missile Crisis and Aftermath (Washington, DC: Government Printing Office, 1996), pp. 110~114 그리고 CWIHP, "Cable from Soviet Foreign Minister Gromyko on 18 October 1962 Meeting with President Kennedy, 20 October 1962," *CWIHP Bulletin*, No. 8/9 (Winter, 1996/1997), pp. 279~282.

무기를 공급하는 행동이 상황을 악화시킨다고 지적하였고, 공격용 무기의 반입은 허용할 수 없다고 다시 강조하였다. 또한 미국은 쿠바를 공격하지 않겠지만 상황은 빠른 속도로 악화되고 있다고 주장하였다.[35] 대통령 면담 이후 그로미코는 러스크 국무장관과 대담하였다. 여기서 그로미코는 현재 소련은 미국을 위협하고 있지 않으며 쿠바 상황은 미국이 자초한 것이라고 지적하였다. 또한 소련은 쿠바에 식량과 방어용 무기만을 지원한다고 강조하였다. 이에 러스크는 소련이 쿠바에 개입하는 경우에 위협이 된다고 주장하자, 그로미코는 소련은 쿠바를 지원할 "권리"가 있다고 반박하면서 공격용 무기는 없다고 다시 확인하였다.[36]

면담 이후 소련 외무성에 보내는 전문에서 그로미코는 미국의 쿠바에 대한 정책은 "매우 만족스럽다"(completely satisfactory)고 평가하면서, 군사개입은 하지 않을 것이며 대신 경제 봉쇄에 주력할 것으로 보인다고 보고하였다. 특히 소련의 강력한 개입으로 미국이 물러나고 있으며, 현재 군사 침공은 불가능하다는 인상을 받았다고 보고하였다.[37] 하지만 미국의 입장은 정반대였다. 면담이 끝나고 그로미코와 도브리닌이 대통령 집무실에서 나가자 케네디는 욕설을 퍼부으면서 소련의 행동에 대해 배신감을 표시하였다.[38] 이후 ExComm 회의에서 공습이 아니라 봉쇄가 최종 결정되었고 회의 참가자들 대부분은 공습에 수반되는 위험을 인정하

---

35 Kennedy, *Thirteen Days*, pp. 31~33.

36 이 면담에 대한 기록은 CWIHP, "Telegram from Soviet Foreign Minister A. A. Gromyko to the CC CPSU, 20 October 1962," *CWIHP Bulletin*, No. 5 (Spring, 1995), pp. 67~69에 있다. 대담은 케네디-그로미코 면담 이후에 열린 듯하며, 소련 측 기록에 따르면 러스크는 대담 도중에 굉장히 흥분하였다고 한다.

37 CWIHP, "Telegram from Soviet Foreign Minister A. A. Gromyko to the CC CPSU, 19 October 1962," *CWIHP Bulletin*, No. 5 (Spring, 1995), pp. 66~67.

38 Brugioni, *Eyeball to Eyeball*, p. 288.

고 봉쇄에 동의하였다.[39]

4. 미국의 봉쇄 결정과 발표

10월 18일 회의에서 회의에 참여한 모두가 미국의 행동 필요성에 대해서는 동의하지만 행동 방식에 대해서는 의견이 갈렸다. 맥나마라와 테일러 등은 군사 공격을 강조하였지만, 톰슨 등은 군사력 사용이 가져올 파장을 우려하였다. 특히 우려하였던 것은 소련의 베를린 점령과 그로 인하여 발생할 수 있는 미국과 소련 사이의 전면 전쟁이었다. 그리고 이에 대해서는 군사 공격을 주장하는 맥나마라도 동의하였다. 국방장관은 경고 없이 미국이 소련 탄도미사일을 공격하면 소련이 피를 흘리게 되고, 따라서 소련의 향후 행동이 공격적으로 국한된다고 지적하면서, 터키와 이탈리아에 배치된 미국 탄도미사일을 철수하는 방안을 제한적으로 지지하였다.[40]

따라서 제안된 것은 미국이 제한적으로나마 상황을 통제할 수 있지만, 소련에 대해서 직접적인 위해를 가하지는 않는 군사행동인 봉쇄(blockade)였다. 하지만 톰슨은 이미 반입된 무기는 파기하라고 요구하고 무기의 추가 반입은 금지하는 봉쇄를 주장하면서도, 소련이 베를린을 봉쇄할

39 McCone, "Memorandum to USIB Members, 19 October 1962," CIA Documents No. 62, in McAuliffe (ed.), *CIA Documents*, pp. 193~194. 1962년 10월 18일 저녁 9시에서 10시 사이의 회의는 녹음 시설이 없는 대통령 집무실(Oval Office)에서 열렸고, 따라서 녹음 기록은 없다. 다만 회의 내용을 구술한 케네디의 녹음 기록만이 존재한다. May and Zelikow, *The Kennedy Tapes*, pp. 168~172.

40 May and Zelikow, *The Kennedy Tapes*, pp. 143~145, 그리고 149~150.

수 있다고 우려하였다. 또한 로버트 케네디는 봉쇄는 효과를 발휘하는 데 시간이 너무 오래 걸린다(slow death)고 지적하였다.41 여기서 대통령은 터키에 배치되어 있는 주피터 탄도미사일 철수를 거론하였다. 이에 대해 대부분의 참석자들은 터키 미사일이 군사적으로는 무의미하며, 따라서 철수하는 것도 가능하지만, 이러한 미사일 철수는 동맹국에 대한 안보 공약의 약화 또는 동맹국과의 마찰 등의 정치적 문제를 야기한다고 우려하였다. 하지만 대통령과 번디는 터키 미사일을 가지고 소련과 협상하는 방안을 "합리적 협상 품목"이라고 지칭하면서 협상에 찬성하였다.42

케네디 자신은 봉쇄가 필요하다고 판단하였지만 이러한 판단은 대통령 개인의 판단에 지나지 않았고, ExComm 회의에서는 봉쇄와 공습이라는 두 개의 방안을 둘러싸고 격론이 벌어졌다. 이 과정에서 몇몇은 토론을 통해 자신들의 입장을 바꾸었으며, 각각의 논리가 세련되게 정비되었다.43 이와 같은 상황에서 10월 19일에 대통령은 중간선거 운동으로 시카고를 방문하였고, 로버트 케네디의 주관으로 회의는 계속되었다.44 회의 처음에 애치슨, 딜런, 맥콘, 테일러 등은 공습을 선호하였고, 맥나마라는 공습에 반대하였으며, 로버트 케네디는 미국의 행동은 "소련이 물러설 기회를 주는 행동"이어야 한다고 주장하였다.45 하지만 토론을

41 May and Zelikow, *The Kennedy Tapes*, pp. 137~138.

42 May and Zelikow, *The Kennedy Tapes*, p. 137 그리고 142.

43 로버트 케네디에 따르면, 봉쇄에 대한 합의가 10월 18일 회의에서 이루어졌지만, 대통령에게 보고하기 이전에 이러한 합의는 무너졌다. 봉쇄가 가지는 약점에 대해서 일부 참석자들이 입장을 바꾸었고 때문에 케네디는 추가적인 분석과 토의를 요구하였다. Kennedy, *Thirteen Days*, pp. 34~35.

44 하지만 10월 20일 오전 10시 30분에 케네디는 "감기 증상" 때문에 클리브랜드와 서부 지역에 대한 유세를 취소하였다. 이후 워싱턴에 도착한 대통령은 2시 30분에 보좌관들과 만나 봉쇄를 최종 결정한다.

45 이 과정에서 로버트 케네디는 미국은 1941년 12월에 일본이 진주만을 기습 공격하였던

거치면서 테일러와 번디는 폭격으로 미사일만을 파괴하는 방안을 제시하였으며, 로버트 케네디와 딜론 그리고 맥콘은 봉쇄는 단순한 1차 조치이며 필요한 경우에는 폭격까지도 가능하다고 역설하였다.46 반면, 러스크는 봉쇄를 통해 일단 상황을 동결시키고 미사일 철수는 향후 추이를 봐서 결정하자고 주장하였다. 맥나마라, 스티븐슨(Adlai Stevenson), 소렌슨(Theodore Sorensen) 등은 우선 봉쇄를 시작하고 이를 계기로 소련과 협상하자고 제안하였고, 특히 맥나마라는 "터키와 이탈리아에 배치된 탄도미사일을 교환 철수"할 수 있다고 강조하였다.47

봉쇄를 찬성하는 논리는 다음과 같았다. 스티븐슨은 쿠바와 소련에 특사를 파견하여 문제를 해결하자고 주장하면서, 미국이 쿠바를 공격한다면 소련은 최소한 터키 · 베를린 등에서 반격한다고 경고하였다. 현재 상황에서 미국은 동맹국에 구축한 군사기지로 포위하고 있으며, 따라서 소련 또한 쿠바에 군사기지를 설치할 수 있다고 인정하였다.48 이와

것같이 행동해서는 안 된다고 강조하였다. May and Zelikow, *The Kennedy Tapes*, p. 189. 미국의 쿠바에 대한 기습 공격을 "진주만 공격과 같은 행동"이라고 규정하고 반대하였던 최초의 인물은 볼(George Ball)이었다. 국무차관(Undersecretary of State)이었던 볼은 기습 공격은 미국의 전통에서 용납될 수 없으며, 진주만 공격으로 미국은 일본인들을 전쟁 범죄자로 처벌하였다고 강조하였다.

46 딜런은 쿠바에 배치된 미사일을 수용할 수 없으며, 기습 공격으로 이것을 파괴하는 것은 여론 측면에서, 그리고 그 밖의 부분에서 심각한 파장을 야기한다고 인정하였다. 하지만, 공격하는 경우에 발생하는 문제가 미사일을 수용하는 경우에 발생하는 문제보다는 그나마 통제할 수 있다고 보았다. 하지만 군사적으로 가능한 경우에 우선 봉쇄하고 24시간 이내에 미사일 철수와 사찰을 요구하며, 이를 거부하는 경우에 공습해야 한다고 주장하였다. Douglas Dillon, "Secretary of the Treasury Douglas Dillon's Opinions Favoring an Airstrike against Cuba, 17 October 1962," Documents No. 19 in Chang and Kornbluh, *The Cuban Missile Crisis*, pp. 126~128.

47 May and Zelikow, *The Kennedy Tapes*, pp. 190~194.

48 Adlai Stevenson, "UN Ambassador Adlai Stevenson's Opinions against an Airstrike on Cuba, 18 October 1962," Documents No. 20 in Chang and Kornbluh, *The Cuban Missile Crisis*,

같은 주장을 제외한다면, 대부분은 공습에 수반되는 잠재적 위험 때문에 완벽하지 않지만 봉쇄를 선택해야 한다고 보았다. 문제는 봉쇄로는 일단 쿠바에 배치된 소련 탄도미사일을 제거할 수 없으며 특히 미사일이 발사 가능한 상태로 완성되는 것을 막지 못한다는 사실이었다.[49] 대통령과 국방장관은 일단 미국이 쿠바를 공격하면 소련은 베를린 등지에서 반격할 것이며 그러면 전면 전쟁이 발생한다고 보았다. 또한 케네디는 터키·이탈리아에 배치된 미사일과 소련이 쿠바에 배치한 탄도미사일을 교환 철수하는 방안도 지지하였다. 하지만 지금 상황에서 미사일 교환 철수를 거론할 필요는 없으며, 추후 상황에 따라 교환 철수를 거론한다고 최종 결정하였다.[50]

10월 22일 미국 동부 시간 오후 7시, 케네디는 전국에 중계된 텔레비전 연설을 통해서 미사일 발견 사실을 공개하고 쿠바를 봉쇄한다는 결정을 정당화하였다. 연설 이전인 2시 30분 ExComm 회의에서 텔레비전 연설문에 대해서 토의하였고, 주요 국가 및 동맹국에게도 통보하였다.[51] 소련에

---

pp. 129~130.

49 Geroge W. Ball, "Position of George W. Ball in Support of Blockade Option Against Cuba, October 18, 1962," Documents No. 21 in Chang and Kornbluh, *The Cuban Missile Crisis*, pp. 131~132.

50 May and Zelikow, *The Kennedy Tapes*, pp. 197~198. 공습을 주장하였던 강경파는 이와 같은 케네디 대통령의 입장에 반대하였다. 이후 테일러 장군은 "이것은 내 인생 최고의 순간은 아니었다"고 말하였으며, 육군참모총장은 "차라리 전쟁을 하는 것이 낫다"고 중얼거렸다.

51 국무성은 대통령 연설 이전에 연설 내용을 주요 국가들과 동맹국에 통보하기 위해서 많은 노력을 기울였다. 15개의 각각 다른 서한이 작성되어 441명에게 개별적인 훈령과 함께 발송되었다. 미국 주재 외국 대사 95명에게 내용을 전달하였으며, 60개 해외 공관에도 훈령을 보냈다. 유럽의 주요 국가들에게는 대통령 특사가 파견되어 연설 내용을 개별적으로 전달하였다. May and Zelikow, *The Kennedy Tapes*, pp. 214~215. 특히 프랑스는 미국의 행동을 강력하게 지지하였고, 미국 특사에게 드골 대통령은 "프랑스가 이러한 상황에

게는 두 개의 경로로 동일한 내용을 전달하였다. 우선 미국 주재 소련 대사를 소환하여 케네디 대통령의 연설문을 전달하였고, 동시에 소련 주재 미국 대사관이 소련 외무성에 케네디 대통령의 연설문을 전달하였다.[52] 소련의 일차적인 목표가 될 가능성이 있었던 터키 배치 미사일에 대해서는 대통령이 사용을 명령하지 않는 경우에는 설사 소련이 공격하는 경우에도 사용하지 말라고 지시하였다. 만약 대통령이 명령하지 않았음에도 불구하고 미사일이 사용될 수 있기 때문에, 테일러 장군은 유럽 주둔 미군 사령관에게 핵무기 사용을 금지하고 만약 미국의 동의 없이 터키 정부가 탄도미사일과 핵무기를 사용하려는 의도를 보이면 미사일을 파괴하라고 명시적으로 지시하였다.[53]

텔레비전 연설을 앞두고 5시에 또다시 ExComm회의가 열렸으며, 여기서 베를린과 쿠바의 연계 문제가 깊이 있게 다루어졌다. 특히 러스크는 소련이 동부 유럽의 위성 국가에도 배치하지 않았던 핵무기를 쿠바에 배치한 사실에 주목하면서, 이것은 "소련의 기존 행동 양식과 위배된다"고 규정하였다. 케네디는 쿠바에 반입되는 공격용 무기만을 차단하고 다른 물품의 반입은 허용한다고 강조하면서, 이렇게 해야만 소련이 베를린을 완전히 봉쇄할 빌미를 주지 않을 수 있다고 주장하였다.[54] 만약의 경우를 위해서 침공을 위한 준비는 계속 되었다. 맥나마라는 250,000의 병력이 필요하며, 이 가운데 90,000명이 지상군으로 직접 침공한다고

처한다면 미국과 동일하게 행동했을 것"이라고 주장하면서 "미국과 같이 위대한 국가는 자신의 행동을 정당화할 증거가 필요하지 않다"고 말하였다. Kennedy, *Thirteen Days*, p. 41.

52 케네디가 흐루시초프에게 보낸 친서는 다음에 수록되어 있다. *FRUS*, pp. 162~163.

53 May and Zelikow, *The Kennedy Tapes*, p. 223.

54 May and Zelikow, *The Kennedy Tapes*, p. 257.

설명하였다. 공습을 위해서는 2,000회 이상의 출격이 필요하다고 하면서, 현재 쿠바에 주둔하고 있는 "소련 기술자"(Soviet Technicians)는 8,000~10,000명으로 추산하였다.[55]

봉쇄(blockade)는 국제법상 전쟁이 발생한 경우에 가능하였기 때문에 미국 정부가 공식적으로 사용한 명칭은 격리(quarantine)였으며, 또한 이러한 "격리" 조치에 합법성을 부여하기 위해 미국은 미주기구(OAS; Organization of American States)를 소집하였다.[56] 1962년 10월 23일, 쿠바에 대한 "격리" 조치에 대해서는 반대 없이 만장일치로 봉쇄 결의안이 통과되었다. 그리고 10월 23일 저녁 7시에 러스크는 봉쇄 명령서를 대통령에게 전달하였고, 이에 케네디는 문서를 검토한 다음 대통령 포고령 3504호(Proclamation No. 3504: Interdiction of the Delivery of Offensive Weapons to Cuba)에 서명하였다. 이제 봉쇄는 10월 24일 미국 동부 시간으로 오전 10시에 효과가 발효되도록 결정되었다.[57]

---

55 May and Zelikow, *The Kennedy Tapes*, pp. 261~264. 하지만 당시 쿠바에 배치되었던 소련군 병력은 미국의 추정치의 4~5배 이상이었다. 봉쇄가 발효되었던 1962년 10월 24일에 소련은 쿠바에 42,000명에 가까운 병력과 상당한 정도의 무기를 배치하였다.

56 남북 아메리카 대륙의 서반구 국가로 구성된 미주기구는 1948년 4월에 설립되었으며, 미국과 쿠바는 창설 당시부터 활동하였다. 하지만 미국은 강력한 압력을 통해 1962년 1월에 미주기구 외무장관 회담을 통해 쿠바를 미주기구에서 축출하였다. 쿠바를 축출하는 과정에서 멕시코 · 볼리비아 · 브라질 · 아르헨티나 · 에콰도르 · 칠레 등 6개 국가는 반대하였으나, 이들 국가들도 쿠바에 대한 경제 제재에는 찬성하였다. 하지만 2009년 6월 3일에 OAS는 외무장관 회담과 총회 결의안을 통해 쿠바를 다시 OAS 구성원으로 수용하였다.

57 보통, 케네디는 서명하는 경우에 John F. Kennedy라고 하지만, 이번 경우에는 John Fitzgerald Kennedy라고 자신의 전체 이름을 사용하였고 동시에 7:06 PM이라고 서명 시간까지 기입하였다.

5. 쿠바 봉쇄에 대한 소련의 대응

그로미코는 10월 22일 오후 2시에 간단한 출발 성명만을 발표하고 미국을 떠나서, 소련으로 귀환하였다. 그리고 같은 날 미국 동부 시간 저녁 6시에 러스크는 도브리닌을 국무성으로 소환하여 케네디의 성명서를 전달하였고, 이에 도브리닌은 "이러한 행동은 거짓에 근거한 파렴치한, 그리고 지극히 도발적인 행동"이라고 항의했다.[58] 하지만 이러한 통보 이전에 미국이 봉쇄를 집행하기 위해서 군사력을 동원하면서, 미국 언론은 군사행동을 보고하였으며 덕분에 소련은 미국의 군사력 동원에 긴장하였다.

흐루시초프는 모스크바 시간으로 10월 22일 저녁 7시에 공산당 중앙위원회를 크레믈린 집무실에서 소집하였으며, 여기에 국방성 고위 관리들 또한 참석하였다.[59] 공식 의제는 "쿠바와 베를린에 대한 추가 조치"였다. 미국이 취할 수 있는 다양한 가능성을 토의하면서, 흐루시초프는 미국이 침공하여 지상군 병력이 쿠바에 상륙하는 경우에 상륙 지점에 대한 전술핵무기 사용을 제안하였다.[60] 국방장관은 미국이 쿠바를 침공하기 위해서는 상당한 시간이 걸린다고 지적하였지만, 흐루시초프는 침공이

---

58 CWIHP, "Telegram from Soviet Ambassador to the U. S. A. Dobrynin to the USSR MFA 22 October 1962," *CWIHP Bulletin*, No. 5 (Spring, 1995), pp. 69~70. 같은 시간, 모스크바 주재 미국 대사관 정무 참사관(political counselor, Richard Davies)은 소련 외무성 미국 담당관에게 동일한 내용의 서한을 전달하였다.

59 7시간의 시차를 고려하면, 모스크바 시간 10월 22일 저녁 7시는 워싱턴에서는 10월 22일 정오(12시)이다.

60 Alexander Furenko, "Nigh Session of the Presidium of the Central Committee, 22-23 October 1962," *Naval War College Review*, Vol. 59, No. 3 (Summer, 2006), pp. 128~140. 흐루시초프는 초기 단계에서는 전술핵무기를 사용하고 전략핵무기는 사용하지 않는다고 강조하였다.

발생할 가능성을 두려워했고, 특히 쿠바 침공이 핵전쟁으로 비화되어 모든 것을 파괴할 수 있다는 사실을 강조하였다. "만약 미국이 침공하면, 우리는 대응해야 한다. 그리고 이것은 핵전쟁(big war)으로 끝난다"고 역설하였다. 하지만 뚜렷한 결론이 내려지지 않은 상황에서 회의는 중단되었다.[61] 모스크바 시간 10월 23일 오전 1시에 모스크바 주재 미국 대사관을 통해 영어 연설문이 소련 외무성에 도착하자 담당자는 전화로 그 내용을 정치국 회의실로 전달하였고, 전화통화 내용에 기초하여 트로야노프스키가 보고하였다. 흐루시초프 등은 안도하였다. 미국이 당장 쿠바를 침공하지 않는다는 사실에 만족하면서, 정치적 타협이 가능하고 봉쇄를 돌파할 수 있다고 보았다. 특히 흐루시초프는 "최후통첩(ultimatum)은 아니다"라고 하면서 만족하였다.[62] 쿠즈네초프(Vasili Kuznetsov) 외무차관은 베를린에서 압박을 가해야 한다고 주장하였지만, 흐루시초프는 매우 단호한 어조로 "이러한 방안은 필요 없다"고 하면서 베를린 압박 제안을 거부하였다.[63]

토론 과정에서 흐루시초프는 탄도미사일과 전략 핵탄두를 쿠바에게 넘기는 방안을 제안하였지만, 미코얀(Anastas Mikoyan) 등의 반대로 철회하였다. 결국 "모든 탄도미사일과 전술미사일, 그리고 전략 및 전술 핵탄두는 소련군이 관할"하는 것으로 합의되었다. 미국이 침공하여 지상군 병력이 상륙하는 경우에 전술핵무기를 사용할 수 있지만, 전략핵무기 사용은 금지되었다. 소련은 미국의 "불법적인 행동을 거부"한다는 입장이 결정되었지만, 즉각 발표하지 않기로 합의하였다. 회의 참석자들은 오전 10시에

---

61 Dobbs, *One Minute to Midnight*, pp. 32~35.

62 Troyanovski, "The Caribbean Crisis," pp. 150~151.

63 Troyanovski, "The Caribbean Crisis," p. 152.

재개되는 회의에 참석할 것과 비상사태에 대비하여 크레믈린 내부에서 취침하라는 통보를 받았다. 그리고 23일 오전 라디오 방송을 통해서 소련은 반박문을 공식적으로 발표하였다.[64]

동시에 소련은 쿠바 주둔 소련군에게 경고하였다. 주둔 병력의 전투 준비태세를 강화하라고 지시하면서, 미국이 공격하거나 쿠바에 상륙하는 경우에는 쿠바 군사력과 "전략핵무기와 탄도미사일을 제외"한 모든 소련군 전력을 동원하여 침공을 격퇴하라고 명령하였다.[65] 이에 쿠바 주재 소련 대사관은 "카스트로를 포함한 쿠바 지도부와 긴밀하게 협조"하고 있으며, 소련군은 전체 "병력을 동원하여 방어진지에 배치"하고 미국의 공격에 대비하고 있다고 보고하였다. 그리고 소련과의 통신을 유지하기 위해 노력하겠다고 강조하였다.[66] 드디어 위기가 본격적으로 시작되었다.

---

64 Furenko, "Nigh Session of the Presidium," pp. 133~135. 흐루시초프는 미국이 언제든 공격할 수 있으며, 따라서 자신은 항상 상황에 대처할 준비가 되어 있다는 사실을 강조하였다. 따라서 그는 소파에서 옷을 입은 채로 취침하였으며, 다른 보좌관들 또한 집무실 등의 소파와 책상에서 취침하였다.

65 명령서 문구는 "스타첸코(Statsenko)의 무기와 벨로보로도프(Beloborodov)의 화물을 제외"하라고 되어 있다. 여기서 스타첸코는 핵탄두를 경비하고 있던 소련군 지휘관이며 벨로보로도프는 탄도미사일을 담당하였던 전략로켓군 지휘관이었다. 따라서 이것은 전략 핵탄두와 탄도미사일을 의미한다. CWIHP, "Document No. 1: Telegram TROSTINIK(REED－USSR Defense Minister Rodion Malinovsky) to PAVLOV(Commander of the Group of Soviet Forces in Cuba, General Isa Pliev), 22 October 1962," *CWIHP Bulletin*, No. 14/15 (Winter, 2003/Spring, 2004), p. 387. 발송 시간은 모스크바 시간으로 1962년 10월 22일 오후 11시 30분으로서 미국 동부 시간으로는 오후 4시 30분이다. 즉 케네디 대통령의 텔레비전 연설 이전에 발송되었다.

66 CWIHP, "Telegram from Soviet Ambassador to Cuba Alekseev to the USSR MFA, 22 October 1962," *CWIHP Bulletin*, No. 5 (Spring, 1995), p. 70.

쿠바 미사일 위기 관련 사진

* 다음 사진들은 미국 매릴랜드(College Park, MD)에 소재한 NARA II(National Archives and Records Administration II)에서 확보하였다.

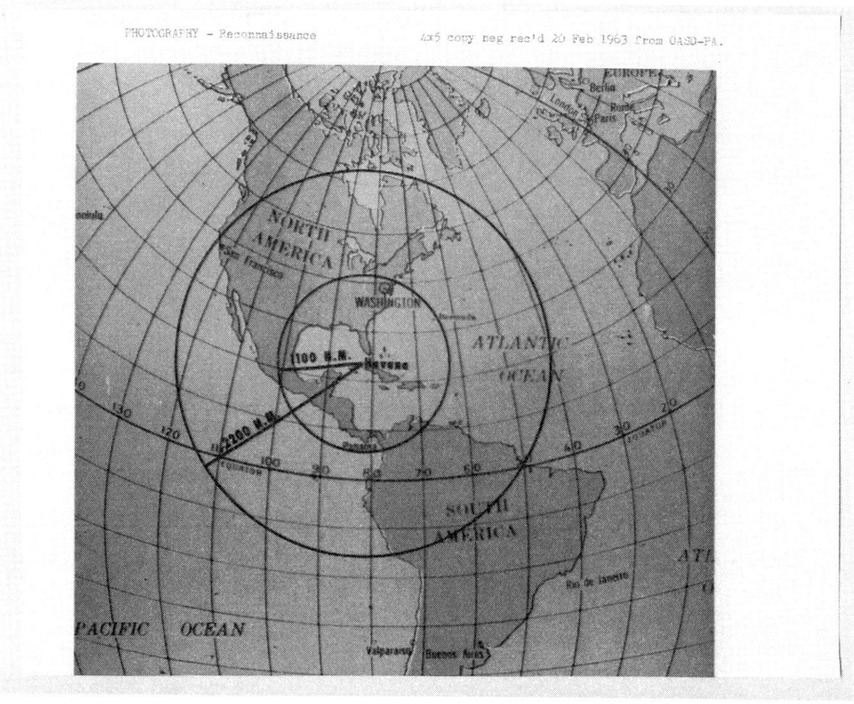

쿠바에 배치한 소련 탄도미사일의 사정거리.

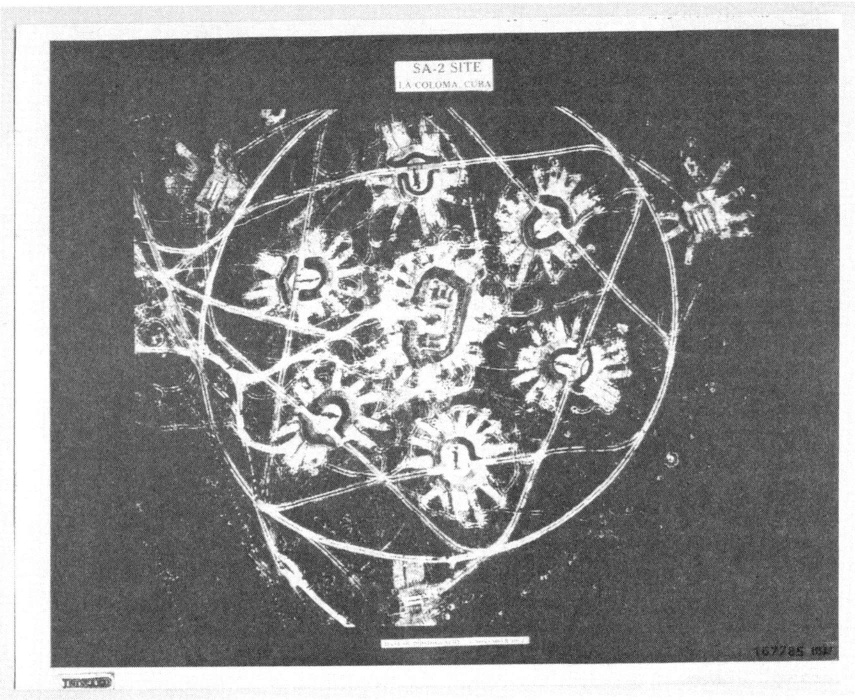

소련 대공미사일 기지: 라콜롬보에 대한 정찰 사진(1962년 11월 10일).

소련 MRBM 기지: 산크리스토발에 대한 저공 정찰 사진(1962년 10월 27일).

소련 MRBM 기지: 산크리스토발에 대한 고공 정찰 사진(1962년 10월 14일).

쿠바 대공포 기지: 산크리스토발 부근에 대한 저공 정찰 사진(1962년 10월 27일).

소련 IRBM 기지: 과아나예 부근에 대한 고공 정찰 사진(1962년 10월 17일).

소련 화물선(Kasimov): IL-28 폭격기 운반선에 대한 정찰 사진(1962년 9월 28일).

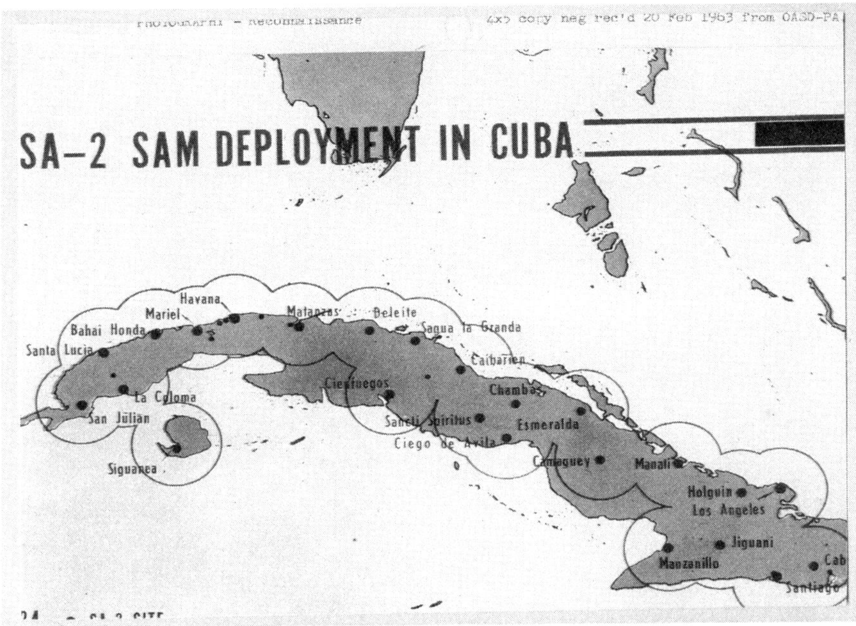

쿠바에 배치된 소련 대공미사일 기지와 사정거리.

소련 MRBM 기지: 사구아 라 그란데에 대한 저공 정찰 사진(1962년 10월 23일).

소련 화물선(Kasimov): IL-28 폭격기 운반선에 대한 근접 정찰 사진. 미국의 요청으로 화물선은 폭격기 동체를 운반하는 상자를 개봉하여 보여주고 있다.

소련 핵탄두 저장고(추정): 산크리스토발 부근의 저공 정찰 사진(1962년 10월).

쿠바 산 줄리안 공군기지: IL-28 폭격기 배치.

해안방어용 순항미사일: 시구아네아 부근에 대한 정찰 사진(1962년 11월 9일).

소련의 쿠바에 대한 군사력 배치 현황 도표.

제3부

두 번째 질문:

왜, 그리고 어떻게 위기가 해소되었는가?

미사일 위기에서 흥미로운, 그리고 가장 다행이었던 것은 위기가 전쟁으로 폭발하지 않고 해소되었다는 사실이다. 미국과 소련은 자신들의 입장을 끝까지 관철하지 않았으며, 어느 정도씩 양보하면서 타협하였다. 덕분에 미국과 소련의 무력 충돌은 발생하지 않았고 평화가 유지되었다. 그리고 핵전쟁도 발생하지 않았다. 그렇다면, 위기는 왜, 그리고 어떻게 해소되었는가? 이것이 제3부의 핵심 질문이다.

위기 해소와 평화 유지를 이해하기 위해서는 위기가 발생하는 과정에서 나타난 미국과 소련의 의도와 행동만을 이해하는 것으로는 부족하다. 위기는 서로 상대방에게 양보를 강요하기 위해 군사력을 제한적으로 사용하거나 군사력 사용을 위협하는 과정이다. 따라서 위기는 그 자체의 역동성을 가지며, 개별 국가들의 의도와는 다른 방향으로 국가의 행동에 영향을 미치고 전쟁을 야기할 수 있다. 이러한 결과를 방지하기 위해서는 해당 국가들이 상황을 통제해야 하며, 동시에 상대방의 양보를 강요하기 위한 제한된 군사력의 실제 사용 또는 군사력 사용의 위협에 조심스러워야 한다. 그리고 미국과 소련은 매우 적절하게 행동하였다.

제3부에서는 쿠바 미사일 위기의 해소 과정에서 나타난 역동성과 전쟁 가능성 그리고 전쟁을 두려워하여 양보하는 미국과 소련의 행동과 양보 그리고 그 결과로서의 위기 해소를 다룬다. 6장에서는 미국과 소련의 의도를 분석하면서 상대방의 양보를 강요하고 위기가 점차 고조되는 과정을 논의한다. 반면, 7장에서는 상대방의 양보를 강요하기 위해서 사용하였던 군사력의 제한된 사용과 군사력 사용 위협이 점차 상황을 통제할 수 없는 방향으로 전개시키는 부분을 분석할 것이다. 8장에서는 위기가 통제될 수 없는 수준으로까지 진행되는 과정과 그 결과로 미국과 소련이 각각 양보하여 위기가 해소되는 과정을 살펴본다.

제6장
상대방의 양보를 강요하는 압박과 통제된 위기

케네디 대통령의 텔레비전 연설로 위기가 본격적으로 시작되었다.[1] 미국은 소련이 쿠바에 공격용 탄도미사일을 배치하였다고 비난하면서 미사일을 철수할 것을 요구하였고, 소련은 미사일을 배치하지 않았다고 부인하면서 미국의 행동을 국제법 위반이라고 반박하였다. 이와 같은 상황에서 미국과 소련은 모두 상대방이 양보하여 자신들의 요구를 수용하기를 원했다. 미국은 소련이 쿠바에서 탄도미사일을 철수하기를 희망하였고, 소련은 미국이 쿠바에 배치된 탄도미사일을 수용하기를 기대하였다. 하지만 어느 국가도 상대방이 자발적으로 자신들의 요구를 수용할

1 "위기가 본격적으로 시작되었다"는 표현은 이전까지는 위기가 존재하지 않았다는 사실은 아니다. 미국의 입장에서 위기는 10월 15일에 탄도미사일이 쿠바에 배치되었다는 사실을 파악한 이후에 시작되었고 최소한 10월 16일에 케네디 대통령이 미사일 배치 사실을 인지하고 그에 대한 대응을 검토했을 시점에서 위기는 분명하게 존재했다. 반면 소련의 입장에서 위기는 10월 22일에 미국의 쿠바 봉쇄 선언과 함께 시작되었다. 이전까지 소련은 미사일 배치가 가지는 잠재적 위험 때문에 긴장하였지만, 이러한 긴장은 위기로 이어지지 않았다. 즉 10월 22일을 위기의 시작으로 보는 시각은 논리적으로는 소련의 시각에서 미사일 위기를 바라보는 것이다.

것이라고 예측하지 않았으며, 따라서 어느 정도 강압적인 방법이 필요하다고 판단하였다. 다만 상황을 통제할 수 있는 수준에서 제한적인 정도의 군사력을 동원하고 군사력 사용을 제한적으로 위협하면서, 상대방에게 양보를 강요하였다.

이러한 방법은 전통적으로 널리 사용되었던 방식이며, 특히 협상 또는 위기 상황에서 자신의 요구를 관철하고 상대방에게 양보를 강요하기 위해 흔히 사용된다. 국가들은 설득이나 거래를 통해 서로 양보하고 합의에 도달할 수 있지만, 동시에 군사력 사용을 위협하면서 상대방에게 양보를 요구하고 자신의 요구조건을 변화시키면서 합의를 도출하기도 한다. 이 경우에 군사력은 실제 사용을 통해 상대방을 파괴하고 굴복시키는 수단이 아니라 그 사용을 위협함으로써 상대방의 양보를 얻어내려는 협상 도구이자 수단이다. 이러한 맥락에서 중요한 것은 군사력 사용을 적절하게 통제하는 것이며, 상대방을 지나치게 압박하면서 야기되는, 또는 압박하는 과정에서 우발적으로 발생할 수 있는 무력 충돌의 예방이다. 전쟁 자체는 아무런 의미를 가지지 않으며 오히려 비용만을 가져오기 때문에, 국가들은 협상을 통해 문제를 해결하려고 하고 자신들의 요구를 관철하고 상대방에게 양보를 강요하기 위해서 군사력 사용을 위협한다.[2] 하지만 이러한 과정에서 군사력 사용이 실제 전쟁으로 비화되지 않도록 많은 주의를 기울인다.

2 물론 마키아벨리(Niccolo Machiavelli), 헤겔(Georg Wilhelm Friedrich Hegel) 등은 전쟁 자체가 효용을 가져온다고 주장하면서, 전쟁에서 나타나는 "정화작용"을 강조하며 이를 통해 사회 전체를 "건전하게 만들 수 있다"는 측면을 지적하였다. 하지만 "정화작용"은 경험적으로 증명되지 않으며 전쟁 이후의 혼란 등을 살펴볼 때, 그러한 "정화작용"은 존재하지 않는다. 또한 산업혁명 이후 전쟁의 파괴력이 강화되고 핵무기 등이 등장하는 시대에서는 전쟁의 "정화작용"은 전혀 수용되지 않는다.

미국과 소련은 바로 이러한 측면에서 매우 조심스럽게 행동하였다. 서로의 행동을 평화에 대한 위협 또는 국제법 위반이라고 비난하였고, 미국은 쿠바를 봉쇄하였고 소련은 베를린을 실질적으로 포위하고 있었다. 이러한 상황에서 미국과 소련은 자신들의 군사력을 동원하여 서로 상대방에게 양보를 강요하였다. 하지만 실질적으로 미국과 소련은 매우 조심스럽게 행동하였으며, 자신들이 "통제 가능한 범위"에서 군사력을 사용하려고 노력하였다. 미국은 봉쇄를 선언하였지만 그 봉쇄를 완벽하게 집행하지는 않았으며, 쿠바를 공습 또는 침공하여 미사일을 완벽하게 제거하지 않았다. 또한 소련은 쿠바에 대한 미국의 봉쇄조치를 사실상 수용하였고 베를린을 봉쇄하는 등의 대응 조치를 취하지 않았다. 미국과 소련은 모두 상황을 어느 정도로 통제하려고 시도하였고, 제한적 군사력 사용 또는 군사력 사용 위협만으로 상대방의 양보를 유도하였다. 그리고 위기 초기에는 이러한 방식이 성공적이었다.

1. 미국의 봉쇄 집행

미국은 봉쇄에 도전하지 않고 회항하는 선박은 무시하기로 결정하였지만, 봉쇄선을 돌파하려는 선박은 차단하고 임검하였다. 특히 임검 또는 임검 인원의 승선에 저항하는 선박에 대해서 제한적으로 공격하여 항해불능 상태로 만드는 방안까지 논의하였다.[3] 봉쇄선 설정과 관련해서 맥나마라는 쿠바에 배치된 IL-28의 항속거리인 1,250km 밖인

3 May and Zelikow, *The Kennedy Tapes*, p. 334.

1,280km(800마일) 떨어진 곳에서 미국 해군이 소련 선박을 차단할 것을 주장하였지만, 케네디는 설사 미국 해군이 공격받을 가능성이 있다고 해도 소련이 생각할 시간이 필요하다고 지적하면서 봉쇄선을 800km(500마일)에서 설정하라고 지시하였다.[4]

봉쇄의 효력은 10월 24일 오전 10시부터 발생하였다. 동시에 미국 전략공군은 공격 준비에 들어갔다. 수십 대의 폭격기가 완전무장하고 비행하였으며, 1,500대에 가까운 폭격기가 대기하였다.[5] 또한 전세계에 배치된 모든 핵전력에게 "준비태세 격상"을 지시하였고, 이러한 사실을 소련에게 경고하기 위해 의도적으로 고주파 통신망을 사용하여 암호가 아닌 명문으로 하달하였다. 소련은 감청을 통해 이러한 행동을 파악하였고 이에 대한 보고를 받은 흐루시초프는 당황하였다. 흐루시초프 자신은 미국이 탄도미사일을 수용하지 않자 철수해야 한다고 판단하였지만, 최소한 "소련의 승리"를 주장할 수 있는 방식을 모색하려고 하였다.[6]

봉쇄가 효력을 발생하기 직전인 10월 23일에 미국은 총 6회의 저공 정찰을 시도하였고 이에 기초하여 10월 24일 오전 1시에 그 분석 결과를 대통령 등에게 제출하였다. 우선 소련은 미사일 기지를 빠른 속도로 완성하고 있으며, 일부는 사용 가능하다고 평가되었다. 하지만 완성에는 시간이 걸리며, 10월 25일 무렵에 완성될 것이라고 보았다. 또한 소련이 핵탄두 저장시설을 건설했겠지만, 정확한 위치는 찾을 수 없다고 보고하

4 May and Zelikow, *The Kennedy Tapes*, pp. 328 그리고 345~346.

5 핵공격 준비 절차에 상당한 시간이 소요되면서, 가장 많은 전력이 동원될 수 있었던 것은 위기가 해소된 이후인 11월 4일이었다. 대기 폭격기는 위기 이전의 652대에서 1,479대로, ICBM은 112기에서 182기로, 사용가능한 핵폭탄은 1,433개에서 2,952개로 증가하였다. 폴라리스 미사일의 동원은 매우 신속하게 이루어져서 10월 24일에 48기에서 112기로 잠수함 발사 탄도미사일 전체가 사용 가능하였다. Sagan, *Limits of Safety*, p. 62.

6 Dobbs, *One Minute to Midnight*, p. 96 그리고 p. 112.

였다. 봉쇄 효력이 정식으로 발생한 이후인 10월 24일 오후 10시의 분석 보고서는 보다 상세하다. 특히 저공 정찰로 뛰어난 해상도의 사진이 확보되었고, 따라서 소련이 미사일 기지를 위장막으로 가리고 있지만, 그 효과는 거의 없었다고 평가하였다. IRBM을 수송하는 것으로 추정하는 선박 3척은 소련으로 회항하였고, IRBM은 발견되지 않았으며 새로운 미사일 기지 또한 나타나지 않았다고 지적하면서, 미사일 기지는 10월 25일 이후에야 완성된다고 보고하였다.[7]

미국은 잠수함 또는 항공기를 통해 소련이 핵탄두를 반입할 가능성을 우려하였다. 미국 정보기관은 잠수함으로 핵탄두를 운반하는 것이 가능하다고 주장하였다. 하지만 항공기를 사용하여 운반하는 것이 보다 쉽다고 판단하였고 일부 항공기(Tu-114)는 북극권의 무르만스크 부근의 올레냐(Olenya)에 위치한 소련 해군 항공대 기지에서 쿠바까지 10시간 동안 기착하지 않고 비행할 수 있다고 보았다. 또한 소련이 서부 아프리카에 기착해서 쿠바로 핵탄두 등을 수용하는 것을 방지해야 하며, 필요한 공항 및 급유 설비를 갖춘 기니(Guinea)와 세네갈(Senegal)을 설득해야 한다고 지적했다. 그리고 이들 국가는 미국의 주장을 수용하여 소련 항공기의 기착을 거부하였다.[8] 하지만 이러한 가능성은 단순한 가능성에 지나지 않았으며, 미국 내부에서도 회의적인 평가가 있었다. 테일러 장군은 장거리 비행이 가능한 소련 항공기 숫자는 제한되어 있으며 동시에 장거리 비행 훈련을 마친 소련 공군 인원은 없다고 보았다. 또한

---

7 CIA, "Supplement 4 to Joint Evaluation of Soviet Missile Threat in Cuba, 24 October 1962," CIA Documents No. 86 in McAuliffe (ed.), *CIA Documents*, pp. 293~294 그리고 CIA, "Supplement 4 to Joint Evaluation of Soviet Missile Threat in Cuba, 24 October 1962," CIA Documents No. 89 in McAuliffe (ed.), *CIA Documents*, pp. 299~300.

8 Kennedy, *Thirteen Days*, p. 94.

소련 잠수함 해치는 그 직경이 너무나도 작아서 MRBM 핵탄두를 적재할 수 없었으며 동시에 장거리 수송기 또한 핵탄두 수송에 필요한 크기가 되지 않았다.[9]

문제는 봉쇄선으로 접근하고 있는 소련 선박이었다. 16척의 화물선과 6척의 유조선이 쿠바로 항해하고 있었지만, 이 가운데 9척은 10월 말에야 봉쇄선에 도달할 것이었고 3척은 미사일 운반에 적합한 화물선이었다. 하지만 쿠바 해역에 있는 소련 선박 6척은 모두 정지 또는 회항하면서 긴장은 일단 완화되었다.[10] 맥나마라는 소련 잠수함에 대한 대책으로 훈련용 폭뢰(practice depth charge)를 사용하는 방안을 제안하였으며, 케네디는 이러한 "폭뢰 사용"이 매우 위험하다고 지적하였다. 미국이 먼저 소련 잠수함을 공격해서는 안 된다고 강조하면서, 화물선 차단에 집중할 것을 지시하였다.[11]

이러한 배경에서 봉쇄의 집행 방식이 핵심 사안으로 부각되었다. 대통령은 과도한 집행으로 우발적인 충돌이 발생하는 것을 막아야 한다고 강조하였고, 이에 국방장관이 봉쇄 집행에 개입하였다.[12] 그리고 이

---

9 Brugioni, *Eyeball to Eyeball*, p. 299 그리고 pp. 541~544. 소련 핵탄두는 지름이 165cm이었으나, 잠수함 해치는 지름이 100cm에 지나지 않았고 장거리 수송기(Tu-114) 또한 필요한 적재 시설을 갖추지 못했다.

10 May and Zelikow, *The Kennedy Tapes*, p. 348 그리고 353.

11 May and Zelikow, *The Kennedy Tapes*, pp. 354~355. 바로 이 시점에서 케네디는 극도로 긴장하였다. 소련 잠수함에 대한 경고가 우발적으로 전쟁으로 이어질 가능성이 있었기 때문에, 케네디는 "훈련용 폭뢰 사용"에 유의할 것을 강조하였다. Kennedy, *Thirteen Days*, pp. 69~70.

12 특히 문제가 되었던 사안은 야간 임검 및 정찰이었다. 야간에 선박을 정선시키거나 또는 쿠바를 정찰하기 위해서는 조명탄을 사용하게 되는데 조명탄 폭음과 화염이 강력하기 때문에 문제가 발생할 수 있었다. 예를 들어, 임검 및 정찰 대상이 되는 소련 선박과 소련군 병력은 자신들이 공격당하고 있다고 착각하고 반격할 수 있었다. 따라서 야간 임검 및 정찰은 승인되지 않았고 대신 당분간 주간 활동에만 집중하기로 결정하였다.

과정에서 빚어진 국방장관 맥나마라와 해군 작전사령관 앤더슨(George W. Anderson Jr) 제독의 충돌은 유명하지만, 그에 대한 기록은 상당히 모호하다. 10월 23일 저녁에 맥나마라는 길패트릭 국방차관과 함께 상황실에 나타났다. 앤더슨 제독은 함정 위치 등에 대한 맥나마라의 질문에 대해 따로 답변하려고 하였으나, 맥나마라는 앤더슨의 행동에 신경이 거슬린 듯이 반응하였다. 소련 잠수함을 부상시키는 경우에 주의하라고 국방장관이 지시하자 제독은 봉쇄는 "계획에 의해 잘 진행되고 있다"고 답변하였다. 이에 맥나마라는 "무슨 계획"이냐고 반문하자 제독은 작전 계획서를 가리켰고, 국방장관은 "경멸스럽다는 듯이 그 책을 옆으로 밀어서" 테이블에서 계획서가 바닥으로 떨어졌다.[13] 이어 앤더슨 제독은 정지하지 않는 선박에 대해서는 발포하여 조타장치를 파괴하는 것이 기존 절차라고 주장하자, 맥나마라는 그 어떠한 경우에도 대통령의 명시적인 명령 없이는 발포해서는 안 된다고 단언하였다. 그러자 제독은 "해군은 존 폴 존스(John Paul Jones) 시기부터 봉쇄작전을 수행해왔으며, 당신들이 우리를 내버려두면 봉쇄를 적절하게 집행하겠다"고 쏘아붙였다. 맥나마라는 "나는 존 폴 존스이든 나발이든 신경 쓰지 않는다. 소련 선박에 대한 발포는 절대로 허용하지 않는다"고 선언하였다. 그리고는 매우 위압적인 목소리로, "내 말을 이해하였는가?" 하고 확인하고 나서 해군 상황실에서 나갔다.[14]

---

13 Brugioni, *Eyeball to Eyeball*, pp. 415~417. 이러한 충돌이 일어난 시간에 대해서 많은 연구들(Brugioni을 포함하여)은 10월 24일이라고 기록하고 있다. 하지만 해군 상황실 기록에 따르면 사단은 봉쇄가 발효되기 직전인 10월 23일 저녁에 일어났으며, 10월 24일에는 앤더슨 제독과 맥나마라 국방장관은 해군 상황실에서 만나지 않았다. Dobbs, *One Minute to Midnight*, pp. 71~72.

14 Brugioni, *Eyeball to Eyeball*, pp. 471~474. 이러한 충돌에 대해 일부 연구(Brugioni)는 이것이 10월 27일에 있었다고 서술하지만, 이것은 오류이다. 앤더슨 제독과 맥나마라 국방장관의

또한 10월 24일에 봉쇄가 집행되면서 소련 선박은 정지 또는 회항하였지만, 이에 대한 정확한 사실은 맥나마라에게 보고되지 않았고, 이를 늦게 파악한 국방장관은 해군 상황실에서 모든 정보에 대한 브리핑을 요구하는 사단이 있었다.[15] 10월 27일 오후에 소련 유조선(Grozny) 추적 및 임검 과정에서 유조선이 봉쇄를 존중하지 않고 돌파하자, 해군은 발포하여 조타장치를 파괴한다고 선언하고 국방장관은 군사력 사용을 자제할 것을 명령하였다.[16] 하지만 해군은 복종하지 않았다. 작전 사령부는 소련 유조선 추적과 함께 공포탄 및 함포 사용의 자유를 승인하였다. 일단 유조선이 포착되자, 미국 해군은 공포탄을 발사하였다. 소련 선장은 모스크바의 훈령을 요청했지만 일단 미국 해군의 지시에 따라 봉쇄선으로 귀환하였고, 며칠 동안 머물다가 위기가 해소된 이후 쿠바에 입항하였다.[17]

충돌은 10월 23일 저녁에 한 번 있었다. 또한 당시 제독은 국방장관에게 욕설을 퍼부었다는 구술 기록이 있다. Dobbs, *One Minute to Midnight*, pp. 262~263. 10월 27일 오후에 앤더슨 제독은 해군사관학교와 피츠버그 대학의 축구 경기를 관람하였고, 봉쇄 진행에 대해서는 특별히 관여하지 않았다. 존 폴 존스(John Paul Jones; 1747~1792)는 스코틀랜드 출신의 해군 장교로 미국 독립전쟁에서 프랑스에 기지를 두고 영국 본토 해역에서 영국 해군 및 상선과 전투를 수행하였던 미국 해군의 영웅이다. 독립전쟁 이후 존스는 러시아 해군 장교로 복무하면서 터키 제국 해군과도 싸웠으며, 1792년에 프랑스에서 사망하였다.

15 Brugioni, *Eyeball to Eyeball*, p. 400. 봉쇄 작전의 심장부는 국방성에 있는 해군 상황실(Navy Flag Plot Room 6D624)로, 바로 앞에는 해군 작전사령관의 집무실이 위치하였다. 10월 24일에 맥나마라는 상황실에서 모든 정보를 요구하자 해군 작전사령관이 나타나서 국방장관을 설득 및 자제시켰다.

16 소련 유조선은 암모니아를 적재하고 있었으며, 봉쇄가 시작되자 회항하여 소련으로 향하였다. 하지만 이후 항로를 바꾸어 쿠바로 항해하였고, 10월 26일에 미국 해군이 선박의 행방을 놓치면서 문제가 발생하였다. 10월 27일에 공군이 선박을 찾아내었지만, 이미 봉쇄선에 근접하였고, 따라서 미국 해군은 유조선을 강제로 정지시키려고 시도하였으나, 국방장관은 이것이 우발적인 군사력 충돌로 이어질 수 있다고 우려하였다.

17 Brugioni, *Eyeball to Eyeball*, p. 474.

2. 소련의 봉쇄 준수와 미사일 관리

봉쇄 선언 직후, 소련은 봉쇄를 수용할 수 없다고 주장하였다. 10월 23일 오후에 소련 주재 미국 대사관이 소련 상황을 보고하였으며, 미국의 행동을 "평화에 대한 위협이며 UN 헌장을 위반하는 내정간섭"이라고 비난하며 "쿠바는 어떠한 종류의 무기도 보유할 권한이 있다"고 주장하는 흐루시초프의 서한이 도착하였다.[18] 또한 소련은 비공식 접촉을 통해서도 봉쇄를 존중하지 않겠다는 의사를 표명하였다. 10월 23일 저녁 9시 30분, 케네디 대통령의 결정에 따라 로버트 케네디는 소련 대사관을 방문하여 도브리닌 대사를 면담하였다. 여기서 로버트 케네디는 외무장관까지 동원한 소련의 기만 행동을 비난하였고, 도브리닌은 당황하였다. 면담을 끝내면서 로버트 케네디는 소련 선박이 봉쇄를 존중할 것인가를 문의하였고, 소련 대사는 "자신이 아는 한 쿠바로 항진하라는 명령에는 변화가 없다"고 답변하였다.[19] 이에 케네디 대통령 등은 소련 선박을 임검하는 경우에 조명탄 등을 사용하는 것은 공습으로 착각할 가능성이 있기 때문에 자제하라고 지시하였다.[20]

소련은 쿠바 주둔군에 대한 통제권을 강화하였다. 10월 24일에 들어서면서 소련과 쿠바와의 쌍방향 무선통신을 유지하라고 명령하였고, 배치

18 흐루시초프가 케네디에게 보내는 10월 23일의 서한은 다음에서 찾을 수 있다. *FRUS*, pp. 170~171.

19 Kennedy, *Thirteen Days*, pp. 50~51.

20 May and Zelikow, *The Kennedy Tapes*, pp. 432~433.

된 모든 핵탄두 사용을 금지하였다. 특히 IRBM 수송을 포기한다는 결정을 통보하면서 IBRM 탄두 하역을 금지하고 만약 하역이 이루어졌으며 이것을 다시 수송선에 적재하라고 명령하였다. 동시에 핵탄두 수송선의 소련 귀환을 명령하면서, 귀환 중에 미국 해군이 선박을 점거하는 경우에는 "자침하라"는 훈령을 교부하였다.[21] 한편 10월 27일에는 모든 작업을 중지하라고 명령하면서, 쿠바 주둔 소련군의 행동으로 UN에서 상황이 악화되고 있다고 지적하였다. 또한 불가피하게 작업을 하는 경우에는 모든 것을 철저하게 위장하고 동시에 야간에만 작업하라고 지시하였다.[22]

또한 소련은 유럽 주둔군에 대한 통제력도 강화하였다. 10월 22일에 미국이 쿠바에 소련이 탄도미사일을 배치하였다는 사실을 공개하고 쿠바 봉쇄를 선언하자, 소련은 자신의 군사력의 대응태세를 향상시켰다. 10월 23일의 결정에 따라 소련군은 최고 단계의 준비태세를 유지하였다. 지휘관들이 장병들에게 사정을 설명하고 제대 및 휴가 등을 정지시켰고, 장병들은 이러한 조치를 지지하였다.[23] 하지만 소련은 베를린이나 터키 등을 공격하는 데 필요한 병력 이동 등의 행동을 취하지는 않았다. 다만 쿠바에서 탄도미사일 3기가 사라졌으며 다른 미사일 기지에서도 위장이 시작되었다.[24] 소련 전략로켓군이나 장거리 폭격기 부대 또한 준비태세를

21 CWIHP, "Document No. 3: Telegram TROSTINIK(REED－USSR Defense Minister Rodion Malinovsky) to PAVLOV(Commander of the Group of Soviet Forces in Cuba, General Isa Pliev), 25 October 1962," *CWIHP Bulletin*, No. 14/15 (Winter, 2003/Spring, 2004), p. 388.

22 CWIHP, "Document No. 4: Telegram TROSTINIK(REED－USSR Defense Minister Rodion Malinovsky) to PAVLOV(Commander of the Group of Soviet Forces in Cuba, General Isa Pliev), 27 October 1962," *CWIHP Bulletin*, No. 14/15 (Winter, 2003/Spring, 2004), p. 388.

23 CWIHP, "Report to CPSU Central Committee from Defense MInister, Rodin Malinovskii and A. Epishevi, 24 October 1962," *CWIHP Bulletin*, No. 5 (Spring, 1995), pp. 73～74.

24 May and Zelikow, *The Kennedy Tapes*, pp. 288～289. 소련 내부에서는 베를린을 압박하는 것이 필요하다는 주장이 있었지만, 흐루시초프는 이러한 제안을 거부하였다.

격상하기는 했지만, 실제로 행동하지는 않았다.[25]

무엇보다도 흐루시초프는 봉쇄를 사실상 존중하였다. 미국 정보보고에 따르면, 10월 24일 이전에 정지하였던 소련 선박까지도 회항하기 시작하였다. 10월 24일 아침부터 소련 화물선들은 속도를 줄이기 시작했으며, 결국 화물선 18척 가운데 16척이 정지 또는 회항하였다. 이러한 사실은 오전 11시 40분에 최종 확인되었다. 오후 ExComm 회의에서 봉쇄 결과를 점검하면서, 대통령은 소련과의 충돌을 피하기 위해서 미국 병력이 소련 선박에 승선하여 임검하는 것은 피하라고 지시하였다.[26]

10월 24일 저녁 9시에 소련은 미국의 봉쇄를 "최후통첩"이라고 비난하는 항의문을 발송하였고, 이에 미국은 소련 유조선을 시험적으로 임검하기로 결정하였다.[27] 케네디 대통령은 10월 25일 오전 10시 ExComm 회의에서 소련 선박에 대한 선별적 봉쇄 및 통과를 지시하였다. 소련 선박 가운데 유조선 8척과 화물선 2척은 회항하지 않고 봉쇄선에 접근하고, 유조선 1척(Bucharest)은 신원을 밝히고 봉쇄선을 통과하여 쿠바로 향하였다.[28] 하지만 다른 유조선(Grozny)은 회항하다가 다시 쿠바로 항해하였다. 미국 정보보고에 따르면, 10월 25일 오후 5시에 총 15척의 소련 선박이 쿠바로 항해하고 있었다. 소련으로 회항한 선박은 14척이었으며, 일부

---

25 Richard H. Kohn and Joseph P. Harahan (eds.), *Strategic Air Warfare: An Interview with Generals Curtis E. LeMay, Leon W. Johnson, David A. Burchinal, and Jack J. Catton* (Honolulu, HI: University Press of the Pacific, 1988), pp. 110~119. 하지만 당시 소련 전략로켓군이 전혀 행동하지 않았다는 주장은 1980년대 퇴역 장성들의 구술 기록에 기초한 것이며, 따라서 상당한 과장이 있을 수 있다.

26 Brugioni, *Eyeball to Eyeball*, pp. 398~401.

27 서한은 다음에 수록되어 있다. *FRUS*, pp. 185~187.

28 쿠바는 봉쇄를 통과해서 하바나 항구에 입항한 소련 유조선을 대대적으로 환영하였다. May and Zelikow, *The Kennedy Tapes*, p. 442.

선박이 소련에서 출발하기 때문에 선박 숫자는 계속 변화하였다.

3. 외교협상과 사안 연계

봉쇄를 선언했던 10월 22일에 미국은 소련 정부가 "미국의 정치적 의지와 결단력을 과소평가"하고 있다고 지적하면서, "전쟁이 일어난다면 승자와 패자는 존재하지 않으며 인류의 멸망이 초래"된다고 주장하였다.[29] 이에 대해 흐루시초프는 10월 23일에 "미국이 봉쇄를 통해 소련을 위협하고 있으며 소련은 봉쇄를 존중하지 않겠다"고 단언하면서, 미국은 "강도행위를 벌이고 있으며" 동시에 "핵전쟁의 위기로 세계를 몰고 가고 있다"고 선언하였다. 또한 미국이 소련 선박에게 봉쇄를 강요한다면, 소련은 "자신의 권리를 지키기 위해 모든 조치를 다할 것"이라고 강조하였다.[30]

10월 23일 저녁 회의 이후 대통령은 로버트 케네디와 소렌슨 등과 함께 상황을 논의하면서, "현재 상황에서 가장 심각한 문제는 판단착오"라고 주장하였다. 즉 미국과 소련 어느 국가도 전쟁을 바라지 않지만, 상대방을 압박하는 과정에서 결국 전쟁이 발발하는 가능성이 존재한다는 것이었다. 따라서 미국은 모든 가능성을 검토하고 신중하게 행동해야 한다고 강조하였다. 그리고 상황 안정화를 위해서 로버트 케네디가 도브리닌 대사를 만나서 이야기를 나누라고 권고하였다. 이에 로버트 케네디는 저녁 9시 30분에 소련 대사관을 방문하여 도브리닌 대사와 면담하였다. 케네디는 소련이 미국을 기만했다고 질책했고, 도브리닌은 이를 인정하

29 Kennedy, *Thirteen Days*, pp. 61~62.

30 Kennedy, *Thirteen Days*, p. 62.

면서 자신은 탄도미사일이 배치되고 있었다는 사실을 알지 못했다고 토로하였다. 또한 케네디는 그로미코의 방문 당시 쿠바 문제를 토의하지 않았던 것은 미국 정부는 소련의 기만을 확인하려고 했다고 지적하였다. 하지만 이러한 과정을 통해, 로버트 케네디와 도브리닌 사이의 비밀 접촉은 제한적으로 부활하였다.[31]

봉쇄가 효력을 발생하였던 10월 24일, UN 사무총장 우탄트가 중재안을 제시하였다. 우탄트는 미국과 소련이 시간을 가질 것을 주장하면서, 소련은 봉쇄를 존중하고 미국은 쿠바를 침공하지 않는 정도에서 상황을 잠정적으로 동결하자고 제안하였고 미국과 소련은 동의하였다. 따라서 10월 25일~26일 야간에 소련 측 선박(Marucla)이 미국 해군 병력의 승선 및 임검을 수용하고 이후 쿠바로 항해하였다.[32] 10월 25일에 케네디는 미국은 여러 번에 걸쳐서 "공격용 무기를 쿠바에 배치해서는 안 된다고 경고"하였으며, 따라서 위기는 소련이 촉발하였다고 지적하였다. 따라서 위기의 해소는 소련이 쿠바에 배치된 "공격용 무기"를 철수하는 경우에만 가능하다고 주장하였다.[33] 동시에 미국은 파괴공작팀을 쿠바에 침투시키거나 또는 모든 석유제품(POL; Petroleum-Oil-Lubricant)을 차단하여 압력을 가중시키고, 이를 통해 보다 강력한 입장에서 협상하려고 시도하였다.[34] 10월 26일 오후에 스웨덴 선박이 봉쇄선에서 정지하지 않았고, 미국은 이를 통과시켰다. 또한 미국 해군은 소련 잠수함을 훈련용 폭뢰로

---

31 Kennedy, *Thirteen Days*, pp. 50~51 그리고 CWIHP, "Telegram from Soviet Ambassador to the USA Dobrynin to the URRS MFA 24 October 1962," *CWIHP Bulletin*, No. 5 (Spring, 1995), pp. 71~73.

32 이 선박은 소련이 소유한 선박이 아니라 레바논 선적 선박으로 승무원은 그리스 출신이었다. 소련은 일반 화물의 수송을 위해서 이 선박을 단순히 대여하였다.

33 Kennedy, *Thirteen Days*, pp. 62~63.

34 May and Zelikow, *The Kennedy Tapes*, p. 455 그리고 458.

"공격"하여 부상을 강요하였으며, 2척의 소련 잠수함이 봉쇄선을 돌파하지 못하였다.

10월 26일쯤에 상황은 안정적으로 하지만 미국에게는 불리하게 전개되었다. 쿠바에 배치된 소련 탄도미사일 기지가 차츰 완성되는 상황에서 케네디는 특별한 결정을 내리지 않고 단순히 상황을 점검하였다. 미국은 쿠바를 성공적으로 봉쇄하였고 소련은 명시적으로는 봉쇄를 거부하였지만 이것을 묵시적으로 준수하였다. 하지만 미국은 반입된, 그리고 완성된 탄도미사일을 철수시킬 방안이 없었다. 이러한 측면에서 탄도미사일 철수를 유도하기 위해 미국이 다른 지역에서 양보해야 한다는 제안이 공개적으로 등장하였다. 10월 25일에 리프만(Walter Lippmann)은 미국과 소련이 각각 터키와 쿠바에서 탄도미사일을 교환 철수함으로써 위기를 해소하자는 내용의 칼럼을 발표하였다. 그 기본 구상은 군사력을 사용하는 경우에는 수반되는 위험이 있기 때문에 협상을 통해 문제를 해결해야 하며, 그 경우에 베를린에서 양보하기보다는 미국이 터키에서 미사일을 철수하고 소련이 쿠바에서 미사일을 철수하도록 유도하는 것이 낫다는 것이었다.[35] 하지만 이러한 공개 제안과는 별도로 케네디는 미사일 교환 철수가 필요하다고 판단하였으며, 국무성은 교환 철수 가능성을 검토하였다. 리프만이 공개적으로 미사일 교환 철수를 제안하기 이전인 10월 24일 오전에 국무성은 터키 주재 대사관에 전문을 보내 터키에 배치된 미사일을 철수하는 방안에 대한 의견을 요구하면서, 현재로서는 결정되지 않았지만 터키 미사일 철수가 거론될 수 있다고 언급하였다.[36] 터키 미사일 철수에 대해 국무성 및 터키 주재 미국 대사는 반대하면서, 터키는

35 Walter Lippmann, "Blockade Proclaimed," *New York Herald Tribune*, 25 October 1962.
36 *FRUS*, pp. 180~181.

탄도미사일 배치를 터키의 명예와 직결된 사항으로 보기 때문에 철수하는 경우에는 강력한 반발이 예상된다고 지적하였다.[37] 한편 미국은 소련을 압박하기 위해서 금지 물품을 선적하지 않은 소련 화물선(Grozny)을 정지시키고 임검하였다. 또한 쿠바에 대한 주간 저공 정찰을 통해서 미국이 더 이상 기다릴 수 없다는 사실을 소련에게 간접적으로 알리려고 하였다.

10월 26일 오후 6시, 흐루시초프는 매우 긴 서한을 보냈다.[38] 이것은 흐루시초프 개인이 작성한 것으로 매우 감정적이었으며, 핵전쟁이 발생하는 경우에 나타날 참혹함을 강조하였다. 이 서한에서 흐루시초프는 "열정과 순간적인 감정에 휘둘리면 안 되며, 일단 전쟁이 시작되면 어느 누구도 중간에 멈출 수 없다"고 강조하였다. 또한 쿠바에 배치된 탄도미사일은 공격용이 아니라 방어용이기 때문에 미국을 위협하지 않는다고 주장하면서, 미국과 소련은 "세상을 파괴하려고 하지 않는다"고 선언하였다. 또한 "모든 무기는 쿠바에 반입되어 있기 때문에 쿠바를 봉쇄하는 것은 무의미"하다고 지적하면서, 소련이 쿠바에 탄도미사일을 반입했다는 사실을 인정하였다. 따라서 "미국이 쿠바를 침공하지 않는다고 선언하고 봉쇄를 해제한다면, 소련은 쿠바에서 미사일을 철수하겠다"고 제안하였다. 현재 상황에서 문제가 해결되지 않고 위기가 고조된다면, 나중에서는 해소할 수 없으며 결국 핵전쟁과 같은 재앙이 닥쳐온다고 경고하였다.[39]

당시 사용되었던 통신 수단에는 많은 문제가 있었다. 우선 외교전문을 암호화해서 발송하고 본국에서 이것을 평문으로 전환하는 데 상당한

---

37 Raymond Hare, "Cable Received from U. S. Ambassador to Turkey Raymond Hare to State Department, Regarding Turkish Missiles, October 27, 1962," Documents No. 51 in Chang and Kornbluh (eds.), *Cuban Missile Crisis, 1962*, p. 232.

38 서한은 다음에 수록되어 있다. *FRUS*, pp. 235~241.

39 Kennedy, *Thirteen Days*, pp. 66~69.

시간이 소요되었다. 10월 26일에 소련이 미국에 보낸 전문이 모스크바 대사관에 접수된 시간은 현지 시간으로 오후 4시 42분이었으나, 이를 번역하고 암호화해서 발송하는 데 8시간이 걸렸으며 전문 전체가 국무성에서 수령할 때까지 총 12시간이 걸렸다. 또한 국무성은 봉쇄를 담당하고 있는 해군 선박과 교신하는 데 6~8시간이 소요되었다. 도브리닌 대사의 경우 모스크바와의 직통 전화 또는 전신이 없었기 때문에 전문을 다섯 부분으로 나누어 암호화하여 대서양 전신을 통해 소련으로 발송하였다. 그리고 발송하는 전신 회사는 미국 전보 회사인 웨스턴유니언(Western Union)이었다.[40]

영화 등을 통해 널리 알려진 바에 따르면, 10월 26일 저녁에 포민(Aleksandr Fomin)이라는 소련 대사관 KGB 담당관이 미국 ABC 방송기자인 스칼리(John A. Scali)에게 접근하였으며, 이를 통해 소련은 UN이 감시하는 상황에서 탄도미사일을 철수하고 쿠바가 어떠한 공격용 무기의 추후 반입을 포기한다고 다짐하고 미국이 쿠바에 대한 침공을 포기한다고 선언하는 방안을 논의하였다. 이에 스칼리는 이러한 제안을 미국 정부에 전달하겠다고 답변하였고, 10월 26일 저녁에 ExComm은 이를 논의하였다.[41] 위기가 종결된 이후 포민은 스칼리를 만나서 자신들의 접촉으로 소련은 미국의 군사력 사용이 가지는 위험을 파악하고 적절한 시기에 행동할 수 있었다고 주장하였다.[42]

---

40 Dobbs, *One Minute to Midnight*, pp. 163~165.

41 May and Zelikow, *The Kennedy Tapes*, pp. 478~479 그리고 Kennedy, *Thirteen Days*, p. 69. 포민은 가명으로 본명은 페클리소프(Aleksandr Feklisov)이다. 널리 알려진 영화 「D-13」에서, 포민-스칼리 접촉은 결정적인 중요성을 가졌던 것으로 묘사된다.

42 또한 대통령은 스칼리의 행동을 치하하면서 훈장을 수요하려고 하였으나, 필요한 행정적인 조치가 완료되기 이전에 케네디가 암살되면서 결국 훈장은 수여되지 않았다. Bugioni, *Eyeball to Eyeball*, p. 458.

하지만 포민의 행동은 결정적인 효과를 가져왔던 비밀 접촉이 아니었다. 1989년에 모스크바 회의에서 포민은 자신의 접촉이 모스크바의 훈령에 따른 행동이 아니라 자기 자신의 독자적인 구상에 따른 것이었다고 고백하였다. 또한 이와 관련된 포민의 전문은 미국 기록과는 다르며, 특히 전문의 발송 및 수신 시간 등을 고려할 때 소련의 정책 결정에는 영향을 미치지 못했다. 포민이 모스크바에 보고한 전문에 따르면, 스칼리는 "1년 이상을 접촉했던 정보원"으로 적극적으로 미국의 입장을 대변하였고 스칼리가 먼저 UN을 통한 문제 해결과 미사일 철수와 불가침 선언 교환 등을 제안하였다. 하지만 이와 같은 내용은 포민이 먼저 접촉했고 스스로가 소련의 이해를 대표한다면서 다양한 제안을 했다는 미국 기록과 다르다. 동시에 포민은 이러한 접촉을 즉시 보고하지 않았으며, 발송한 전문 또한 지급 전문으로 처리하지 않았다. 도브리닌 대사는 포민의 전문을 승인하지 않았으며 포민은 흐루시초프에게 직접 보고하지 않았고 단순한 대외첩보(foreign intelligence)로 분류되어 KGB 정보과로 모스크바 시간으로 토요일 오후에 송신되었다.[43] 따라서 전문은 10월 27일 오후에야 외무성에 보고되었으며, 이것은 터키 미사일의 철수를 요구하는 소련의 전문이 발송된 이후였다. 즉 소련의 의사결정 과정에서 포민의 전문은 역할을 수행하지 못했다.[44]

---

43 당시 소련은 미국의 의도를 파악하기 위해 엄청난 노력을 기울이고 있었다. 만약 포민이 훈령에 따라서 행동하였다면, 스칼리를 통해 얻어낸 정보는 즉시 지급 전문으로 흐루시초프에게 바로 보고되었을 것이다. 실제로 전문이 소련에 도착하자 KGB는 이 전문을 즉시 보고하였으며, 정치국 회의에서도 토의되었다.

44 스칼리-포민 접촉의 중요성에 대한 분석으로는 Alexander Furenko and Timothy Naftali, "Using KGB Documents: the Scali-Feklisov Channel in the Cuban Missiel Crisis," *CWIHP Bulletin*, No. 5 (Spring, 1995), pp. 60~62가 있다.

4. 케네디의 군사력 사용 거부

10월 22일, 대통령의 연설과 함께 미국 전략 공군은 핵전력을 분산시키는 작업에 착수하였다. 200대의 폭격기가 핵폭탄을 적재하고 민간 비행장으로 분산되었으며, 미국 핵전력은 데프콘 3(DefCon-3)으로 진입하면서 대통령의 명령이 있으면 15분 이내에 전체 폭격기를 출격시킬 수 있는 상태를 유지하였다.[45] 하지만 합참은 10월 24일에 쿠바를 공격해야 하는 경우에 대비하여 준비태세를 데프콘 2로 격상하였다. 하지만 케네디는 군사력 사용을 엄격하게 통제하였으며, 특히 소련 잠수함에 대한 위협적인 행동을 하지 말라고 지시했다.[46]

10월 17일, 합참은 쿠바 공격에 필요한 공습 횟수를 산정하였다. 공습 규모를 미사일과 핵무기 저장고를 기본으로 하고 여기에 공군력 파괴—대공미사일 및 순항미사일, 탱크 등을 제외한 모든 군사력— 침공을 위한 모든 군사 목표물 공격 등의 임무를 추가하였다. 그리고 미사일과 핵탄두 파괴에 52회, 이와 함께 공군력 파괴에 104회, 대공미사일 및 순항미사일까지 파괴하는 데 194회, 탱크 등을 제외한 쿠바 군사력 파괴에 474회, 그리고 전면 침공을 위한 군사 목표물 파괴에 2,002회의 공습이 필요하다고 산정하였다.[47] 하지만 합참은 공격을 탄도미사일에만 제한해서는 안

---

45 하지만 민간 공항으로 폭격기를 분산시키는 과정에서 많은 문제들이 발생하였다. 계획에 따르면 민간 공항은 전략 폭격기를 수용할 수 있도록 설계되었지만, 실제로 이러한 설비를 완비한 곳은 없었다. 보스턴의 경우 폭격기 급유에 15시간이 소요되었으며, 폭격기 주기장에는 전화가 가설되어 있지 않았고, 비행기와 승무원 숙소를 연결할 차량은 배정되어 있지 않았다.

46 Brugioni, *Eyeball to Eyeball*, p. 398.

되며, 전면적인 공습과 침공이 필요하다고 주장하였다. 또한 쿠바를 봉쇄하는 것은 침공 또는 공습의 효과를 높이기 위한 방안이며, 봉쇄를 통해서 침공 또는 공습의 효과를 달성할 수 없다고 지적하였다. 즉 미국 군부는 봉쇄를 침공 또는 공습의 대안이 아니라 보완책이라고 강조하였다.

10월 19일 아침 9시 45분 회의에 미국 정보기관은 "일부 MRBM이 발사가능(operational)하며, 2주일 이내에 모든 MRBM이 발사가능하게 될 것이다"라고 보고하였다. 또한 아직 탄도미사일을 확인하지는 못했지만 IRBM 기지 또한 6주에서 8주 사이에 완성되어 미사일의 발사가 가능할 것이라고 확인하였다.[48] 즉 쿠바에서 소련은 미국을 핵공격할 능력을 보유하였고 이에 사안은 군사적인 문제로 확대되면서 참모총장들이 맥나마라 국방장관과 테일러 합참의장과 함께 케네디 대통령을 면담하였다. 여기서 미국 육군과 공군 참모총장, 해군 작전사령관과 해병대 사령관들은 기습 공격으로 쿠바에 배치된 탄도미사일을 파괴하고 봉쇄를 강화하며 지속적인 정찰을 통해 계속 상황을 주시하면서 궁극적으로는 침공하는 방안을 제시하였다.[49] 이에 케네디는 미국이 어떻게든 대응해야

47 여기서 공습 횟수는 비행기가 한 번 출격으로 공격하는 출격횟수(sorties)를 지칭한다. May and Zelikow, *The Kennedy Tapes*, pp. 118~119.

48 여기서 "발사가능"이라는 표현은 군사정보 용어로 긴급발사능력(emergency operational capability)과 전면발사능력(full operational capability)으로 나뉜다. 긴급발사능력은 "발사 명령이 있는 경우 일부 미사일을 발사할 수 있는 능력"을 지칭하며, 전면발사능력이란 "지속적인 대응 능력을 구축한 상태에서 명령이 있는 경우에 6~8시간 이내에 첫 번째 미사일을 발사하고 다시 4~6시간 이내에 두 번째 미사일을 발사할 수 있는 능력"이다. 당시 소련은 전면발사능력을 구축하려고 하였으며 소련이 반입한 미사일 발사대에 각각 2기의 탄도미사일이 배정되었기 때문에 두 번째 발사가 완료되면 미사일 발사대는 더 이상 사용할 필요가 없었다. CIA, "Supplement 2 to Joint Evaluation of Soviet Missile Threat in Cuba, 21 October 1962," CIA Documents No. 75 in McAuliffe (ed.), *CIA Documents*, pp. 261~262.

49 미국 군사조직에서 육군 및 육군 항공대에서 독립한 공군 최고위 장성은 참모총장(Chief

한다는 것은 분명하지만 군사력을 사용하는 방안은 소련이 베를린을 공격할 것이기 때문에 적절하지 않다고 주장하면서, 그 대안으로 봉쇄를 주장하였다. 하지만 공군참모총장 르메이(Curtis LeMay) 장군은 미국이 봉쇄를 선언하면 소련은 탄도미사일을 이동시킬 것이라고 주장하였고, 해군 작전사령관 앤더슨 제독은 봉쇄를 하는 경우에도 소련은 봉쇄에 도전할 것이고, 따라서 미국과 소련은 궁극적으로 충돌한다고 지적하면서 가능한 한 빨리 공격하여 탄도미사일을 파괴해야 한다고 역설하였다. 또한 르메이와 테일러 장군은 쿠바에서 미국이 단호하게 행동한다면, 소련이 베를린에서 보복하는 것을 막을 수 있다고 주장하였다.50

이러한 주장에 대해서 케네디는 쿠바 침공보다는 전세계적인 파장이 중요하다고 지적하면서, 베를린 문제와 유럽 등으로 전쟁이 확산될 가능성을 강조하였다. "소련이 쿠바에서 반격하지 않는다면, 베를린에서 공격할 것"이라고 지적하였다. 공습 준비가 10월 21일 일요일 새벽에는 완료되겠지만, 직접적인 군사력 사용이 아니라 봉쇄를 통해 간접적으로 소련을 압박하겠다고 결정하였다.51 르메이는 공격을 주장하면서, "지금 행동하지 않으면 소련이 베를린까지 공격한다"고 지적하였다. 하지만 케네디는 전쟁을 하는 경우에는 7,000만 명의 미국인이 사망한다고 반박

---

of Staff)이었지만, 해군 최고위 장성은 해군 작전사령관(Chief of Naval Operations)이며 해병대 최고위 장성은 해병대 사령관(Commandant)이다. 이러한 최고위 장성들은 각각 자신의 군(Service)을 대표해서 합동참모본부(Joint Chiefs of Staff)를 구성하며 합동참모본부의 의장이 합참의장(Chairman of the Joint Chiefs of Staff)이다.

50 May and Zelikow, *The Kennedy Tapes*, pp. 174~179. 르메이는 미국이 쿠바를 공격하는 경우에도 소련은 "아무런 행동을 하지 않을 것"이라고 주장하면서, 만약 소련이 행동하는 경우에는 미국은 소련을 "완전히 파괴할 수 있다"고 단언하였다. Kennedy, *Thirteen Days*, pp. 28~29.

51 May and Zelikow, *The Kennedy Tapes*, pp. 183~186 그리고 Kennedy, *Thirteen Days*, p. 29.

하였다. 당시 정보 보고에 따르면, MRBM에 노출된 인구 100,000명 이상의 도시는 58개로 총 9,200만 명이 소련 핵공격에 노출되어 있었다. 또한 도시 지역에서는 제한적인 민방위 및 방호 능력이 있지만, 농촌에서는 방호 능력이 전혀 존재하지 않으며, 따라서 민간인을 보호할 수 없었다.[52] 이러한 정보에 기초하여, 대통령은 "승리는 무의미하다"고 역설하면서 쿠바에 대한 군사력 사용을 거부하였다. 이후 케네디는 법무장관과 이야기하면서, "군인들을 믿을 수 없다. 군인들의 조언이 가지는 이점은 우리가 이러한 조언을 수용해서 공격했을 때, 그것이 잘못되었다고 이야기해줄 사람이 살아 있지 못한다는 것"이라고 토로하였다.[53]

10월 23일 오전 10시, ExComm 회의에서 소련 행동에 대한 보고가 이루어졌다. 맥나마라는 소련이 탄도미사일에 대한 위장을 시작하였고, 일부 미사일을 현재 추적할 수 없다고 보고하였다. 하지만 국방장관은 "사라진 MRBM"은 당장 위협은 아니라고 지적하면서, MRBM을 이동하여 재배치하려면 최소한 3일이 소요된다고 지적하였다. 다만 문제는 U-2 정찰기로, 소련은 U-2를 격추시킬 수 있다고 강조하였다. 정찰기가 격추된다면 미국은 해당 대공미사일 기지를 공격하여 파괴하고, 사정이 명확한 경우에 한하여 대공미사일 기지에 대한 공격 명령 권한은 대통령이 아니라 국방장관이 행사할 수 있다고 주장하였다.[54]

---

52 May and Zelikow, *The Kennedy Tapes*, pp. 339~340.

53 Kenneth P. O'Donnell and David F. Powers, *"Johnny, We Hardly Knew Ye": Memories of John Fitzgerald Kennedy* (Boston: Little, Brown, 1972), p. 318.

54 May and Zelikow, *The Kennedy Tapes*, p. 294 그리고 300.

제7장
군사력 사용 위협의 상호작용과 통제되지 않을 수 있는 위기

미국과 소련은 상대방의 양보를 강요하면서 군사력을 직접 사용하거나 또는 군사력 사용을 위협하였다. 하지만 미국과 소련은 군사력 사용이 직접적인 무력 충돌로 이어지거나 군사력 사용 위협이 전쟁으로 비화되는 것을 막기 위해서 많은 노력을 기울였다.[1] 하지만 이러한 노력에도 불구하고 위기는 무력 충돌로 폭발할 가능성은 존재하였다. 상대방의 양보를 강요하기 위한 미국과 소련의 노력은 제한적인 군사력의 실제 사용 또는 군사력 사용 위협을 수반하지만, 이러한 과정에서 발생하는 상호작용은 위기를 통제할 수 없는 차원으로 확대하여 전쟁으로 이어질 수 있다. 즉 상대방의 양보를 강요하기 위한 군사력 사용 위협이 어느 누구도

1 이러한 주장은 당시 미국과 소련이 전쟁을 바라지 않았다고 가정할 때 성립한다. 만약 미국과 소련 가운데 한 국가라도, 또는 두 국가 모두가 전쟁을 바라고 있었다면, 미국과 소련이 "전쟁으로 비화되는 것을 막기 위해서 많은 노력을 기울였다"는 주장은 성립하지 않는다. 하지만 위기 기간 동안 미국과 소련이 보여주었던 행동에서 유추할 때, 미국과 소련은 공통적으로 전쟁을 바라지 않았으며 최소한 핵전쟁의 위험을 수용하지 않았다.

원하지 않고 모두가 피하려고 했던 전쟁을 가져올 수 있다.

이러한 전쟁 가능성은 크게 두 가지 측면에서 나타난다. 첫째, 군사력을 제한적으로 사용하거나 군사력 사용을 위협하는 과정에서 사고가 발생하는 경우이다. 특히 상대방이 이러한 사고를 전면적인 공격으로 오인하고 반격한다면, 우발적인 사고로 전쟁이 발생할 수 있다. 병력 배치 및 군사력 준비태세를 강화하는 과정에서 실수 또는 사고로 부분적인 무력 충돌이 발생하거나 일부 무기가 발사되어 상대방이 피해를 입는 상황이 가능하며, 이것이 전쟁으로 이어지는 상황이다.[2] 둘째, 위기 상황에서 나타나는 적대적 상호작용 때문에 상대방이 우리의 행동을 과도하게 공격적으로 해석하여 자신의 안보를 위해 선제공격 등이 나타날 수 있다. 이 경우 사고는 없고 오인 등도 발생하지 않지만, 불확실성 때문에 상대방 행동의 공격적 측면이 과장되면서 문제가 발생한다. 즉 상대방의 군사력 동원이 양보를 강요하기 위한 압박 수단인지, 아니면 전면 침공을 위한 준비인지를 구분할 수 없으며, "가장 안전한 방법"을 선택하여 안보를 위한 선제공격을 감행하는 상황이다.[3]

2 우발적인 상황이 발생하는 상황은 다양하다. 하지만 이러한 우발적인 상황이 전쟁으로 이어지기 위해서는 적대적인 국가들 사이에 의견을 교환하고 사고 또는 실수 등을 해명하는 경로가 존재하지 않아야 한다. 또한 피해를 입은 국가들이 매우 "민감하게 반응"해서 자신들의 피해에 대해 즉각적으로 보복해야 한다. 바로 이러한 제한적인 조건이 충족되어야 하기 때문에, 순수하게 우발적인 이유에서 전쟁이 발생하는 경우는 흔하지 않다.

3 적대적 상호작용은 흔히 등장한다. 이러한 상황은 순수하게 우발적인 이유에서 전쟁으로 이어지는 것이 아니라 "이 정도까지 상황이 진행된 이상 전쟁은 불가피하다"는 판단에 기초하여 상대방에게 양보를 강요하기 위해서가 아니라 전쟁 자체를 개시하기 위해서 군사력을 사용하는 경우에 발생한다. 특히 이와 같은 상황에서는 협상보다는 군사력 사용 자체를 강조하면서 정치 및 외교 논리가 아니라 군사 논리가 강조되며, 동시에 상대방의 양보를 강요하기 위해서 군사력을 동원하지만 실제로 사용하지 않는 것이 상대방의 선제공격에 취약하다는 주장이 호응을 얻는다.

모든 위기에서 전쟁 가능성은 존재한다. 다만 위기가 초기에 적절하게 해결된다면, 이러한 가능성은 현실화되지 않으며 매우 낮은 수준에서 그저 가능성으로 존재하다가 사라진다. 하지만 위기가 조속히 해결되지 않고 모두 상대방에게 양보를 강요하기 위해서 군사력을 실제로 사용하거나 또는 군사력 사용을 위협하는 경우에, 전쟁 가능성이 증가하고 위기는 통제되지 않을 수 있다. 물론 최후 순간에 위기 당사자가 양보하면서 전쟁이 현실화되지 않을 수도 있지만, 동시에 어느 누구도 양보하지 않거나, 또는 양보하는 시점이 너무나도 늦은 경우에는 어느 국가도 원하지 않았던 전쟁이 발생할 수 있다. 이러한 전쟁 가능성이 가능성의 차원에 머물지 아니면 현실화될지는 사전적으로는 알 수 없으며, 따라서 위기의 결과를 사전적으로 예측하는 것 또한 불가능하다.

쿠바 미사일 위기에서도 미국과 소련은 제한적인 군사력 사용 또는 군사력 사용 위협을 통해 서로에게 양보를 강요하였다. 하지만 양보를 강요하기 위해 이루어진 제한적 군사력 사용 또는 군사력 사용 위협은 사고 및 실수 또는 불확실성과 두려움에 기초한 전쟁 가능성을 수반하였다. 미국은 소련과의 협상이 실패하는 경우에 탄도미사일을 파괴하고 쿠바를 침공하기 위한 준비를 시작하였다. 또한 미국은 이러한 침공 준비를 통해 미사일을 철수하지 않는다면 군사력을 사용하겠다고 소련을 압박하였다. 하지만 소련은 탄도미사일의 발사 준비를 가속화하면서 미국이 쿠바를 침공하지 못하도록 압박하였다. 동시에 소련은 잠수함을 동원하여 미국의 쿠바 봉쇄에 제한적으로 도전하였다. 미국은 이에 쿠바를 지속적으로 정찰하면서 침공에 필요한 정보를 수집하였으며, 소련 및 쿠바를 더욱 압박하였다. 그리고 상호작용이 계속되면서 점차 위기는 통제하기 어려운 방향으로 전개되었다.

1. 침공 준비와 군사력 집중

미국 군사조직은 쿠바에 있는 소련 탄도미사일 및 그 밖의 군사력을 파괴할 것을 주장하였다. 국방장관 맥나마라나 합참의장 테일러 장군 등은 쿠바에 배치된 소련 탄도미사일을 군사적 측면보다는 정치적 측면에서 그 중요성을 평가하였지만, 합동참모본부를 구성하는 참모총장 등은 군사적 효용성에만 집중하였다. 이러한 대립은 "소련의 탄도미사일 위협"에 대한 평가에만 국한되지 않았고, 미사일을 제거하는 데 필요한 군사력 사용 범위에서도 나타났다. 또한 미국 군부 내부에서도 큰 차이가 있었다. 예를 들어 합참의장은 미사일을 제거하기 위해서는 공습으로는 충분하지 않고 지상군의 상륙을 핵심으로 하는 쿠바 침공이 필요하다고 보았지만, 무조건적인 침공을 주장하지는 않았다.[4] 반면, 공군 참모총장인 르메이는 극단적으로 군사적인 측면만을 강조하였다. "세계는 미국 전략공군과 전략공군이 공격할 수 있는 목표만이 존재한다"는 신념을 가지고 있었던 르메이는 폭격으로 탄도미사일을 파괴해야 하며, 특히 쿠바에 핵무기를 사용할 것을 제안하였다. 이에 케네디는 르메이는 전쟁을 수행하는 경우에는 도움이 되지만 전쟁을 할 것인가에 있어서는 도움이 되지 않는다고 평가하였다.[5] 합참은 즉각적인 군사 공격을 통해 미사일을 파괴해야

4 테일러 장군은 탄도미사일 및 그 밖의 전략무기에서 미국의 우위가 압도적이기 때문에, 소련이 쿠바에 배치한 탄도미사일은 군사적인 측면에서는 중요하지 않다고 주장하였다. 하지만 소련이 쿠바에 탄도미사일을 배치하는 것을 묵인한다면, 소련은 더욱 과감하게 행동할 것이며 베를린 등에서 미국의 양보를 강요할 수 있고 무엇보다도 미국의 동맹국들이 미국의 의지를 낮게 평가하면서 동맹에서 이탈할 수 있다고 경고하였다.

5 Brugioni, *Eyeball to Eyeball*, pp. 255~257. 또한 쿠바에 대한 전략폭격 가능성에 대해서

한다고 지속적으로 주장하였고, 봉쇄는 단순한 미봉책이라고 주장하였다. 봉쇄를 통해 압력을 가하고 미사일 철수를 유도한다는 케네디 대통령의 정치적 전략보다는 탄도미사일 파괴라는 가장 "확실한 방법"을 선호하였다. MRBM, IRBM 모두 미사일 발사대가 노출되어 있기 때문에 쉽게 파괴할 수 있고 재래식 폭탄으로 공격하는 경우에도 소련 탄도미사일을 파괴할 수 있었다.[6]

10월 17일과 18일의 정찰을 통해 소련군 전투부대가 포착되었다. 이러한 병력은 8월 29일의 정찰에서는 나타나지 않았으며, 최신식 장비로 무장하고 탄도미사일 기지를 방어하는 형태로 배치되었다. 또한 이전까지 추정되었던 8,000명 정도의 규모가 아니라 최소한 10,000명으로 추정되었으며, 10월 24일에는 규모가 22,000명 수준으로 상향 조정되었다.[7] 10월 25일 정찰에서 미국은 전술핵을 장착하여 사용할 수 있는 단거리 미사일(Luna; FROG-7)을 발견하였다. 이에 공격군(CINCLANT)은 소련이 전술핵무기를 사용하는 경우에 보복용으로 사용한다는 조건으로 전술핵무기 및 단거리 미사일을 요구하였다. 하지만 합참은 단거리 미사일(Honest John)의 사용은 허용하였지만, 전술핵무기 사용은 금지하였다.[8] 또한 관타

르메이는 전략공군은 핵무기만을 사용한다고 주장하면서 통상 폭탄을 장비한 폭격기는 없다고 강조하였다. 로버트 케네디는 대통령에게 폭격을 명령하는 경우에는 사용하는 폭탄의 종류를 엄격하게 규정해야 한다고 지적하였다.

6 탄도미사일을 파괴하는 데 필요한 폭발력은 1평방인치에 10파운드 이하로, 이것은 미국이 사용하는 항공기용 모든 종류의 폭탄으로도 가능하였다. Brugioni, *Eyeball to Eyeball*, p. 280.

7 Bugioni, *Eyeball to Eyeball*, pp. 306~310. 동시에 소련군은 자신들의 존재를 숨기기 위한 노력을 하지 않았다. 소련 국기가 포착된 것은 물론이며 부대 표식과 깃발 등이 그대로 노출되었으며, 부대 서훈 표시까지도 명확하게 드러났다.

8 JCS, "CINCLANT's Request to Have Tactical Nuclear Weapons Available for U. S. Invasion Force, December 29, 1962," Documents No. 42 in Chang and Kornbluh (eds.), *The Cuban Missile*

나모 기지에 3개 대대를 증강하여 6,000명에 가까운 전투 병력을 배치하였고 인근 해역에 2개 대대의 병력을 대기시켰다. 이어서 합참은 총 150,000명을 동원하여 쿠바를 침공하는 계획을 최종 승인하였다.[9]

미국은 쿠바 침공 및 미국 남부 지방의 방어를 위해 쿠바와 인접한 플로리다 지방에 군사력을 집중시켰다. 보병과 기갑사단이 각각 하나씩 집결하였고 공수사단 두 개가 플로리다로 이동하였다. 또한 마이애미 지역을 중심으로 대공 방어망이 강화되었으며, 지역 공항이 군사시설로 변경되어 공군 병력과 항공기가 배치되었다. 동시에 쿠바 북부 해안에 상륙을 감행할 해병대 병력 또한 집결하였다.[10]

10월 20일에 미국 정보기관은 항공정찰을 통해 쿠바에 배치된 소련 탄도미사일에 대한 최종 보고서를 제출하였다. 각각 8개의 발사대를 보유한 소련 전략로켓군 3개 연대의 병력이 4개의 MRBM 기지와 2개의 IRBM 기지를 건설 중이며, 이 가운데 MRBM 전체는 발사가능한 상황이며 IRBM은 8~10주 이후에야 완공될 것으로 평가하였다. 핵탄두가 반입되었다는 증거는 없지만 핵탄두 저장시설로 추정되는 건물은 존재한다고 보고하면서, 일단 탄도미사일과 핵탄두 저장시설이 완공되면 탄두 자체는 항공기 · 선박 · 잠수함 등을 사용하여 반입할 수 있다고 지적하였다. 확인된 미사일은 모두 30기이지만, 발사대 등으로 추정할 때, 48기의 미사일이 반입되거나 반입될 예정이라고 보았다. 이러한 탄도미사일은 소련의 미국 공격 능력을 강화하지만, 미국의 2차 공격 능력을 약화시킬

Crisis, pp. 185~186.

9 White House, "Cuba Fact Sheet: U. S. Military Preparedness Information, Provided to President Kennedy, October 27, 1962," Documents No. 47 in Chang and Kornbluh (eds.), *The Cuban Missile Crisis*, pp. 200~203.

10 Brugioni, *Eyeball to Eyeball*, pp. 288~299.

수는 있어도 무력화할 수는 없다고 지적하였다.[11]

이러한 정보에 기초하여 케네디는 쿠바 공격에 대한 성공 가능성을 검토하였다. 10월 21일에 전술공군(TAC; Tactical Air Command)은 포착된 미사일의 90%와 대공미사일 기지 그리고 쿠바 공군기지를 파괴하는 데 500회의 출격이 필요하며, 그 성공 확률을 90%라고 보고하였다. 공습은 단 한 번에 그치지 않으며 추가 공습이 이어져야 하고, 필요한 경우에는 지상군 침공까지도 있을 수 있다고 강조하였다. 이에 케네디는 공습으로 문제를 해결한다는 방안을 포기하였다. 하지만 만약의 사태에 대비해서 10월 22일 월요일 아침 이후에는 언제든 공습을 실행할 수 있는 준비를 완료하라고 지시하였다.[12]

한편 공습 준비와 봉쇄 집행을 위한 군사력 동원은 언론의 주목을 끌었으며, 따라서 일부 언론은 미국이 곧 쿠바를 침공한다고 보도하였다. 워싱턴포스트(Washington Post)는 케네디 행정부와 연결되어 있는 소속 기자들을 통해 미국의 쿠바 봉쇄 결정을 파악하였고 이를 보도하려고 하였다. 이에 10월 21일에 케네디 대통령은 워싱턴포스트와 뉴욕타임스

11 CIA Special National Intelligence Estimate (SNIE 11−19−62), "Major Consequences of Certain U. S. Courses of Action on Cuba, 20 October 1962," CIA Documents No. 67, in McAuliffe (ed.), *CIA Documents*, pp. 211~220. 여기서 CIA는 소련은 정치적 효과를 노리고 탄도미사일을 배치하였으며, 미국의 봉쇄에 대해서는 대응하지 않을 것이지만 군사력 사용에 대해서는 베를린 등지에서 보복할 것이라고 예측하였다. 하지만 소련은 위험한 행동을 피할 것이기 때문에, 미국에 대해 보복을 한다고 해도 전면 핵전쟁 등으로 확대될 행동 등은 자제할 것이라고 보았다.

12 Kennedy, *Thirteen Days*, pp. 38~39. Robert McNamara, "Notes of October 21, 1962, Meeting with the President," Documents No. 26 in Chang and Kornbluh (eds.), *The Cuban Missile Crisis*, pp. 154~155 그리고 John C. McCone, "Memorandum of Meeting, 21 October 1962," CIA Documents No. 71, in McAuliffe (ed.), *CIA Documents*, pp. 241~242. 하지만, 당시 미국이 반입된 것으로 추정하였던 미사일 48기 가운데 파악된 미사일은 30기로 62.5%에 지나지 않으며, 여기서 90%를 파괴한다고 해도 27기만을 제거할 수 있었다.

(New York Times) 발행인에게 전화를 걸어 월요일까지 보도하지 말라고 만류하였고, 언론은 보도를 24시간 연기하였다.[13]

통상적인 상황에서 미국 전략공군은 보유한 폭격기 B-52의 1/8인 60대를 대기 상태에 유지하였으나, 10월 27일 오후에 추가로 183대의 B-47 폭격기가 미국 전역의 33개 비행장에 소개되었으며 136개의 장거리 미사일이 대기 상태로 들어갔다. 미사일 위기 및 그 이후 총 30일 동안 미국 전략 공군은 2,088회 출격하여 48,532시간 동안 20,022,000마일을 비행하였으며, 총 7,000만 갤런의 항공유를 공중 급유하였다.[14] 오전 10시를 기해서 총 804대의 폭격기와 44개의 미사일이 동원되었고, 28일 정오까지는 162개의 미사일과 1,200대의 폭격기를 통해 2,858개의 핵폭탄을 사용할 수 있었다.[15] 하지만 사용가능한 핵폭탄의 숫자를 증가시키기 위해 전략공군은 평상시에는 준수되던 안전 절차 등을 무시하였고 때문에 핵무기 사고 가능성이 증가하였다. 예를 들어 탄도미사일 발사를 위해서는 4명의 장교가 동의하고, 그 장교들은 최소한 2개 이상의 장소에서 물리적으로 떨어져 있어야 했다. 하지만 위기 상황에서 장교들의 동의를 확보하지 못할 가능성과 동시에 통신이 차단되면서 핵무기 발사 명령에 대한 동의를 전달하지 못할 가능성 때문에, 전략공군은 이러한 확인 절차를 무시하고 한 명의 장교가 발사명령을 실행할 수 있도록 하였다.[16]

---

13 May and Zelikow, *The Kennedy Tapes*, pp. 204~205. 워싱턴포스트는 쿠바 봉쇄 결정을 미리 알아냈지만, 뉴욕타임스는 케네디가 전화할 때까지 쿠바를 둘러싸고 벌어지고 있던 미국과 소련의 대립을 정확하게 파악하지 못하였고 쿠바 침공 준비로 알고 있었다.

14 Brugioni, *Eyeball to Eyeball*, p. 367.

15 White House, "Cuba Fact Sheet."

16 Dobbs, *One Minute to Midnight*, pp. 276~279.

2. 미사일 준비와 봉쇄 돌파 시도

미국이 쿠바 인근 해역을 봉쇄하고 무기 등의 반입을 금지하자, 소련은 잠수함을 동원해서 소련 수송선을 "호위"하고 동시에 잠수함이 쿠바에 입항함으로써 봉쇄가 효과가 없다고 과시하려고 시도하였다. 탄도미사일 배치와 함께, 소련은 쿠바에 해군기지를 건설하고자 했지만 이러한 계획은 변경되어 소수의 디젤 잠수함을 배치하였다.[17] 북극해 작전용으로 설계된 대형 잠수함(Project 641; F−Class) 4척이 선정되었고, 공개적으로 부상하여 쿠바로 항해하라는 명령을 받았다. 하지만 9월 30일에 명령이 변경되어 잠수하여 은밀하게 쿠바에 입항하기로 되었다. 그리고 소련은 잠수함에게 각각 1개의 핵탄두 어뢰를 지급하였으며, 명확한 훈령은 없이 "필요한 경우에는 사용하라"는 모호한 지시만이 전달되었다.[18]

---

17 계획 과정이었던 1962년 5월 24일에 소련은 쿠바에 기지를 두는 제20분견함대(20th Squadron)를 창설하였다. 이것은 미사일 잠수함 1개 사단과 어뢰로 무장한 잠수함 1개 여단 그리고 잠수함 전용 접안 시설(floating dock) 등으로 구성되었다. 또한 수상함 전력으로는 순양함 2척, 미사일 구축한 2척, 일반 구축함 2척, 그리고 유조선 1척이 배정되었으며 이것은 쿠바에 도착해서는 쿠바 주둔 소련군의 일부로 편입될 예정이었다. 하지만 9월 25일에 수상함대 배치는 취소되고 잠수함대 또한 어뢰정 1개 여단과 디젤 잠수함(F−Class) 4척이 배치되는 것으로 축소되었다. Svetlana V. Savranskaya, "New Sources on the Role of Soviet Submarines in the Cuban Missile Crisis," *Journal of Strategic Studies*, Vol. 28, No. 2 (April, 2005), pp. 233~259.

18 핵어뢰를 디젤 잠수함에 지급하는 것은 당시 소련으로는 지극히 이례적인 행동이었다. 그리고 핵어뢰 사용에 대해서는 명확한 훈령은 없었다. "공격을 받아서 침몰하는 경우와 모스크바의 명령이 있는 경우에 핵어뢰를 사용하라"는 지시가 있었지만, 동시에 "미국이 그대의 왼쪽 빰을 때리면 오른쪽 빰은 대주지 말라"는 브리핑이 있었다. 따라서 서로 모순되는 두 가지 지령이 있었으며, 이 가운데 무엇이 우선시되었는지에 대해서는 확실한 정보는 없다. Savranskaya, "New Sources on the Role of Soviet Submarines."

10월 1일에 잠수함은 소련 무르만스크(Murmansk)에서 출항하여, 최종적으로 쿠바 하바나 인근의 마리엘(Mariel)에 입항하도록 되어 있었다. 소련 해군참모총장과 북부함대 참모장이 전송하는 가운데 슘코프(Nikolai Shumkov)가 지휘하는 B-130, 두비프코(Aleksei Bubivko)의 B-36, 사비츠키(Valenin Savitskii) 함장의 B-59, 그리고 케토프(Ryurik Ketov)가 지휘하는 B-4의 총 4척의 잠수함에 핵어뢰를 장착하고 출발하였다. 소함대 지휘관은 B-4에, 분견 잠수함대 참모장은 B-59에 각각 탑승하였다.[19] 하지만 정확한 항해 지도 등은 제공되지 않았고, 쿠바 또는 카리브해 인근 해역에서 어떻게 잠수함들이 접선하고 쿠바 입항을 조율할 것인가에 대해서는 전혀 논의하지 않았다. 오직 "추후 통지"라는 간단한 명령만이 있었으며, 이에 기초하여 출항하였다. 하지만 출항 직후 노르웨이 해역에서 나토 해군에 포착되었으며 겨우 회피해서 대서양으로 들어왔지만 폭풍우 때문에 항해에 많은 어려움이 있었다.[20] 잠수함 가운데 하나는 소금으로 냉각기가 고장 나고 고무 방수장치가 터졌으며 공기 압축기가 고장 난 상태에서 쿠바 인근 해역에 도착하였다. 잠수함 자체가 북극해에서 운용되었기 때문에 냉방장치는 존재하지 않았고, 아열대 지방인 카리브해에 도착하자 잠수함 내부 온도는 45~50도였고 엔진실 온도는 60도까지 올라갔다.[21]

---

19 Ryurik A. Ketov, "The Cuban Missile Crisis as Seen Through a Periscope," *Journal of Strategic Studies*, Vol 28, No. 2 (April, 2005), pp. 217~231. 자세한 사항은 p. 219.

20 잠수함 우현에서 강력한 조류가 밀어왔고 잠수함은 심한 경우에는 40~50도가량 흔들렸다. 또한 파도는 15~17m에 육박하면서 6~8노트 이상의 속도를 낼 수 없었다. 보통의 경우 소련은 극초단파와 단파 그리고 중파를 사용하여 사령부와 통신하며 이러한 방식은 북극지방에서는 문제가 없었지만, 대서양에서는 기존 무선통신이 두절되고 오직 장파무선(long-wave radio)에 의존해야만 했다. 이전까지 소련은 적도 부근에서는 잠수함을 운용한 경험이 없었기 때문에 잠수함 함장들은 이러한 상황에 무척 당황하였다.

미국이 쿠바를 봉쇄하자, 소련은 인근 해역에 도달하는 잠수함을 동원하여 봉쇄를 돌파하려고 하였다. 말리노프스키 국방장관은 잠수함을 동원하는 계획을 제안하자, 미코얀(Anastas Mikoyan)은 미국 해군이 포착 또는 격침할 가능성을 거론하며 반대하였다. 해군 사령관 등이 미코얀의 견해에 동조하여 봉쇄 돌파 시도가 위험하다고 지적하면서, 흐루시초프는 잠수함은 봉쇄를 돌파하지 않고 쿠바 인근 해역에서 대기한다고 결정하였다.[22] 하지만 항해 중의 잠수함과 교신하는 것은 쉽지 않았다. 소련 잠수함들은 미국 라디오 방송을 통해서 쿠바 미사일 위기와 미국의 쿠바 봉쇄 사실을 인지하였으며, 소련 해군 사령부와의 교신이 확보되어 사르가소해(Sargasso Sea) 남서부에 집결하였다. 하지만 미국 해군이 소련 잠수함을 하나씩 포착하여 폭뢰를 사용하여 부상을 강요하였다. 특히 B−59는 미국 해군의 "공격"으로 내부 전원이 소진되고 공기가 부족해졌으며, 부상하자 미국 해군은 잠수함 부근에 총격을 가하였다. 이에 사비스치 함장은 흥분한 나머지 "우리가 잠수하고 있는 사이에 미국과 소련 사이에 이미 전쟁이 났는지 모른다. 핵어뢰로 미국 항공모함을 격침시키겠다"고 고함을 지르기까지 하였다. 하지만 다른 지휘관과 B−59에 탑승하고 있던 분견함대 참모장의 설득으로 핵어뢰 공격 조치는 취소되었다.[23]

미국은 소련 잠수함을 "공격"할 의도가 없었고, 다만 해상으로 부상하는 것을 강제하였다. 다만 강제하는 수단으로 훈련용 폭뢰를 사용하였을 뿐이었다. ExComm 회의에서 이러한 수단이 가지는 위험성이 제기되었

---

21 Vadim Orlov, *Recollection of Vadim Orlov* (USSR Submarine B−59) "We Will Sink Them All, But We Will Not Disgrace Our Navy." http://www.gwu.edu/~nsarchiv/NSAEBB/NSAEBB75/asw−II−16.pdf (2011년 9월 17일 확인).

22 Furenko, "Nigh Session of the Presidium," pp. 136~137.

23 Orlov, *Recollection of Vadim Orlov* 그리고 Ketov, "Cuban Missile Crisis," pp. 226~227.

고, 이에 미국은 훈련용 폭뢰 사용 및 미국 해군의 잠수함 부상 절차 등을 소련에 문서로 통보하기로 결정하였다. 하지만 소련 정부는 이러한 미국의 "해적 행위"를 용납할 수 없다는 이유를 내세워 미국이 전달하는 자료를 수령하지 않았으며, 따라서 쿠바 해역에서 작전하고 있던 소련 잠수함은 미국 해군이 사용하는 폭뢰가 훈련용이라는 사실을 알지 못했으며, 실탄이라고 판단하였다.24

이와 같은 과정에서 소련은 미사일 기지를 완성하였고 목표물을 설정하였다. 미국 정보기관은 쿠바에서 소련이 뉴욕을 공격할 수 없다고 판단하였지만, 당시 소련은 뉴욕을 공격할 수 있었고 당연히 뉴욕을 목표로 탄도미사일을 준비하였다. MRBM 사정거리는 1,292마일(2,079km)이었으며, 따라서 칼라바자르(Calabazar; Sagua la Grande) 기지에서는 공격할 수 있었다. 맨해튼까지의 거리는 1,290마일(2,070km)이었기 때문에 소련군은 뉴욕 공격을 위해서 이 지역에 특별히 탄도미사일을 배치하였다. 쿠바에 대한 정확한 지형도가 없었기 때문에, 소련군은 미국에서 발간된 1/50,000 축적의 쿠바 지도 및 미국 라디오 방송 신호를 이용하여 정확하게 측량하였고 천문 관측 등을 통해 거리와 방위를 측정하였다. 그리고 수동으로 목표 좌표를 계산하였다.25

10월 24일의 야간 훈련에서 소련군은 뉴욕을 파괴할 수 있는 능력을 확보하였다. 이후 그 능력을 유지하기 위해 모의 핵탄두를 사용하여 탄두 합체 및 탄도미사일 발사 훈련을 반복하였다. 10월 24일과 25일에 각각 훈련이 성공하면서 소련 MRBM 부대 가운데 2개 연대는 준비태세를 완료하였다. 하지만 마지막 1개 연대는 일부 장비 및 연료 주입 설비가

---

24 Dobbs, *One Minute to Midnight*, pp. 297~300.

25 Dobbs, *One Minute to Midnight*, p. 108 그리고 282.

하역되지 않았기 때문에 준비태세를 완료하는 데 많은 시간이 소요되었고, 다른 부대에서 장비를 지원받은 이후에야 겨우 준비태세를 완료하였다. 탄도미사일은 연료를 주입한 상태에서 대기하였으며, 그 밑에는 소련에서 타설되어 쿠바까지 직접 운반한 무게 5톤의 콘크리트 발판이 미사일 발사대 및 발사화염을 지지하고 있었다.[26]

이와 함께 소련군은 미국이 쿠바를 침공하는 경우에는 전술핵무기를 사용하려고 준비하였다. 흐루시초프는 전술핵무기 사용 권한을 쿠바 주둔 지휘관에게 위임하지는 않았지만 사용 자체는 하나의 가능성을 허용하였고, 이에 소련군은 전술핵무기 사용을 준비하였다. 소련은 쿠바에 총 2개 연대의 순항미사일 연대가 배치하였다. 각 연대는 미사일 발사대 8개와 40개의 핵탄두, 그리고 40개의 FKR 순항미사일이 할당되었으며, 1개 연대는 쿠바 서부의 항구도시(Mariel) 부근에, 그리고 다른 연대는 관타나모 인근 지역에 배치되어 전투가 발생하는 경우에 전술핵무기로 관타나모 해군기지를 소멸시킬 계획이었다.[27]

소련군은 하바나에서 남쪽으로 30km 떨어진 베주칼(Bejucal) 부근의 포탄 저장고를 핵무기 저장시설로 개조하였다.[28] 10월 26일 저녁에 소련군은 저장시설에서 탄도미사일 기지로 핵탄두를 이동시키기 시작하였다.

---

26 Dobbs, *One Minute to Midnight*, pp. 109~111 그리고 p. 282.

27 Dobbs, *One Minute to Midnight*, pp. 124~127. 관타나모 공격을 담당하였던 소련군 연대 지휘관은 야조프(Dmitri Yazov)로 1991년 8월에 소련 보수파 쿠데타 당시 국방장관으로 고르바초프를 유폐시키는 데 앞장섰으나 실패하여 체포되었다.

28 미국은 베주칼 부근의 시설 확충을 집중적으로 감시하고 있었으며, 1962년 10월에는 이곳을 "핵무기 저장시설"로 파악하였다. 위기가 시작되자 CIA는 이 시설의 존재를 케네디 및 ExComm에도 이 시설을 "핵무기 저장시설일 가능성이 매우 높다"고 보고하였다. 하지만 시설을 경비 및 보호하는 시설이 거의 존재하지 않았기 때문에, 일부 분석가들은 이 시설이 핵무기 저장시설이 아니라고 평가하였다. 하지만 이 시설에는 1차분으로 반입된 탄도미사일용 핵탄두(1Mton) 36개와 전술미사일용 핵탄두(2Kton) 12개가 저장되어 있었다.

저녁 9시 50분에 쿠바 주둔군 사령관 플리에프(Isa Pliyev) 장군은 소련 국방장관에게 보고하면서, 미국이 쿠바를 공격할 계획이며, 특히 탄도미사일 기지에 대한 공습 가능성이 있다고 주장하였다. 또한 쿠바 당국은 10월 26일~27일 밤, 또는 27일 새벽에, 또는 최대한 72시간 이내에 미국이 공격할 가능성이 높다고 판단하였고, 카스트로는 쿠바군에 정찰기를 포함한 모든 미국 비행기를 공격하라고 명령하였다. 또한 쿠바는 소련군 탄도미사일 부대가 저공 공격에 취약하다는 사실을 파악하고, 쿠바 도시를 방어하기로 되어 있던 대공포 50개 포대를 탄도미사일 기지 방어를 위해 배치하였다.[29]

또한 쿠바 주둔군 사령관의 권한으로 핵탄두를 분산시키고 탄도미사일 기지 인근 지역으로 이동시킨다고 통보하였다. 10월 26일 자정 무렵, 소련군은 특수 차량을 이용해서 핵탄두 운반을 시도하였다. 야간 공습에 대비해서 모든 차량은 전조등을 제거하였고, 길이 4m의 핵탄두 5개를 시속 35km의 속도로 400km 떨어진 탄도미사일 기지로 운반하였다. 또한 관타나모 공격을 위해 전술핵무기가 지급되었고, 해당 부대는 사전에 준비된 발사 지점으로 순항미사일을 이동시킨 이후 대기하였다. 비가 내리고 야간에 핵탄두를 운반하는 것은 엄청난 일이었다. 그럼에도 불구하고 소련은 14시간 동안 작업하여 큰 사고 없이 임무를 완수하였다. 10월 27일 오후 2시, 핵탄두가 MRBM 기지(Sagua La Grande)에 무사히 도착하였고, 미사일 부대는 핵탄두를 인수하여 공격 준비에 들어갔다.[30]

소련은 공식적으로는 핵무기 사용을 금지하였다. 모스크바 시간으로

29 James G. Blight and Philip Brenner, *Sad and Luminous Days: Cuba's Struggle with the Superpowers After the Missile Crisis* (New York: L Rowman and Littlefield, 2002), pp. 45~48.

30 Dobbs, *One Minute to Midnight*, pp. 171~173 그리고 181.

10월 27일 오후 4시 30분에 발송된 명령서에서, 소련 국방장관은 "모스크바로부터 명시적인 명령 없이 탄도미사일, 순항미사일, 지대지 전술미사일, 항공기 등을 이용하여 전술핵무기와 전략핵무기를 모두 포함하는 모든 종류의 핵무기를 사용하는 것을 금지한다"고 선언하였다. 바로 이어서, 이러한 핵무기 사용 금지를 명확하게 확인(categorically confirm)한다고 강조하였다.[31] 하지만 당시 통신이 불완전하였기 때문에 발사에 필요한 모든 정보는 미사일 발사대 지휘관이 가지고 있었으며, 따라서 현장 지휘관의 재량에 의한 발사가 기술적인 차원에서는 가능하였다.[32]

3. 지속적 정찰과 침공 논의 그리고 소련의 추가 요구

미국은 봉쇄를 선언하면서 10월 23일부터 저공 정찰을 시작하였다. 하지만 쿠바 및 소련군은 미국의 저공 정찰기를 공격하지 않았다. 이전까지 미국은 쿠바를 정찰하기 위해서 U-2 고공 정찰기를 사용하였지만, 봉쇄를 선언하면서 F8U를 동원하여 저공 정찰을 시작하였고, 쿠바와 소련군이 방관하는 가운데 미국은 더욱 선명한 사진을 확보하고 쿠바에 배치된 소련군 군사력에 대해 더욱 많은 정보를 가지게 되었다. 저공

31 CWIHP, "Document No. 5: Telegram TROSTINIK(REED－USSR Defense Minister Rodion Malinovsky) to PAVLOV(Commander of the Group of Soviet Forces in Cuba, General Isa Pliev), 27 October 1962," *CWIHP Bulletin* No. 14/15 (Winter, 2003/Spring, 2004), p. 388. 모스크바의 지시 없이 재량권에 기초한 핵무기 사용을 금지한다는 훈련은 U-2 격추 이전에 발송되었다. 또한 다른 명령서와는 달리 이러한 핵무기 사용 금지 지시에 대해서는 훈령 수령을 확인하라는 지시가 추가되었다.

32 Dobbs, *One Minute to Midnight*, pp. 282~284.

정찰이 시작되면서 처음에는 해군 소속의 항공기가 동원되었다. 하지만 공군 또한 저공 정찰을 수행하겠다고 주장하면서 전술공군(TAC) 소속 항공기가 출격하였지만, 전술공군은 정찰에 필요한 장비와 인원을 가지고 있지 못하였으며 촬영된 사진을 판독할 능력 또한 없었다. 육군 소속의 판독 인원이 차출되었지만, 공군은 육군 병력의 협조를 거부하였고 결국 탄도미사일과 쓰러진 야자수를 혼동하는 등의 실수가 벌어지기도 하였다.[33]

10월 27일 아침 일찍 CIA는 소련이 모두 5곳의 발사 시설을 완성하였고 6번째 발사 시설 또한 28일에는 완성될 것이라고 보고하였다. 따라서 발사 명령이 내려지면 6~8시간 이내에 MRBM 24기를 발사하고 다시 4~6시간 이내에 두 번째 미사일을 발사할 수 있는 능력을 가졌다고 보고하였다. 동시에 IRBM 기지 가운데 하나는 12월 1일에, 다른 하나는 12월 15일까지는 완성된다고 평가하였다. 또한 야간에 소련은 MRBM 점검을 완료하였으며, "통합된 작전 준비 능력"을 보유하였다고 보고하면서, 통신시설이 구축되어 소련은 쿠바에 배치된 탄도미사일을 소련 자체의 지휘 · 통제 체제에 통합시키고 있다고 지적하였다.[34]

이러한 상황에서 소련은 요구조건을 추가하였다. 10월 26일 오전에 소련은 탄도미사일 철수의 조건으로 "쿠바에 대한 안전보장"을 요구하였다. 미국 주재 소련 대사관은 10월 25일 새벽 한 신문기자가 술에 취해서

33 Bugioni, *Eyeball to Eyeball*, pp. 373~375 그리고 pp. 441~444.

34 GMAIC, JAEIC, and NPIC, "Supplement 7 to Joint Evaluation of Soviet Missile Threat in Cuba, 27 October 1962," CIA Documents No. 98, in McAuliffe (ed.), *CIA Documents*, pp. 323~325. 소련은 미사일 기지 1곳에 두 개의 발사 시설을 구축하였다. 따라서 5개의 발사 시설이 완성되었다는 평가는 미사일 기지 2곳이 완성되었고 나머지 1곳에서도 기지 공사가 절반 이상 진척되었다는 분석이다.

"미국이 곧 쿠바를 침공한다"고 이야기했다는 첩보를 바텐더를 통해 입수하였다. 또한 전략공군이 23일 저녁 10시에 핵전쟁 준비태세(nuclear alert)에 돌입한다는 명령을 파악하면서 이러한 첩보는 사실로 규정되었다.[35] 해당 정보는 도브리닌 대사의 승인을 거쳐 모스크바로 보내졌으며, 10월 26일 아침에 KGB 국장은 "2일 이내에 미국이 쿠바를 침공한다"는 보고서를 접하고 경악하였다. 첩보는 정치국에 보고되었고, 이에 소련은 미사일 철수의 조건으로 쿠바에 대한 안전보장을 요구하는 서한을 모스크바 시간으로 10월 26일 오후 5시 직전에 미국 대사관에 전달하였다.[36] 하지만 10월 27일 아침에 공개된 서한에서 흐루시초프는 쿠바에서 탄도미사일을 철수하는 조건으로 "쿠바에 대한 안전보장" 이외에 "터키에 배치된 탄도미사일의 철수"를 추가 요구하였다.[37]

이와 같이 소련이 자신의 입장을 변경하여 이전보다 더욱 많은 것을 요구하면서 상황이 악화되었다. 10월 26일 아침 서한으로 미국은 "안전보장"을 제시하는 정도에서 쿠바 문제를 해결할 수 있다고 판단하였지만, 이제는 그러한 희망이 사라졌다고 보았다. 따라서 톰슨 등의 ExComm

---

35 Fursenko and Naftali, *One Hell of a Gamble*, pp. 257~258. 첩보를 확인하기 위해 소련 대사관은 필사적으로 노력하였고, 10월 25일에 해당 기자(Warren Rogers)를 만나서 "첩보를 확인"하였다. 하지만 이러한 첩보는 사실이 아니었으며, 해당 기자는 그렇게 중요한 사실을 알 수 있는 위치에 있지 않았다. 이와 관련된 공식 전문은 CWIHP, "Cable from Soviet Ambassador to the USA A. Dobrynin to USSR Foreign Ministry, 25 October 1962," *CWIHP Bulletin*, No. 8/9 (Winter, 1996/1997), p. 286이다.

36 Fursenko and Naftali, *One Hell of a Gamble*, pp. 262~263. 모스크바 시간으로 26일 오후 5시는 워싱턴 시간으로는 26일 오전 10시이다.

37 서한은 다음에 수록되어 있다. *FRUS*, Documents No. 84, pp. 235~241. 소련은 모스크바 시간으로 10월 26일 오후 4시 43분에 서한을 미국 대사관에 전달하였고, 대사관은 서한을 번역한 다음 암호화하여 전송하였다. 워싱턴 시간으로 10월 26일 저녁 6시에서 9시 사이에 국무성이 전문을 수령하였다.

참석자들은 소련 내부에서 쿠데타 등이 발생하여 흐루시초프가 실각하였고, 더욱 강경한 입장을 가진 인물들이 정권을 장악했다고 분석하였다. 하지만 대부분의 견해는 수용할 수 없다는 것이었으며, 특히 터키에서 미사일을 철수하는 경우에 NATO 동맹이 약화된다는 우려가 강력했다.[38] 또한 미국이 터키에게 미사일을 양도하였기 때문에 미사일은 터키 정부의 재산이며, 따라서 미국이 쉽게, 그리고 단독으로 철수를 결정할 수 없었다. 이러한 배경에서 터키 주재 미국 대사관은 미사일 교환 철수에 반대하였다.[39]

미국의 입장에서는 소련이 터키 미사일 철수라는 조건을 공개적으로 요구하면서 터키에서 탄도미사일을 철수하는 것이 더욱 어려워졌으며, 동시에 동맹국의 지지를 상실하거나 또는 소련과의 정면 대결이라는 양자택일에 직면하였다. 당시 동일한 탄도미사일이 터키와 이탈리아에 배치되어 있었고, 케네디 행정부는 이탈리아와 터키에 배치된 미사일을 철수하는 문제를 회의에서 논의하였다. 특히 대통령과 국방장관은 탄도미사일 교환 철수에 상당히 적극적이었다. 반면 소련은 10월 26일에 보낸 전문에서 요구한 사항이 지나치게 작았기 때문에, 추가 사항을 요구하였다. 하지만 소련은 이탈리아에 배치된 미사일에 대해서는 언급하지 않고 터키에 배치된 주피터 미사일의 철수만을 요구하였다. 또한 미국의 예상과는 달리 베를린에서의 양보 등도 요구하지 않았다.[40]

---

38 May and Zelikow, *The Kennedy Tapes*, pp. 497~503.

39 Hare, "Cable Received from U. S. Ambassador to Turkey Raymond Hare to State Department, Regarding Turkish Missiles, October 27, 1962," Document No. 51 in Chang and Kornbluh (eds.), *The Cuban Missile Crisis*, pp. 231~232.

40 흐루시초프는 터키 미사일 철수라는 추가 조건을 부과하면서 실수로 이탈리아에 배치된 탄도미사일 철수 요구를 생략하였다고 한다. Khrushchev, *Nikita Khrushchev and the Creation*, pp. 595~598.

동시에 10월 27일 오후에 스칼리는 포민에게 연락하여 터키 미사일 철수라는 소련의 추가 요구를 비난하였다. 미국은 이러한 "추가 조건을 결코 수용할 수 없다"고 단언하자, 포민은 흐루시초프가 다양한 사람들로부터 조언을 받고 있으며 지금 현재 "자신과 도브리닌 대사는 흐루시초프를 설득하고 있다"고 답변하였다.[41] 10월 27일 토요일 아침에 FBI는 UN 대표부에 근무하는 소련 인원은 전쟁에 대비해서 모든 기밀을 파기하라는 명령을 받았다고 로버트 케네디 법무장관에게 보고하였다.[42] 상황은 악화되고 있었다. 어느 누구도 이렇게 상황이 악화되는 과정을 바라지는 않았지만, 악화일로의 상황을 통제할 수 없었다.

4. 쿠바의 행동

미국의 봉쇄에 대해서 쿠바는 격렬하게 반응하였다. 이미 케네디의 텔레비전 연설 이전에 여러 언론 보도로 봉쇄를 위한 병력 이동과 군사행동이 노출되었고, 특히 쿠바 정보기관은 관타나모 기지에서 민간인이 소개된다는 사실을 미리 파악하였다. 이에 카스트로는 텔레비전 연설 직전에 총동원령을 선포하여 72시간 이내에 병력을 100,000명에서 350,000명으로 증강하였다. 또한 10월 24일의 텔레비전 연설을 통해 쿠바 국민들의 사기를 증진시켰으며, 특히 쿠바 정부는 주권을 수호하고 "미국 제국주의의 침략"으로부터 조국을 수호하겠다고 강조하였다. 하지

41 Dobbs, *One Minute to Midnight*, pp. 289~290. 포민은 이러한 10월 27일 오후 접촉은 보고하지 않았다.

42 Kennedy, *Thirteen Days*, pp. 70~71.

만 쿠바는 미국 정찰기를 공격하지 않을 것이며 미국이 먼저 공격하는 경우에만 대응한다고 선언하였다.[43]

특히 카스트로는 미국이 쿠바 영공을 침범하고 있으며, 이러한 상황은 용납할 수 없다고 선언하였다. 쿠바 주재 소련 대사인 알렉세프는 쿠바의 반발을 무마하려고 했으나 실패하였고, 오히려 카스트로는 "소련의 요청으로 미국 저공 정찰기를 공격하지 않고 있다"고 강조하면서 "쿠바의 인내심이 오래가지 않을 것"이라고 항의하였다. 그리고 10월 26일에 카스트로는 UN 사무총장에게 보내는 서한을 통해 미국의 정찰 행위는 국제법 위반이며, 쿠바는 영토주권을 수호하기 위해서 정찰기를 격추시키겠다고 경고하였다. 또한 소련군에 대해서는 군복을 착용하고 대공미사일의 예비 미사일 확보를 정식으로 요청하였다. 10월 26일 저녁에 카스트로는 소련 탄도미사일 기지가 미국의 저공 공습에 노출되어 있다는 사실을 파악하였다. 따라서 쿠바는 모든 대공포를 소련군과 탄도미사일 기지 주변에 배치하였지만, 하바나 등의 중요 도시에 방공망을 구축하지 않았다. 즉 카스트로는 쿠바의 생존을 위해서는 쿠바의 희생을 감수하고서라도 소련군을 보호하는 것이 더욱 중요하다고 보았다.[44]

10월 27일, 미국의 침공 준비와 쿠바와 쿠바 주둔 소련군의 전투 준비가 진행되는 상황에서 카스트로는 쿠바 방어시설을 포기하고 소련 대사관으로 피신하여 소련 대사를 면담하였다. 미국은 쿠바를 침공할 것이고 소련의 반격으로 미국과 소련 사이의 핵전쟁이 발발한다고 확신하면서,

---

43 CWIHP, "Telegram from Soviet Ambassador to Cuba A. I. Alekseev to USSR Foreign Ministry, 23 October 1962," *CWIHP Bulletin* No. 8/9 (Winter, 1996/1997), p. 283. 쿠바 지도부는 "소련의 지혜를 믿고 있으며, 미국의 군사기지에 둘러싸인 소련은 미국의 논리에 충분히 반박할 수 있다"고 판단하였다. 따라서 당시 쿠바에는 상당히 낙관적인 분위기가 팽배했다.

44 Blight, Allyn, and Welch, *Cuba on the Brink*, pp. 106~113.

자신은 쿠바 방어를 위해 죽을 각오가 되어 있다고 주장하였다.[45] 소련 대사관에서 카스트로는 이제 미국의 공격이 임박하였고 따라서 소련은 미국의 공격을 기다리기보다는 미국을 선제공격해야 한다는 자신의 판단을 스페인어로 구술하였고 소련 대사가 러시아어로 번역하여 소련으로 발송하였다. 여기서 카스트로는 조만간 미국이 쿠바를 공격할 것이며, 전면 침공이 아니라 제한적인 공습이 임박했다고 주장했다. 침공이든 공습이든 공격이 시작되면 쿠바는 저항할 것이며, 소련은 미국이 소련에 대해 선제 핵공격을 하도록 용납해서는 안 되며 소련의 미국에 대한 선제 핵공격을 역설하였다. 핵공격의 결과가 아무리 끔찍하다고 해도 다른 해결책은 존재하지 않기 때문에, 소련은 "미국 제국주의의 공격성을 영원히 제거"하기 위해 행동해야 한다고 강조하였다.[46]

45 Dobbs, *One Minute to Midnight*, pp. 192~193.

46 Castro, "Prime Minister Fidel Castro's Letter to Premier Khrushchev, October 26, 1962," Documents No. 46 in Chang and Kornbluh (eds.), *The Cuban Missile Crisis*, p. 199.

제8장
통제할 수 없는 전쟁 가능성과 위기의 해소

상대방에게 양보를 강요하면서 제한적으로 군사력을 사용하거나 군사력 사용을 위협하였지만, 어느 누구도 전쟁을 바라지는 않았다. 미국은 쿠바를 봉쇄하였고 군사력 사용을 공언하였고, 소련은 미사일 발사 준비를 완료하면서 침공에는 반격한다고 결의를 다졌다. 하지만 이러한 구호와는 달리 미국과 소련은 전쟁을 결심하지 않았고, 케네디와 흐루시초프는 쿠바 침공이나 미국에 대한 선제 핵공격 등을 거부하였다. 하지만 시간이 지나면서 점차 우발적인 사건들이 발생하였고 미국과 소련 모두가 피하려고 했던 전쟁이 벌어질 가능성이 증가하였다. 이와 같은 우발적인 전쟁 가능성은 체계적으로 그리고 누적적으로 증가하지는 않았다. 하지만 시간이 지나면서 이러한 전쟁 가능성이 높아지는 경우가 증가하였고 따라서 우발적으로 모두가 피하려고 했던 전쟁이 일어날 수도 있었다.[1]

1 "전쟁 가능성이 체계적으로 그리고 누적적으로 증가하지 않는다"는 지적은 다음과 같은 주장이다. 위기가 지속되면서 각자는 상대방에게 양보를 강요하기 위해서 군사력을 제한적으로 사용하거나 군사력 사용을 위협하며, 이 과정에서 모든 국가가 피하려고 했던 전쟁이

이에 미국과 소련은 각각 양보하였다. 미국은 터키에서 미사일을 철수하는 데 동의하였으며, 소련은 터키에서의 미사일을 공개적으로 철수하라는 요구 사항을 철회하고 미국의 쿠바에 대한 안전보장을 약속받는 정도에서 만족하였다. 또한 미국은 U-2 정찰기에 대한 소련 대공미사일 공격과 그에 따른 조종사 사망을 불문에 붙였으며, 정찰기를 공격한 대공미사일 기지에 대해 보복하지 않았다. 미국은 보복 공격이 가져올 소련과의 무력 충돌과 이후 상황이 통제되지 않을 가능성을 두려워하였고, 특히 미국이 쿠바를 공격하는 경우에 소련이 보복으로 베를린을 공격하여 점령할 가능성을 우려하였다. 결국 미국은 소련의 요구를 수용하였다. 한편 소련 지도부는 명령이 없는 경우에는 군사력을 사용하지 말라는 지시가 정확하게 이행되지 않고 대공미사일을 발사하여 미국 정찰기를 격추하였다는 사실에 경악하였다. 이어서 대공미사일에 대한 통제권이 확실하게 장악되지 않는 상황에서 탄도미사일과 전략 및 전술 핵탄두에 대한 장악력이 약화될 가능성을 우려하였다. 특히 미국이 보복 공격하거나 상륙 작전을 개시하는 경우, 소련 지휘관이 재량권에 따라서, 또는 재량권을 넘어서 핵무기 사용을 시도할 가능성과 그로 인한 전면 핵전쟁이 발생할 개연성을 두려워했다.[2] 바로 이러한 이유에서 미국과

발생할 수 있다. 하지만 이러한 전쟁 발생의 가능성은 국가들의 제한적 군사력 사용 또는 군사력 사용 위협에 정비례하는 것이 아니다. 제한적 군사력 사용 초기 단계에서도 전쟁은 우발적으로 발생할 수 있으며, 군사력 사용 위협이 상당 부분 진행된 이후에도 전쟁은 발생하지 않을 수도 있다. 즉 양보를 강요하는 조치가 진행되는 과정 또는 단계에 비례하여 전쟁 가능성이 "체계적으로 그리고 누적적으로" 증가하지는 않는다. 하지만 양보를 강요하기 위한 압박이 계속된다면 전쟁 가능성은 증가하며, 압박의 단계가 상승하면서 전쟁 가능성은 최소한 압박 초기 단계보다는 높은 수준으로 올라간다. 그러나 전쟁 가능성의 증가는 압박 단계에 일정한 비율로, 그리고 차근차근 정비례하지 않는다.

2 냉전 기간 소련군의 핵무기 지휘 및 통제 체제에 대한 연구로는 다음이 있다. Stephen M. Meyer, "Soviet Nuclear Operations," in Ashton B. Carter, John D. Steinbruner, and Charles

소련은 서로 양보하였고 위기는 해소되었다.

1962년 10월에 평화가 가능하였고 위기가 해소될 수 있었던 것은 미국과 소련 모두가 통제할 수 없는 전쟁 가능성에 직면하였기 때문이었다. 즉 통제할 수 있는 수준에서 군사력을 사용하거나 군사력 사용을 위협하는 것은 더 이상 어렵게 되었고, 이제는 통제할 수 없는 방향으로 상황이 전개되면서 전쟁이 현실화되는 가능성에 직면하였던 것이다. 그리고 이러한 상황에서 미국과 소련은 자신들의 요구를 관철하고 상대방에게 양보를 강요하기보다는 강압 수단을 포기하고 상대방의 요구조건을 수용하였다. 덕분에 평화가 유지되었다. 반면, 1914년 7월에 유럽 강대국들은 오스트리아-헝가리 제국 황태자 부부의 암살로 빚어진 위기에서 자신들의 요구를 완화하지 않았고, 상대방의 양보를 강요하는 수단으로 제한적으로 군사력을 사용하고 군사력 사용을 위협하였다. 그리고 이 과정에서 어느 국가도 원하지 않았던 전쟁이 발발하여 4년 이상의 기간 동안 1,000만 명에 가까운 전사자가 발생하고 독일과 오스트리아-헝가리, 그리고 러시아 제국이 붕괴하였던 세계대전이 발발하였다.[3]

A. Zraket (eds.), *Managing Nuclear Operations* (Washington, DC: The Brookings Institution, 1987), pp. 470~531. 미사일 위기 당시 쿠바에 배치된 소련 핵무기에 대한 지휘 및 통제에 대해서는 아직도 논란이 계속되고 있다.

3 오스트리아-헝가리 황태자 부부가 암살된 것은 1914년 6월 28일이었으나, 오스트리아-헝가리 제국이 암살범을 지원하였던 세르비아에게 최후통첩을 교부한 것은 7월 23일이었다. 이후 위기는 세르비아와 오스트리아-헝가리의 대립과 함께 세르비아를 지원하는 러시아와 오스트리아-헝가리를 지원하는 독일의 대립까지로 확대되었으며, 모두는 상대방에게 양보를 강요하면서 군사력 사용을 위협하거나 제한적은 규모에서 군사력을 사용하였다. 이러한 상황에서 영국은 이전까지의 중립 입장을 포기하고 유럽 대륙의 전쟁에 개입하겠다고 경고하자, 독일은 7월 30일부터 오스트리아-헝가리의 공격적인 행동을 통제하려고 시도하였다. 특히 독일은 오스트리아-헝가리의 군사행동의 규모를 제한하려고 하였으며, 이미 7월 28일에 오스트리아-헝가리가 세르비아에게 전쟁을 선언하였고 공격이 시작된 상황에서 추가적으로 독일 또는 러시아가 개입하지 않고 전쟁을 국지화하여 베오그라드(Belgrade)를 점령하는

이러한 측면에서 위기는 절정으로 치달았고 절정을 지나자마자 해소되었다. 하지만 절정으로 치닫기 시작하면서 미국과 소련의 정책 결정자들은 엄청난 긴장을 경험하였고 그러한 긴장 때문에 위기는 해소되었다. 이러한 측면에서 10월 27일은 미국에게는 "가장 길었던 날"이었다.[4] 그리고 소련에게 10월 27일과 28일은 긴장의 연속이었으며, 최고 통수권자의 명령이 정확하게 이행되지 않고 통제가 어려운, 그리고 불가능해지는 상황이 전개되었다. 그리고 이러한 "가장 길었던 날"의 상황에서 통제할 수 없게 만드는 사태가 미사일 위기가 해결되는 데 핵심적인 역할을 하였다.

1. U-2의 소련 영공 침범 및 쿠바에서의 격추

미국 동부 시간 10월 27일 오전 3시 35분, 소련은 북극권에서 핵실험을 실행하였다.[5] 이에 북극권 대기에서 낙진 등을 채집하기 위해 U-2 정찰기

정도에서 전쟁을 종결하려고 시도하였다. 하지만 7월 24일과 25일에 러시아는 오스트리아-헝가리의 행동을 억제하고 독일의 개입을 통제하기 위해서 군사력 사용을 위협하였고 준비조치로 부분동원령을 발동하였고, 독일이 이에 항의하자 보다 강력한 압박 수단으로 7월 30일에 총동원령을 발동하였다. 그리고 독일은 전쟁임박상태를 선포하고 총동원령을 발동하였으며, 러시아의 동맹국인 프랑스를 먼저 공격한다는 슐리펜 계획(Schlieffen Plan)을 행동에 옮기면서 세계대전이 발발하였다.

4 May and Zelikow, *The Kennedy Tapes*, p. 493.

5 소련은 1958년 3월에 핵실험의 자발적 중지를 선언하였고, 1958년 8월에 지진계와 항공정찰 등을 사용하여 핵실험 중지를 감시하기로 미국 및 영국과 합의하였다. 하지만 1960년에 프랑스가 핵실험에 성공하면서 네 번째 핵무기 보유 국가로 부상하였고 이 과정에서 핵실험을 감행하자, 소련은 1961년 9월에 핵실험을 다시 시작하였다. 미사일 위기 이후인 1963년 8월에 미국 · 영국 · 소련은 부분핵실험 금지조약을 체결하였다.

가 10월 27일 오전에 알래스카 공군기지를 출발하였다. 하지만 정찰기는 북극 상공에서 항로를 이탈하였고, 워싱턴 시간으로 정오 무렵 소련 영공을 침범하였다. 소련 방공부대는 미국 정찰기의 행동을 미국의 소련 공격을 위한 최후 정찰로 판단하였고, 이를 격추하기 위해 전투기를 동원하였다. 또한 미국도 정찰기 보호를 위해 알래스카에서 전투기가 출격하였으며, 당시 데프콘-3이 발령되었기 때문에 미국 전투기는 핵무기로 무장하였다. 오후 1시 45분, 맥나마라는 대통령에게 정찰기 실종 및 전투기 이륙을 보고하였고, 케네디는 "그런 미친놈(son of a bitch)이 꼭 있다"고 탄식하였다. 하지만 U-2는 북극 상공에서 항로를 바로잡고 알래스카로 귀환하였으며, 미국 전투기의 호위를 받으면서 기지에 무사히 착륙하였다.[6]

10월 27일 오전, 쿠바에 대한 U-2 정찰이 시작되었다. 처음에는 10월 25일과 26일에 고공 정찰이 예정되었지만 기상 관계로 취소되었고, 따라서 27일 오전 8시 10분에 정찰기가 올란도(Orlando) 기지에서 이륙하였다. 비행은 3시간 30분으로 예정되어 있었고, 한 시간가량 지난 후인 9시 15분에 쿠바 북쪽 해안에 도달하였다. 이후 관타나모를 지나서 남쪽으로 비행한 이후, 북쪽으로 향하였다. 하지만 10시경, 뚜렷한 보고 없이 쿠바 북쪽 해안에서 정찰기가 사라졌다.[7]

소련군이 정찰기를 파악한 것은 9시 10분으로, 쿠바 동부에 배치된

---

6 Sagan, *Limits of Safety*, pp. 136~138 그리고 Dobbs, *One Minute to Midnight*, pp. 264~270.

7 Bugioni, *Eyeball to Eyeball*, pp. 461~463. 처음에는 산소공급 장치의 고장으로 비행사가 정신을 잃고 정찰기는 추락한 것으로 파악하였다. 하지만 인근 지역에서 소련 대공미사일 기지가 있다는 사실이 확인되면서 격추된 것으로 평가하였다. 당시 쿠바 정찰을 담당하고 있던 전략공군은 정찰 비행에 필요한 대비태세를 갖추고 있지 않았으며 정찰기를 레이더로 추적하지도 않았다.

소련군 레이더가 U-2 정찰기를 포착하고 대공미사일이 발사 준비를 완료하고 대기하였다. 정찰은 관타나모 기지 주변부터 시작하였고 인근 지역에 배치된 전술핵무기 또한 촬영되었을 가능성이 높다. 해당 지역의 쿠바 방공망을 지휘하는 소련군 장교(Colonel Georgi Voronkov)는 밤새도록 상황을 점검하고서 아침식사와 취침을 위해 자리를 비웠으며, 쿠바 주둔군 사령관인 플리에프 또한 야간 회의 및 상황 점검 후 잠들어 있었다. 쿠바 방공망 전체를 지휘하는 소련군 지휘관(Lietenant General Stepan Grechko)은 "공격이 임박한 경우에는 공격한다"는 플리에프 장군의 지침과 "저공 정찰기를 공격한다"는 쿠바군의 행동에 기초하여 발사 명령을 내렸다. 특히 U-2가 정찰 활동을 끝내고 쿠바 영공을 벗어나고 있었기 때문에 플리에프 장군 또는 모스크바의 승인을 받을 시간적인 여유가 없었다. 미사일 발사대를 통제하였던 장교(Colonel Yevgeni Mikhailovich Danilov)는 격추 명령이 하달되자 곁에 있던 정치장교(Lietenant Colonel Morozov)의 조언에 따라 방공 사령부에 격추 명령을 확인하였고, 사령부가 격추 명령을 최종 확인하자 대공미사일을 발사하여 정찰기를 격추하였다. 격추 직후 발사대 지휘관은 자신이 직접 방공망 사령부에 그 사실을 보고하였다.8

10월 22일과 23일에 ExComm은 소련이 미국 정찰기를 격추시키는 경우에 최소한 해당 대공미사일 기지를 즉시 보복 공격해서 파괴한다고 결정하였다. 테일러와 맥콘 등은 대공미사일 기지에 대한 보복 공격을

---

8 Gribkov and Smith, *Operation Anadyr*, pp. 66~67. 10월 27일 아침부터 쿠바군은 미국 저공 정찰기를 공격하였으나, 대공미사일 또는 사격관제 레이더가 충분하지 않았기 때문에 격추 성과는 없었다. 하지만 포격의 강도가 강력하였고 따라서 소련군 병력은 전투가 진행되고 있다는 인상을 받았다. 이 과정에서 소련군 지휘관들은 이미 전투는 시작되었고, 따라서 소련군에게 내려져 있던 무력 사용 제한조치는 사라졌다고 이해하였다.

주장하였으며 맥나마라도 이에 동의하였다. 케네디 또한 보복 공격 필요성을 인정하지만, 군사력 사용이 확대될 가능성을 우려하였다.[9] 이러한 결정에 기초하여, U-2가 격추되면 2시간 이내에 대공미사일 기지 한 곳 또는 쿠바에 배치된 대공미사일 기지 전체를 파괴한다는 합참 계획(JCS Operations Plan No. 312)이 수립되었다. 이에 공군은 16대의 전투기(F-100)가 격추 확인 30분 이내에 출격하였으며 르메이는 이에 공격편대를 추가하여 출격 준비를 서둘렀다. 하지만 백악관은 대통령의 직접적인 명령이 있은 이후에만 공격 및 공격편대의 출격을 시작하라고 명령하였고, 르메이는 격분하였다.[10]

10월 27일 오후 2시, ExComm 회의에서 정찰기 격추가 논의되었다. 케네디는 정찰기 격추를 "심각한 상황 악화"라고 규정하면서 대응 방법을 모색하였다. 테일러 장군은 보복 공격의 필요성을 역설하였으며, 맥콘은 소련에게 항의해야 한다고 주장하였다. 하지만 이러한 주장에 대해 적극적으로 동의하는 사람은 없었다. 정찰이 필요하고 동시에 대공미사일 기지를 보복으로 파괴해야 한다는 원칙론에 모두 동의하였지만, 언제 어떻게 보복하고 정찰 활동을 어떻게 지속하는가의 방법론에 대해서는 합의가 이루어지지 않았다. 결국 고공 정찰은 중지하고 저공 정찰에 집중하기로 결정하였다.[11] 맥나마라는 이러한 우려에 동의하면서, 공격하는 경우에 상황은 "지극히 위험해질 수 있다"고 인정하였고 해결 방안으로 터키 미사일 철수 또는 불능화(defuse) 등을 제시하였다. 지금 합의하지 못하면 나중에는 전쟁을 하거나 소련이 베를린 문제에서 압박을 가해서

---

9 May and Zelikow, *The Kennedy Tapes*, p. 230 그리고 pp. 571~573.

10 Bugioni, *Eyeball to Eyeball*, pp. 463~464.

11 Bugioni, *Eyeball to Eyeball*, p. 464.

쿠바와 베를린을 교환하는 결과가 초래된다고 강조하였다. 이러한 맥나마라의 지적에 볼 또한 동의하면서 쿠바에 대한 교환조건으로 터키 미사일을 철수하는 것이 베를린을 포기하는 것보다는 낫다고 인정하였다.[12]

2. 미국의 양보

미국은 NATO 동맹국에 대한 지지의 한 방편으로 1950년대 말에 영국 · 프랑스 · 서독 · 이탈리아, 그리고 소련 및 공산권 국가들과 국경을 맞대고 있는 터키와 그리스에 IRBM을 배치한다고 결정하였다. 하지만 프랑스와 그리스 등은 협상 과정에서 제외되었고 서독 또한 소련의 반발을 우려하여 배치하지 않았다. 결국 영국에 토르 미사일(Thor Missile)이, 그리고 이탈리아와 터키에 주피터 미사일이 배치되었다. 결정 자체는 1957년 10월에 소련의 스푸트니크 발사 직후의 충격을 완화하고 동맹국에 대한 지지를 확인하는 수단이었으며, IRBM의 사정거리와 탄두 안정성 등으로 군사적 유용성은 크지 않았다.[13] 토르 미사일은 1958년 8월, 영국에

---

12 May and Zelikow, *The Kennedy Tapes*, pp. 581~583.

13 Nash, *The Other Missiles of October*, pp. 26~32. IRBM과 ICBM을 명확히 구분하기는 어렵다. 다만 사정거리의 차이가 가장 중요한 사항이며, 1970년대 이후의 정의에 따르면, ICBM은 미국과 소련이 각각 본토에서 상대방의 본토를 공격할 수 있어야 하기 때문에 최소한 5,500km의 사정거리를 가지나 IRBM은 그보다 짧은 3,000~5,500km의 사정거리를 가진다. 하지만 이러한 규정은 미국과 소련 사이에서 통용되었던 것이며, 인도/파키스탄, 이스라엘/이란 · 북한 등은 지리적인 이유에서 이보다 짧은 사정거리를 가진 탄도미사일을 사용하여 자신의 본토에서 상대방의 본토를 공격할 수 있다. 1950년대 후반에 개발된 토르와 주피터 미사일의 사정거리는 2,400km였지만, 당시에는 이러한 사정거리를 가진 탄도미사일 또한 IRBM으로 구분하였다.

배치되었으며, 1959년에 완료되었다. 주피터 미사일의 이탈리아 배치는 1960년 7월에 시작되어 1961년 2월에 완료되었다. 하지만 터키에는 1962년 3월에 기지가 완성되어 배치가 시작되었으며, 6월에 배치가 완료되어 터키 정부에 미사일 기지가 이양되었다.[14]

터키와 이탈리아에 배치된 15개와 30개의 탄도미사일은 동부 러시아와 모스크바를 목표로 하였다. 발사 권한은 미군 장성이 역임하는 NATO 총사령관에게 주어져 있었고, 미국과 주둔국 정부의 승인을 받은 다음에 주둔국 장교와 미군 장교가 발사하도록 되어 있었다.[15] 또한 다른 탄도미사일이 영국 폭격사령부(British Bomber Command) 관할로 영국에 배치되었다. 하지만 모든 경우에 핵탄두 자체는 미국 공군이 통제하였다.[16]

1961년 1월에 취임한 케네디 대통령은 IRBM의 군사적인 문제점을 인식하고 있었지만, 동맹국과의 관계라는 정치적인 이유에서 배치 결정 자체를 취소하지는 않았다. 영국의 경우 1961년에 토르 미사일을 폐기하고 이를 대체할 항공기 발사 탄도미사일(Skybolt)을 미국과 공동 개발하기로 결정하였다. 하지만 1962년 11월에 미국은 미사일 개발을 일방적으로 취소하였고 따라서 상당한 외교적 갈등이 발생하였다. 또한 터키에 배치된 주피터 미사일에 대해 케네디 행정부는 지극히 회의적이었으며, 대통령 자신은 "터키가 바라는 것은 탄도미사일이 아니라 미국의 배치 보조금

---

14 Nash, *The Other Missiles of October*, pp. 78~103. 영국에 배치된 토르 미사일은 60기, 그리고 각각 30기와 15기의 미사일이 이탈리아와 터키에 배치되었다.

15 Nash, *The Other Missiles of October*, pp. 1~3. 즉응 상태를 높이기 위해서 탄두는 분리 보관하지 않고 미사일에 장착된 상태로 탄도미사일을 유지하였다. 기술적 문제와 탄두가 장착되어야 하는 위험 때문에, 미국 정책 결정자들은 주피터 미사일의 유용성에 대하여 "없느니 못하다"(worse than useless)라고 평가하였다.

16 Brugioni, *Eyeball to Eyeball*, pp. 466~467. 영국에 배치되었던 탄도미사일은 1962년 8월에 철수되었으며, 미사일 자체는 미국이 정찰위성 발사체로 사용하였다.

(payroll)"이라는 인식을 가지고 있었다. 따라서 케네디는 터키에서 미사일을 철수하라는 명령을 내렸다고 착각하였고, 일부 회의에서는 "아직도 주피터 미사일이 철수되지 않은 이유가 무엇인가"라고 발언하였다.[17]

그래서 케네디는 터키 미사일을 철수하라는 소련의 추가 요구에 상당히 긍정적이었다. 10월 27일 토요일 오후 회의에서 케네디는 "미국은 내일 공격하지 않는다"고 선언하고 다시 한 번 대화하기로 결정하였다. 이러한 상황에서 로버트 케네디와 소렌슨은 소련의 첫 번째 요구인 쿠바 불가침만을 수용하고 터키 미사일 철수 조건에 대해서는 침묵을 지키기로 하였다. 즉 10월 26일에 서한을 수용하여, 이것에 따라서 쿠바에 대한 봉쇄를 해제하고 쿠바에 대한 침공을 포기한다고 선언하며, 대신 소련은 쿠바에서 공격용 무기를 철수해야 한다는 것이었다.[18] 무엇보다도 대통령은 사람들이 소련의 제안을 "합리적인 것"(not an unreasonable proposal)으로 판단할 것이라고 지적하면서, 자신은 터키에 배치된 미사일이 쓸모없다고 여기고 이전에 철수를 지시했으며, 따라서 우리는 "쓸모없는, 철수해야 하는 것을 지키기 위해서 전쟁을 할 수는 없다"고 선언하였다.[19] 대통령은 터키 미사일 철수가 "상당히 공정"하다고 평가하였으며, "일단 군사력을 사용하고 희생자가 발생하면 사람들은 터키 미사일 철수가 나쁘지 않았다고 생각할 것"이라고 지적하였다.[20] 일부는 쿠바 문제를 해결하기 위해 동맹국 터키를 희생시키는 경우에 미국 중심의 동맹이 약화될 수 있다고

---

17 Nash, *The Other Missiles of October*, p. 109 그리고 May and Zelikow, *The Kennedy Tapes*, pp. 517~518. 케네디는 10월 27일 아침의 ExComm 회의에서 자신이 1961년 봄에 주피터 미사일을 터키에서 철수하라고 지시했다고 이야기했다. 하지만 이것은 사실이 아니었으며, 케네디 대통령의 착각이었다.

18 Kennedy, *Thirteen Days*, pp. 76~77.

19 May and Zelikow, *The Kennedy Tapes*, p. 499 그리고 518.

20 May and Zelikow, *The Kennedy Tapes*, p. 498 그리고 548.

우려하였지만, 케네디는 "여기서 우리가 터키 미사일을 철수하지 않으면 쿠바를 침공하게 되고 소련은 베를린을 공격하는 방식으로 반격할 것"이라고 반박하면서, 쿠바 문제로 소련이 서베를린을 점령하게 되는 경우에도 NATO는 결국 붕괴할 것이라고 주장하였다.[21]

케네디는 소련도 미국과 비슷할 정도로 전쟁을 피하려고 할 것이라고 주장하면서, 지금은 상황을 통제할 수 있지만 지금과 같은 사태가 며칠 계속된다면 전쟁이 발발할 것이라고 지적하였다. 따라서 전쟁을 피하기 위해서 취할 수 있는 모든 조치를 시도해야 한다고 강조하였다.[22] 10월 27일 저녁에 ExComm 회의가 끝나자, 케네디는 소수 인원을 따로 불러서 로버트 케네디를 통해 도브리닌 대사에게 터키 미사일 철수를 비공식적으로 약속하는 방안을 논의하였다. 즉 미국은 공식적으로 터키 미사일 철수를 약속할 수 없지만, 소련이 쿠바에서 탄도미사일을 철수하는 경우에 미국은 "조만간, 그리고 자발적으로 터키에서 탄도미사일을 철수"하겠다는 의향을 구두로, 그리고 비공개적으로 소련에 전달한다는 것이다.[23] 하지만 톰슨은 대통령이 쿠바 문제를 지엽적으로 다루고 있으며, 문제는 미국 외교정책의 핵심이기 때문에 소련의 위협에 굴복해서는 안 된다고 반박하였다. 위기가 고조되면서 소련은 미국에게 더욱 많은 양보를 얻어낼 수 있게 되었고, 지금 미국이 물러서면 다음 위기에서 소련은 미국에게 더욱 많은 것을 요구할 것이라고 우려하였다. 이에 케네디는 터키 미사일

---

21 May and Zelikow, *The Kennedy Tapes*, p. 530.

22 Kennedy, *Thirteen Days*, pp. 80~81.

23 여기에는 러스크 국무장관, 맥나마라 국방장관, 로버트 케네디 법무장관, 볼, 길패트릭, 톰슨, 소렌슨, 번디 국가안전보장보좌관 등이 참석하였다. McGeorge Bundy, *Danger and Survival: Choices about the Bomb in the First Fifty Years* (New York: Random House, 1988), pp. 432~433.

을 철수하면 되는데, 쓸모없는 미사일 때문에 쿠바를 공격할 수는 없다고 반박하였다.[24]

대통령의 지시에 따라, 케네디 법무장관은 7시 45분에 법무성에서 도브리닌 대사를 면담하였다. 위기가 빠른 속도로 악화되고 있으며, 따라서 사태를 수습할 시간이 많지 않다고 지적하면서, 소련이 "내일까지는 미사일을 철수한다는 것을 발표해야 한다"고 주장하였다. 이것은 미국의 최후통첩이 아니라 사실의 적시(statement of fact)이며, 소련이 미사일을 제거하지 않으면 "미국이 직접 제거한다"고 위협하면서 "미국과 소련은 모두 인명피해를 입는다"고 경고하였다. 이어서 터키 미사일 철수는 미국이 "공식적으로 약속할 수 없으며 지금과 같이 위협당하고 있는 상황에서 소련의 요구를 수용하거나 굴복할 수 없지만, 위기가 성공적으로 종식되면 조만간 터키 미사일은 사라진다"는 것이 대통령의 입장이라고 전달하였다.[25] 위기 해결 직후인 1962년 10월 30일에 케네디 법무장관이 러스크 국무장관에게 보낸 비망록에서도 터키 미사일 철수는 교환이 아니라고 규정하였다.[26] 즉 터키 미사일과 관련해서는 어떠한 합의 또는 협상도 없다는 것이다.

하지만 소련 기록은 다르다. 우선 흐루시초프는 케네디 법무장관이 "미국 군부와 강경파가 대통령에게 군사력 사용을 압박"하고 있으며, 상황 악화와 전쟁을 피하기 위해서 미국은 "소련의 제안을 수락"하였다고 주장하였다.[27] 즉 미국 측은 터키 미사일 철수와 쿠바 미사일 철수는

---

24 May and Zelikow, *The Kennedy Tapes*, p. 602.

25 Kennedy, *The Thirteen Days*, pp. 107～109.

26 CWIHP, "Robert F. Kennedy, Memorandum for Dean Rusk on Meeting with Anatoly F. Dobrynin on 27 October 1962," *CWIHP Bulletin*, No. 8/9 (Winter, 1996/1997), pp. 346～347.

27 Nikita S. Khrushchev, *Khrushchev Remembers* (Boston, MA: Little, Brown, 1970), pp. 551～552.

서로 독립된 사안이고 연계되지 않는다고 강조하고 있지만, 소련 측은 미사일 철수가 연계된 사안이라고 기록하였다. 또한 케네디 법무장관은 터키 미사일 철수는 쿠바 미사일 철수의 대가(quid pro quo)는 아니라고 주장했다고 회고하였지만, 도브리닌 대사의 전문은 법무장관이 "터키 미사일 철수가 사태 해결의 장애물이기 때문에 대통령이 이것을 정리한 것이다"라고 발언했으며, "NATO가 약화되겠지만 미국은 터키에서 미사일 철수에 동의"하였다고 기록하였다.[28] 물론 미국과 소련 기록 모두, 터키 미사일 철수가 공개적으로 논의될 수 없으며 동시에 공식적으로는 소련이 쿠바에서 탄도미사일을 철수하는 문제와는 별개의 문제로 다루기로 했다는 사실에는 일치한다.

대부분의 연구는 이러한 차이를 주목하지 않았거나 또는 이러한 부분에서 미국 기록이 정확하다고 보았다. 하지만 소렌슨은 자신이 로버트 케네디 회고록의 해당 부분을 "편집"하였다고 고백하였다.[29] 1989년에 소렌슨은 모스크바에서 개최된 쿠바 미사일 위기 관련 회의에서 자신이 보았던 케네디 법무장관의 일기에 따르면 "대통령은 소련이 요구하는 터키 미사일 철수를 수용하겠다고 도브리닌에게 구두로 전달하라고 지시"하였으며, 따라서 "미국은 터키에서, 그리고 소련은 쿠바에서 각각 탄도미사일을 철수한다는 것이 합의(deal)의 핵심"이라고 명시적으로 기록되어 있었다고 주장하였다. 하지만 로버트 케네디가 사망한 이후 회고록을 출판하면서 미국이 소련의 추가 요구조건을 수용하였다는

28 CWIHP, "Dobrynin's Cable to the Soviet Foreign Ministry, 27 October 1962," *CWIHP Bulletin*, No. 5 (Spring, 1995), pp. 79~80.

29 소렌슨은 케네디 형제의 핵심 측근으로, 케네디 행정부에서는 특별보좌관(special counsel & adviser)이었고, 케네디 대통령의 연설문을 작성하였으며, 1968년에 로버트 케네디가 암살된 이후 회고록(Thirteen Days) 출판을 담당하였다.

부분을 자신이 삭제하였다고 고백하였다.[30] 이와 같은 주장에 따르면 소련 측 기록이 정확하며, 미국과 소련은 터키와 쿠바에서 탄도미사일을 교환 철수하기로 합의하였다. 즉 미사일 철수는 교환이었으며 로버트 케네디의 회고록을 비롯한 미국 측 기록에서 등장하는 유명한 문구인 "터키 미사일 철수는 쿠바 미사일 철수와는 무관하다"는 주장은 사실 왜곡이다. 이것은 교환 철수였다. 설사 이것이 소련 내부의 의사결정에 영향을 주지 않았다고 해도, 미국은 사태 해결을 위해서 터키 미사일의 교환 철수를 수용하였다는 사실 자체는 변화하지 않는다.

로버트 케네디와 도브리닌 대사의 접촉이 있은 후인 저녁 9시에 대통령 집무실에서 접촉 결과에 대한 논의가 있었다. 미국은 소련의 압력이 있는 상황에서 터키 미사일을 철수할 수 없지만, 소련이 쿠바에서 탄도미사일을 철수한다면 6개월 이내에 자발적으로 터키에서 탄도미사일을 철수하겠다고 다짐하였다고 보고하였다. 하지만 로버트 케네디는 상황이 좋지 않으며, 소련이 먼저 미사일을 철수하지 않을 것이라고 예측하였다. 결국 전쟁이 발생할 것이며 화요일 정도에 군사작전이 시작될 것으로 예상하였다.[31] 그러자, 케네디는 "그렇다면, 이것이 최후의 만찬이 되겠군"이라고 하면서, 침울하게 반응하였다.[32] 이후 대부분의 참석자들은 집무실에서 잠을 청했고 귀가하지 않았다. 케네디는 자신의 보좌관들과 함께 영화(Roman Holiday)를 보면서 긴장을 풀었다. 맥나마라는 10월 27일

---

30 Jim Hershberg, "Anatomy of a Controversy: Anatoly F. Dobrynin's Meeting with Robert F. Kennedy, Saturday, 27 October 1962," *CWIHP Bulletin*, No. 5 (Spring, 1995), pp. 75, 77~80. 소렌슨의 고백은 본래 Bruce J. Allyn, James G. Blight, David A. Welch (eds.), *Back to the Brink: Proceedings of the Moscow Conference on the Cuban Missile Crisis, January 27-28, 1989* (Lanham, MD: University Press of America, 1992), pp. 92~93에 등장한다.

31 Kennedy, *Thirteen Days*, p. 83.

32 May and Zelikow, *The Kennedy Tapes*, p. 609.

오후, ExComm 회의 중간에 휴식을 취하면서 석양을 바라보았다. 그러면서 자신은 "또다시 해가 지는 것을 보지 못할 것"이라고 생각하였다.[33]

또한 케네디 대통령은 추가 조치를 구상하였다. 10월 27일 저녁, 케네디는 소련이 입장을 바꿔서 "터키 미사일에 대한 미국의 양보"를 거부하는 경우에 대비하였다. 만약 소련이 미국의 제안을 거부한다면, UN 사무총장이 개입하여 "쿠바와 터키에서 각각 소련과 미국이 탄도미사일을 동시에 철수하는 방안"을 제안하도록 국무장관에게 지시하였다.[34] 맥나마라와 테일러는 정찰이 위험해진다고 지적하면서 우선 정찰 활동을 잠정 중지할 것을 제안하였고, 케네디는 이에 동의하면서 "일단 기다린다"는 입장을 밝히고 소련의 반응에 마지막 희망을 걸었다.[35]

3. 소련의 양보

모스크바 시간으로 10월 27일 정오에 열린 정치국 회의에서 흐루시초프는 미국이 UN을 통해 교섭하는 동안에는 쿠바를 침공하지 않을 것이라고 주장하였다. 이러한 논리의 연장에서 지난 10월 26일 서한에서 소련이 너무나도 많이 양보했다고 판단하고 쿠바에서 탄도미사일을 철수하는 조건으로 쿠바에 대한 침공 포기와 함께 터키에 배치되어 있는 주피터 탄도미사일을 철수할 것을 추가 요구하였다.[36] 또한 핵탄두 분산 및

---

33 Blight et als., *Cuba on the Brink*, p. 378.

34 May and Zelikow, *The Kennedy Tapes*, p. 606. 미국은 우탄트 사무총장의 측근으로 당시 콜롬비아 대학 총장으로 있던 코르디에(Andrew Cordier)를 통해 우탄트에게 접근하려고 준비하였다. 하지만 위기가 성공적으로 수습되면서, 이러한 구상은 실행에 옮겨지지 않았다.

35 May and Zelikow, *The Kennedy Tapes*, p. 611 그리고 615.

탄도미사일 기지로의 이동과 대공미사일 방어망의 가동에 대한 플리에프 장군의 조치를 승인하였지만, 핵무기 사용은 통제하였다. 플리에프 장군에게 보내는 10월 27일 오후 전문을 통해 말리노프스키 국방장관은 "모스크바의 명시적인 명령이 있기 이전에는 모든 종류의 핵무기 사용을 금지"하였다.[37]

쿠바는 UN 사무총장에 보내는 서한에서 U-2 격추를 공언하였으며, 침공이 있는 경우에는 모든 무기를 사용하여 침략자를 격퇴하겠다고 위협하였다. 하지만 흐루시초프는 미국 정찰기에 대한 공격을 금지하였다.[38] 그럼에도 불구하고, 소련군은 미국 정찰기를 격추하였다. 소련군 보고서에 따르면 격추는 다음과 같이 이루어졌다. 미국 정찰기는 10월 27일 모스크바 시간으로 오후 5시에 16,000미터 고도로 미국 정찰기가 쿠바 영공에 들어왔으며, 1시간 21분 동안 중요 지역을 촬영하였다. 그리고 모스크바 시간 오후 6시 20분에 507 대공미사일 연대가 2기의 미사일을 발사하여 U-2 정찰기를 고도 21,000미터에서 격추하였다.[39]

격추 이후 소련은 카스트로가 보낸 쿠바 정부의 상황 판단 전문을 수령하였다. 모스크바 시간으로 10월 27일 토요일에서 28일 일요일로 넘어가는 밤중에 도착한 전문은 공식 회의를 통해 토의하기 이전에 흐루시초프에게 보고되었다. 이 전문에서 흐루시초프는 쿠바가 미국에

---

36 이러한 요구조건은 모스크바 시간으로 오후 5시에 라디오 방송을 통해 공개되었고, 따라서 10월 27일 워싱턴 시간으로 오전 10시에 미국 언론과 정부는 소련의 새로운 공개 조건을 알게 되었다.

37 CWIHP, "Document No. 5," *CWIHP Bulletin*, No. 14/15 (Winter, 2003/Spring, 2004), p. 388.

38 CWIHP, "Telegram from Soviet Ambassador to Cuba A. I. Alekseev to USSR Foreign Ministry, 27 October 1962," *CWIHP Bulletin*, No 8/9 (Winter, 1996/1997), p. 291.

39 CWIHP, "R. Malinovsky to N. S. Khrushchev, 28 October 1962," *CWIHP Bulletin*, 11 (Winter, 1998), p. 262. 이 보고서의 시간은 10월 28일 오전 10시 45분으로 기록되어 있다.

대한 핵공격을 요구하였다는 사실에 경악하였다. 카스트로는 24시간에서 72시간 이내에 공격이 있을 것이라고 주장하면서, 미국은 제한적인 공습으로 미사일을 파괴할 가능성이 가장 크며 전면 침공의 가능성은 적다고 전망하였다. 하지만 미국이 침공하는 경우에, 또는 미국의 침공이 확실해지는 상황에서, 소련은 미국의 공격을 기다리기 말고 미국을 핵무기를 동원하여 선제공격할 것을 요구하였다.[40] 트로야노프스키는 흐루시초프에게 전화로 전문 내용을 읽어주었고 흐루시초프 등은 침공이 임박했다는 쿠바의 판단에 우려하였다. 이에 흐루시초프는 "미국이 침공하면 모든 것이 끝장"이라고 반응하였다.[41]

모스크바 시간으로 10월 28일 아침, 정치국 회의가 교외에 있는 정부 소유의 별장에서 개최되었다. 모두가 긴장한 가운데 흐루시초프가 회의를 주도하면서, 미국이 제시한 쿠바 불가침 선언과 봉쇄 철수를 수용하고 대신 소련이 쿠바에서 탄도미사일을 철수해야 한다고 역설하였다. 터키 미사일 철수 또한 논의되었지만, 이것은 쿠바에서 탄도미사일을 철수하는 데 필수조건은 아니라고 강조하였다. 합의가 거의 이루어진 상황에서 케네디 법무장관과 도브리닌 대사의 회견에 대한 전문 내용이 소련 외무성에서 전달되었다. 트로야노프스키는 외무성 담당관(Vladimir Suslov)이 전화를 통해 불러주는 회견 내용과 터키 미사일 철수에 대한 미국의 합의를 메모한 다음, 이것을 회의장에 가지고 들어가서 그 내용을 구두로 보고하였다. 회의 참석자들은 보고 내용을 되풀이하라고 요구하였고, 트로야노

40 Blight and Brenner, *Sad and Luminous Days*, pp. 46~48. 카스트로는 하바나 주재 소련 대사관을 방문하여 이러한 전문을 작성하였으며, 그곳에서 밤을 지새웠다. 당시 소련 측 기록에 따르면, 카스트로는 10월 27일 오전 2시에 소련 대사관을 방문하였고, 미국의 침공 가능성에 대해서 극도로 불안해하였다.

41 Troyanovski, "The Caribbean Crisis," p. 153.

프스키는 자신의 메모를 다시 읽었다. 그리고 미사일 철수를 결정하였다.[42] 일단 결정이 이루어진 다음에 소련군 장성(General Ivanov)이 국방성에서 전화를 받고서, 모스크바 시간으로 오후 5시에 케네디 대통령이 중요한 연설을 한다고 보고하였다. 회의 참석자들은 케네디의 연설이 쿠바 침공 선언이라고 판단하였다.[43]

시간이 없다고 판단한 흐루시초프는 정치국 결정 내용을 구술하고, 보좌관들에게 내용을 정리하여 오후 5시 이전에 공개하라고 명령하였다. 소련 외무성은 모스크바 시간으로 오후 3시에 미국 대사관에 연락하여 오후 4시 30분에서 5시 사이에 중대한 발표가 있을 것이라고 통보하였다.[44] 내용이 정리되자, 언론 담당관(Leonid Ilyichev)은 정리된 사항을 라디오 방송국에 전달하기 위해서 모든 교통신호를 무시하고 모스크바 시내를 질주하였으며, 겨우 5시에 방송국에 도착하여 라디오 방송으로 쿠바에서 탄도미사일 철수를 공개 선언하였다. 방송은 생방송이었으며, 영어와 러시아어로 동시에 발표되었다. 그리고 나서 도브리닌 대사와 모스크바 주재 미국 대사관에게 보내는 공식 훈령과 공식 서한이 작성되었다.[45]

4. 위기 해소

10월 28일 오전 9시, 소련은 라디오 방송을 통해서 미사일 철수를

42 Troyanovski, "The Caribbean Crisis," pp. 154~155.

43 하지만 이것은 10월 22일에 있었던 쿠바 봉쇄 연설의 재방송이었다.

44 Dobbs, *One Minute to Midnight*, p. 332.

45 Troyanovski, "The Caribbean Crisis," p. 155.

선언하였다. 안보 보좌관 번디는 10월 28일 아침에 백악관에서 식사를 하다가 소련의 미사일 철수 방송을 보고받고 즉시 대통령에게 이 사실을 알렸다. 케네디는 "완전히 새로 태어난 기분"이라고 말하면서, "화요일에 공습을 시작할 계획이었는데 이제 공격할 필요가 없다"고 말하였다.[46] 맥콘은 "나는 귀를 믿을 수가 없었다"고 회고하였고, 안도감에 춤을 추거나 소리를 지르는 백악관 직원도 있었다. 하지만 합참으로 대표되는 미국 군부는 소련의 발표를 불신하였다. 르메이는 "미국의 공격을 늦추려는 비열한 술수"에 말려들어가서는 안 된다고 주장하면서 예정되었던 공격을 월요일에 감행해야 한다고 역설하였다.[47] 하지만, 테일러와 맥나마라는 이러한 주장을 케네디에게 전달하면서 자신들은 이러한 주장에 동의하지 않는다고 덧붙였다.[48] 그럼에도 불구하고 르메이는 도발을 유도하였다. 10월 28일 새벽에 미국 공군은 대공미사일 기지를 저공 정찰하였다. 하지만 이번에는 전투기가 호위하면서 호위기의 공격적인 행동을 의도적으로 과시하였고, 쿠바 및 소련군의 발포를 유도하여 미사일 기지를 공격하려고 도발하였다.[49] 하지만 쿠바는 대응하지 않았다.

U-2를 격추시킨 소련군 지휘관은 질책되지 않았다. 격추가 확인되고 위기가 일단 해소되었던 10월 28일에 소련은 쿠바 주둔군 사령관에게 다음과 같이 지시하였다. 미국 정찰기를 격추한 것은 "너무나도 성급한 행동(too hasty)"이었다는 것이 모스크바의 판단이라고 전제하면서, 당시 쿠바 침공을 평화적으로 저지할 수 있는 합의가 거의 완성단계에 있었다고 주장하였다. 하지만 일단 위기가 사라졌으며, 탄도미사일을 철거하라고

46 O'Donnell and Powers, *"Johnny, We Hardly Knew Ye"*, p. 341.

47 Gribkov and Smith, *Operation Anadyr*, p. 148 그리고 Kennedy, Thirteen Days, p. 91.

48 May and Zelikow, *The Kennedy Tapes*, p. 635.

49 Brugioni, *Eyeball to Eyeball*, pp. 483~484.

명령하였다. 또한 미국 정찰기에 대한 우발적인 공격을 방지하기 위해 대공미사일과 전투기의 사용을 금지하였으며, 쿠바에 반입된 탄도미사일용 핵탄두는 모두 IRBM 탄두를 적재하고 쿠바에 들어와 있던 수송선(Aleksandrovsk)을 통해서 소련으로 반송하라고 지시하였다.[50]

10월 28일 오후와 저녁에 이루어진 정찰 결과, 소련의 공식적인 입장과는 달리 미사일 철수를 시작하지 않았다는 사실이 드러났다. 그날 밤, 케네디가 집무실에서 퇴근하였을 때 대통령이 사용하였던 메모지에는 다음의 다섯 단어가 씌어 있었다. 베를린, 베를린, 베를린, 베를린, 베를린.[51] 하지만 10월 28일에 특사로 UN에 도착한 소련 외무차관 쿠즈네초프(Vasili Kuznetsov)는 다음 날인 29일, UN 사무총장과의 면담에서 미사일은 철수된다는 사실을 공식적으로 확인하였고, 모든 철수가 이루어지면 UN 안전보장이사회에 보고하겠다고 통보하였다. 또한 중립국 인원으로 구성된 국제적십자사 사찰단이 쿠바에서 미사일을 철수하는 소련 선박을 검사할 수 있다고 제안하였다.[52] 10월 30일에 쿠즈네초프는 UN 주재

---

50 CWIHP, "Document No. 7: Telegram TROSTINIK(REED－USSR Defense Minister Rodion Malinovsky) to PAVLOV(Commander of the Group of Soviet Forces in Cuba, General Isa Pliev), 28 October 1962," *CWIHP Bulletin*, No. 14/15 (Winter, 2003/Spring, 2004), p. 389. 이 명령의 발송 시간은 10월 28일 오후 4시로 기록되어 있다. 또한 탄도미사일 및 핵탄두 철수와 대공미사일 사용 금지 명령은 다음에서 찾을 수 있다. CWIHP, "Document No. 8: Telegram TROSTINIK(REED－USSR Defense Minister Rodion Malinovsky) to PAVLOV(Commander of the Group of Soviet Forces in Cuba, General Isa Pliev), 28 October 1962," *CWIHP Bulletin*, No. 14/15 (Winter, 2003/Spring, 2004), p. 389, 그리고 CWIHP, "Document No. 9: Telegram TROSTINIK(REED－USSR Defense Minister Rodion Malinovsky) to PAVLOV(Commander of the Group of Soviet Forces in Cuba, General Isa Pliev), 30 October 1962," *CWIHP Bulletin*, No. 14/15 (Winter, 2003/Spring, 2004), p. 389.

51 Brugioni, *Eyeball to Eyeball*, p. 491.

52 쿠즈네초프는 당시 UN 대표부 대사였던 조린(Valerian Zorin)의 후임으로 미국에 온 것은 아니라 특사 자격으로 UN 및 미국에 등장하였다. 쿠바 문제가 해결되자 쿠즈네초프는

미국 대표단을 만나 미사일 철수를 다시 확인하였다. 여기서 미국 대표단은 11월 1일에 쿠바에 대한 항공정찰을 개시한다고 통보하면서, 정찰기에 대한 공격이 발생하는 경우에 "매우 심각한 사태가 발생"할 수 있다고 경고하였다.

11월 1일에 쿠바를 방문한 우탄트 UN 사무총장은 소련군 지휘관을 면담하였고, 탄도미사일을 관리하는 스타첸코 장군은 "미사일 철수에 대한 흐루시초프의 명령은 10월 28일 오후 1시에서 3시 사이에 수령"하였고 해체 작업은 5시에 시작되었다고 확인하였다. 미사일의 주요 부품은 2일 이내에 제거될 것이며 나머지 부분은 파괴 또는 제거된다고 주장하였다. 미국의 정찰에 대해서 소련군 지휘관은 우려하지 않았지만, 쿠바가 통제하는 대공포대는 미국 정찰기를 공격할 수 있다고 지적하였다. 11월 3일에 모든 미사일 장비가 항구에 도착하였다. 총 28기의 MRBM이 마리엘 항구를 통해 반출되었고, 11월 6일에는 다른 항구에서 6기가, 7일에는 8기가 각각 반출되었다. 42기의 탄도미사일 반출이 확인되었다. 소련은 이러한 반출 과정을 미국에게 통보하였고 미국은 해상과 공중에서 소련 화물선의 활동과 적재된 미사일 등을 확인하였다.[53]

카스트로는 쿠바 언론사에서 연락을 받고서 사실 파악을 시작하였다. 알렉세프 대사는 침대에서 카스트로의 항의 전화를 받고서 이것은 미국의 농간일 것이라고 대응하자, 카스트로는 즉시 "라디오 모스크바 발표이다"라고 쏘아붙였다. 쿠바에서 탄도미사일 철수를 정당화하는 공식 전문이

소련으로 귀환하였고 조린은 1965년까지 UN 대표부 대사를 역임하고 프랑스 주재 소련 대사로 이동하여 1971년까지 활동하였다.

53 Brugioni, *Eyeball to Eyeball*, p. 508 그리고 pp. 519~524. 소련은 36기의 MRBM과 발사훈련용 모의 미사일(dummy) 6기를 쿠바에 반입하였다. 따라서 반출된 미사일은 모의 미사일을 포함하여 총 42기이다.

도착하자, 알렉세프 대사는 카스트로를 면담하려고 하였지만 카스트로는 면담 자체를 거부하였다. 대신 카스트로는 소련군 사령부를 방문하여 플리에프 장군에게 미사일 철수를 수용하지만, 대신 추가 조건을 제시하였다.[54] 카스트로는 "미국이 쿠바를 정치적으로 말살하려고 하였지만, 소련은 쿠바의 존재를 법률적으로 말살하였다"고 주장하였다. 특히 쿠바는 탄도미사일 철수에 대한 사찰단 수용을 거부하였으며, 미국과 소련의 합의 사항에 관타나모 기지 반환 등의 5개 조항을 추가하여 위기가 완전하게 종결되는 데 걸림돌로 작용하였다.[55]

---

54 Dobbs, *One Minute to Midnight*, pp. 336~339.

55 카스트로가 제시한 5개 조항은 쿠바에 대한 경제 봉쇄 중단, 쿠바 정부 전복을 위한 미국의 무기 반입 중단, 쿠바 선박에 대한 미국의 불법적인 공격과 해적행위 중단, 쿠바 영공 및 영해 침범 중단, 관타나모 기지 반환 등이었다. 쿠바는 이러한 조건을 10월 29일에 UN 사무총장에게 전달하면서 총회에서 이것을 토의하고 문서화할 것을 요구하였지만, 실현되지는 않았다.

결론:
쿠바 미사일 위기와
새로운 양극체제의 가능성

위기는 해소되었다. 최소한 미국과 소련의 군사 충돌은 발생하지 않았고 미국은 소련의 요구사항이었던 터키 미사일 철수에 합의하고 쿠바 침공을 포기한다고 약속하였으며, 소련은 미국의 요구를 수용하여 터키 미사일의 비공개 철수에 동의하면서 쿠바에서 탄도미사일을 철수하였다. 하지만 미국은 소련이 쿠바에 배치한 항속거리 2,000km 정도의 구식 폭격기(IL-28)를 공격용 무기로 규정하고 소련에게 철수를 요구하면서, 갈등은 계속되었다. 또한 쿠바가 사찰단 활동을 수용하지 않으면서 미국은 소련이 탄도미사일 전체를 철수했는지를 확인할 수 없다고 주장하고 쿠바에 대한 안전보장을 거부하였다. 결국 1962년 11월 말에 소련이 폭격기 철수에 동의하고 미국이 봉쇄를 해제하면서 문제가 완전히 해결되었다.

그렇다면, 우리는 쿠바 미사일 위기에서 어떠한 교훈을 얻을 수 있는가? 미국과 소련은 군사적으로는 큰 도움이 되지 않지만 정치적으로는 중요한 의미를 가지는 탄도미사일을 두고 대립하였다. 미국은 미사일을 묵인하는 경우에는 소련이 더욱 공격적으로 행동할 수 있다고 판단하고 미사일 배치에 격렬하게 반응하였고, 소련은 미사일 배치를 통해 미국이 정치적으로 이용하고 있는 전략균형의 우위에 도전하려고 하였으며 베를린 등의 문제에서 미국의 양보를 얻어내려고 하였다. 즉 최소한 양극체제에서의 강대국의 행동은 군사적인 측면보다는 정치적인 측면이 더욱 중요하며, 이러한 사실은 앞으로의 세계가 부상하는 중국과 상대적인 우위를 상실한 미국이라는 두 개의 강대국이 존재하는 양극체제이기 때문에 더욱 중요하다. 이와 같은 측면에서 쿠바 미사일 위기는 과거의 사건이지만, 동시에 미래 세계에서 나타날 갈등의 양상을 보여주는 미래의 투영이다.

쿠바 미사일 위기에서 우리가 얻을 수 있는 또 다른 교훈은 억지의 작동 및 안정성에 관한 것으로, 이것은 한반도의 안보와 직결된다. 가장 중요한 질문은 이것이다. 억지는 어떻게 작동하는가? 그리고 억지는 안정적인가? 이러한 질문은 미국과 중국의 양극체제와 함께 한국과 북한이 대립하고 있는 한반도 상황에서도 매우 중요한 의미를 가진다. 현재 한국은 기본적으로 북한과 대립하고 있으며, 한국 안보에 대한 가장 큰 위협은 북한의 군사력이다. 이에 한국은 안보를 위해 군사력을 증강하고 미국과 동맹을 유지하고 있으며, 군사력 보유의 목표는 북한을 억지하고 억지가 실패하는 경우에는 방어하는 것이다. 이와 같은 측면에서 볼 때, 억지의 작동 및 안정성에 대한 관심은 학문적인 호기심을 넘어서 정책적으로 중요한 사안이다. 특히 지난 몇 년 동안 북한이 제한적으로 군사력을 사용하면서 한국을 도발하였고, 한국은 북한을 억지하기 위해서 "강력하고 자동적인 응징"을 기본 원칙으로 하는 억지 전략을 구사하고 있다. 과연 이러한 전략이 현명한가? 쿠바 미사일 위기에서 나타났던 성공적인 위기관리 경험에 기초할 때, 어떠한 평가를 내릴 수 있는가?

1. 쿠바 미사일 위기의 결말

미국과 소련이 동시에 양보하면서 미사일 위기는 일단 해소되었다. 소련은 쿠바에서 탄도미사일을 철수하였고 미국은 터키에서 미사일을 비공개적으로 철수하기로 합의하였다. 또한 미국은 쿠바를 침공하지 않는다는 내용의 안전보장을 하기로 약속하였다. 하지만 모든 갈등이 사라진 것은 아니었다. 사찰과 폭격기 철수 등의 문제가 남았으며, 특히 쿠바가 현장 사찰에 반대하자 미국은 이를 이유로 봉쇄 해제를 거부하였고, 결국 쿠바에 대한 안전보장을 문서화하지 않았다. 결국 11월 20일에 소련과 미국은 타협하여, 소련은 폭격기의 철수를 보장하고 미국은 철수가 이루어지지 않았지만 우선적으로 쿠바 봉쇄를 해제하였다.[1]

10월 29일에 케네디는 터키 미사일의 해체 및 철수를 강력하게 지시하면서, 그 증거 사진을 1963년 4월 1일까지 요구하였다. 하지만 철수 조치가 진행되면서 케네디 행정부 내부와 터키 정부는 저항하였지만, 대통령 자신은 이러한 반대를 완전히 무시하고 이에 대해서는 어떠한 형태로도 해명하지 않았다.[2] 이탈리아 정부는 미국의 추가 군사원조를 수용하고 배치되었던 주피터 미사일 철수에 쉽게 동의하여 1963년 1월에

1 Kennedy, "President Kennedy's Letter to Premier Khrushchev, Acknowledging an End to the Crisis, November 21, 1962," Documents No. 79 in Chang and Kornbluh (eds.), *The Cuban Missile Crisis*, p. 306. 서한에서도 케네디는 "카스트로의 반발로 사찰을 할 수 없지만, IL-28을 한 달 이내에 철수한다는 소련의 구두 보장에 따라서" 봉쇄를 해제한다고 명시하였다.

2 사진은 소련이 요구하였던 증거였을 가능성이 크다. Nash, *The Other Missiles of October*, pp. 152~156.

합의가 체결되었다. 터키 또한 초기에는 저항하였지만, 미국의 압력과 공군력 원조 등을 대가로 동의하였고 최종 합의는 1963년 3월에 이루어졌다. 미사일 해체는 4월 1일에 시작되어 4월 24일에 전량 해체되었고, 해체된 미사일은 인공위성 발사체로 사용되었다.[3]

그리고 동원되었던 군사력, 특히 소련이 배치하였던 군사력이 철수되었다. 우선 쿠바 인근 해역에 있던 소련 잠수함들은 무사히 귀환하였다. 일부는 엔진 고장으로 항해할 수 없어서 소련에서 예인선이 와서 소련으로 견인하기도 하였다. 소련으로 귀환한 함장들은 질책의 대상이 되었으며, 특히 수면으로 부상하였다는 사실이 중요한 빌미로 작용하였다.[4] 일단 위기가 해소되자, 소련은 쿠바에서 탄도미사일만을 철수하고 전술핵무기를 포함한 그 밖의 군사력은 배치하고자 하였다. 미국의 요구를 수용하면서 소련은 "공격용 무기의 철수"를 선언하였고, 따라서 사정거리가 짧은 전술핵무기와 순항미사일 그리고 폭격기 등은 "공격용 무기"가 아니라고 판단하였다. 하지만, 미국이 폭격기를 "공격용 무기"로 규정하고 그 철수를 요구하고 또한 쿠바가 사찰단 활동을 거부하면서 상황은 다시 악화되었다. 소련 정치국원인 미코얀이 직접 쿠바를 방문하여 카스트로와 면담하고 사정을 설명하는 등의 조치가 있었지만, 카스트로 자신은 미코얀과의

---

3 Nash, *The Other Missiles of October*, pp. 161~166. 또한 소련에 대한 "억지력 유지"를 위해 미국은 폴라리스를 장비한 핵추진 잠수함 2척을 동부 지중해에 배치하였고, 그 가운데 한 척(USS Sam Houston)은 해체 작업이 진행되던 4월 14일에 터키를 친선 방문하면서 자신의 존재를 과시하였다.

4 하지만 이러한 질책은 파견된 소련 잠수함이 디젤 잠수함이라는 사실을 무시한 것이었다. 조사위원회는 해당 잠수함이 핵추진 잠수함이라고 착각하여 질책하였다. 하지만 조사 과정에서 디젤 잠수함이 파견되었다는 사실이 확인되자 조사위원장(Andrei Grechko)은 격분하여 안경을 집어던졌으며, 결국 심각한 문책은 이루어지지 않았다. Savranskaya, "New Sources on the Role of Soviet Submarines," pp. 248~249.

면담을 거부하는 등의 행동을 취하면서 소련에 대한 불쾌감을 표출하였다. 더군다나 소련 대사관에서 열린 11월 7일의 공산혁명 기념행사와 만찬은 거의 재앙에 가까운 결과를 가져왔다.[5] 11월 16일의 정치국 회의에서 소련은 쿠바의 행동을 비난하면서 쿠바의 동의 없이 미국에게 폭격기의 철수를 일방적으로 결정하였으며, 결국 11월 19일에 카스트로는 이러한 소련의 행동을 사후 추인하였다. 하지만 소련은 쿠바의 사후 추인과는 무관하게 미국에 폭격기의 철수를 11월 19일에 통보하였고 미국은 11월 20일에 쿠바 봉쇄를 해제하였다. 또한 소련은 쿠바 정부를 신뢰할 수 없다고 판단하였고, 방어용 전술미사일과 해안 방어 순항미사일을 잔류시키지만 통상 탄두만을 제공하였다. 따라서 폭격기용 핵폭탄 6개, 전술미사일 핵탄두 12개, 순항미사일 탄두 80개는 수송선(Atkarsk)을 통해 쿠바에서 소련으로 반출하라고 쿠바 주둔군 사령관에게 지시하였다.[6] 11월 22일에 핵탄두 전량은 소련으로 반출되었다.[7]

격추된 U-2 정찰기의 조종사(Rudolf Anderson, Jr.) 유해는 11월 5일에 UN의 중재로 미국에 송환되었고, 예우(Full Military Honor)를 거쳐 군사묘지(Woodlawn Memorial park in Greenville, SC)에 매장되었다.[8] 위기가 종결된 이후, 케네디는 위기 해소를 "미국의 승리"로 선전하지 말도록 지시하였

5 쿠바군 장성이 소련혁명을 치하하면서 스탈린의 위대성만을 강조하면서 "스탈린이 살아 있었다면 미국의 위협에 굴복하지 않았을 것"이라고 건배를 제안하였다. 따라서 만찬은 엉망이 되었으며, 소련군 장교들은 흐루시초프와 카스트로를 위해서, 그리고 쿠바군 장교들은 스탈린과 카스트로를 위해서 건배하는 상황이 빚어졌다. 소련군은 이러한 사실을 국방장관에게까지 보고하였다. Gribkov and Smith, *Operation Anadyr*, pp. 73~74.

6 CWIHP, "Document No. 14: Telegram TROSTINIK(REED－USSR Defense Minister Rodion Malinovsky) to PAVLOV(Commander of the Group of Soviet Forces in Cuba, General Isa Pliev), 20 November 1962," *CWIHP Bulletin* No. 14/15 (Winter, 2003/Spring, 2004), p. 398.

7 Fursenko and Naftali, *One Hell of a Gamble*, pp. 311~313.

8 Brugioni, *Eyeball to Eyeball*, p. 527.

다. 각료들에게는 인터뷰와 성명서 발표를 금지시켰으며, 언론에게도 미국의 승리라는 표현을 쓰지 않도록 설득을 시도하였다. 케네디는 이러한 방식으로 위기 해소에서 나타난 소련의 용감한 행동을 높이 평가했으며, 소련을 장기적인 동반자로 인식하고 소련을 모욕하지 않으려고 많은 노력을 기울였다.[9]

위기가 해소된 이후 얼마 지나지 않아서 미국과 소련의 최고 지도자들은 역사 속으로 사라졌다. 케네디 대통령은 1963년 11월 22일에 암살되었고, 부통령이었던 존슨(Lyndon B. Johnson)이 대통령 직위를 승계하였다. 흐루시초프 수상은 1964년 10월 13일의 정치국 회의에서 불신임되면서 실각하고 브레즈네프(Leonid Brezhnev)가 최고 지도자로 추대되었다. 은퇴한 흐루시초프는 연금을 수령하면서 회고록 등을 집필하였고, 1971년 9월에 사망하였다. 반면 카스트로는 살아남았다. 쿠바 미사일 위기 50주년인 2012년에도 건재하다. 공식적인 직위에서는 2008년에 은퇴하였지만 실질적인 영향력은 유지하고 있으며, 세계에 얼마 남지 않은 공산주의 국가의 지도자로서 생존하였다.[10]

미사일 위기 이후 냉전은 지속되었지만, 그 격렬함은 상당 부분 통제되었다. 미국과 소련은 지속적으로 경쟁하였지만, 쿠바 미사일 위기에서 나타났던 정도의 충돌과 갈등은 다시 등장하지 않았다. 1963년 6월에 워싱턴과 모스크바를 연결하는 직통 통신망(Hotline) 개설이 합의되었고, 텔레타이프 형태의 통신망이 부설되었다. 덕분에 긴급한 경우에 한하여 미국과 소련 최고 지도자들의 직접적인 협상이 가능하게 되었다. 쿠바

---

9 Kennedy, *Thirteen Days*, pp. 96~98.

10 카스트로는 건강을 이유로 2008년 2월에 은퇴를 선언하였고, 후계자로는 자신의 동생이자 미사일 위기 당시 쿠바 국방장관이었으며 소련 미사일 배치에 적극적이었던 라울 카스트로(Raul Castro)가 지명되었다.

미사일 위기에서 나타났듯이, 이전에는 미국과 소련이 각각 대사관에 전문을 보내고 이를 번역하여 전달하는 등의 절차가 필요하였지만, 직통 통신망의 등장으로 위기 상황에서는 이러한 절차가 생략되고 동시에 시간이 절약될 수 있었다.[11] 또한 미국과 소련은 "서로의 영역을 존중"하였고, 서로를 의심하였지만 상대방을 위협할 정도의 군사력을 동원하지는 않았다. 이후 동맹국들의 행동에 의해서 위기가 발생하였고, 중동과 동남아시아 그리고 남아시아 등에서는 전쟁이 발발하고 개입하였지만, 미국과 소련은 직접적으로 충돌하지 않았다.

2. 새로운 세계에서의 쿠바 미사일 위기

1989년 11월 9일에 베를린을 나누고 있던 베를린 장벽이 무너졌다. 동독 정부는 베를린 장벽을 통해서 서독으로 망명하는 것을 허용하겠다고 결정하였지만, 이러한 결정은 "베를린 장벽의 즉각적인 개방"으로 잘못 발표되면서 11월 9일 저녁 10시 45분에 장벽이 개방되었으며 더 이상의 상황을 통제할 수 없었던 동독 정부는 무력화되기 시작하였다. 이후 1년 동안의 협상 결과, 1990년 10월 3일에 동독 국가를 구성하였던 지역이 서독에 가입하는 형태로 통일이 이루어졌다.[12] 이러한 독일 통일은 냉전

11 직통 통신망은 1967년 6월에 중동전쟁(6일 전쟁 또는 3차 중동전쟁)에서 처음 사용되었다. 미국과 소련은 이스라엘의 이집트 · 시리아 공격 직후 지중해 해역에 배치된 함대의 위치를 통보하면서 우발적인 충돌을 방지하였다. 1971년 9월에 텔레타이프에 추가하여 전화가 부설되었으며, 미국과 소련이 담당하는 인공위성 통신망이 추가로 개설되어 만일의 사태에 대비하였다. 그리고 1986년에는 팩스가 추가되었다.

12 동독은 1952년에 헌법을 통해 중앙집권체제를 구축하였기 때문에 연방국가가 아니었다.

종식의 시작이었으며, 1991년 12월에 소련이 공식적으로 해체되면서 미국은 유일 강대국으로 부상하였다.

이후 미국 중심의 일극체제에서 10년 정도의 안정성이 존재하였다. 다른 강대국들과는 달리 미국은 제국으로서 자신의 기준으로 다른 국가의 내부 문제에 개입하며 동시에 자신의 정치체제를 외부로 확산시키려고 하였다. 또한 다른 국가들의 정치 · 군사 · 경제 문제에 대해 해결책을 제공하고, 동시에 환경 및 자원 문제 등에도 개입하였다. 일부 학자들은 이러한 체제를 미국 제국(American Empire)이라고 불렀으며, 2001년 9월 11일의 테러 공격보다는 베를린 장벽의 붕괴로 양극체제가 무너지기 시작했고 결국 미국 제국의 수립으로 이어졌던 1989년 11월 9일이 더욱 중요하다고 보았다.[13]

하지만 2001년 9월 11일 이후 미국의 행동은 최고 정점에 올라 있던 자신의 상대적 힘을 빠른 속도로 잠식하였다. 부시 행정부는 편견과 불확실한 정보에 기초하여 전쟁 수행에 필수적인 전략 구상은 하지 않은 채, 이라크를 침공하여 후세인 정권을 파괴하였다. 하지만 미국의 낙관론은 실현되지 않았고, 그 과정에서 엄청난 군사력과 경제력을 소모

하지만 1990년 5월에 조약을 통해 연방국가로 변모하였고, 동독을 구성하였던 5개 주(Brandenburg, Mecklenburg-Vorpommern, Saxony, Saxony-Anhalt, Thuringia)가 서독에 가입하였다. 통일 이전인 1990년 9월 12일에 제2차 세계대전의 "승전국으로 독일을 점령"하고 있었던 미국 · 소련 · 영국 · 프랑스와 동서독 정부는 국제법적 문제를 해결하는 "독일문제 최종조약"(Treaty on the Final Settlement With Respect to Germany)을 체결하였다. 독일 통일 과정에 대한 상세한 내용은 Philip Zelikow and Condoleezza Rice, *Germany Unified and Europe Transformed: A Study in Statecraft* (Cambridge, MA : Harvard University Press, 1997)에서 찾을 수 있다.

13 Niall Ferguson, *Colossus: The Price of America's Empire* (New York: The Penguin Press, 2004) 그리고 Charles S. Maier, *Among Empires: American Ascendance and Its Predecessors* (Cambridge, MA: Harvard University Press, 2006).

하였다. 그리고 2008년의 금융위기는 미국에게 심각한 타격을 주었다. 금융위기 이후 4년이 지난 2012년 현재에도 미국의 경제적 어려움은 지속되고 있으며, 미국과 유럽 국가들 그리고 특히 일본은 국가 재정의 부족과 국가 부채의 증가 때문에 심각한 어려움에 직면하였다.

이러한 과정에서 중국은 빠르게 성장하였다. 미국 제국이 시작되던 시점에서 중국은 미국의 경쟁 상대가 아니었다. 하지만 1990년대와 2000년대의 20년 동안 중국 경제의 빠른 성장은 중국의 힘을 미국과 비등한 수준으로 끌어올렸다. 미국 제국을 강조하였던 퍼거슨(Niall Ferguson)은 2008년 금융위기 이후 앞으로의 세계 경제는 미국과 중국의 양극체제라는 사실을 지목하면서, "차이메리카"(Chimerica)라는 표현을 제안하였다.[14] 2010년에 중국은 일본을 추월하여 구매력 평가에 기초한 경제 규모에서 세계 2위의 자리에 올라섰으며, 2011년 현재 구매력 평가 경제 규모로는 미국 GDP의 80%로 부상하였다. 이러한 추세로는 2016년에 미국과 중국의 GDP는 역전되며 시장 환율을 적용하는 경우에는 2018년에는 GDP가 미국과 동등해진다. 제조업 생산과 에너지 소비 그리고 자동차 판매 등에서도 미국과 중국은 2010년에 동등해졌으며, 2011년 현재 그 비율은 1.1 : 1, 1.1 : 1, 그리고 1.2 : 1로 중국이 미국을 추월하였다. 다만 군사비 지출에서 미국은 중국을 5배 정도의 격차로 압도하고 있으며, 그 비율은 2025년 정도에 가서야 비등해질 것으로 예측된다.[15]

영국에서 발간되는 주간지 『이코노미스트』(*The Economist*)는 2012년 1월 28일부터 중국을 독립된 섹션으로 다루기 시작하였다. 이전까지

---

14 Niall Ferguson, "Term 'Chimerica'," *The Washington Post*, November 17, 2008.

15 이러한 비율과 추정치 등은 다음에서 인용하였다. Economist, "Economic Focus: How to Get a Date," *The Economist* (December 31st, 2011), p. 57.

『이코노미스트』는 미국만을 독립된 섹션으로 다루었으며 아시아 · 중동 · 유럽 등은 대륙별로 분류되어 기사를 게재하였다. 하지만 이제는 미국과 중국이 국가별로 취급되는 "2개의 중요한 국가"라고 판단하였고, 이에 『이코노미스트』는 중국에 대한 정보를 미국에 대한 분석과 동일한 중요성을 두고 보도하고 있다. 『이코노미스트』가 사용한 표현을 빌리자면, 중국은 "경제적 초강대국"(economic superpower)이며, "군사적으로도 미국을 불안하게 만들 수 있는 능력을 축적"하고 있다. 즉 『이코노미스트』가 판단하기에 세계는 미국과 중국 중심의 양극체제이다.16 또한 중국은 미국이 동아시아, 특히 대만 문제에 개입할 수 없도록 저지하는 수단으로 군사력을 증강하고 있다. 즉 중국은 미국 군사력의 파괴가 아니라 미국의 동아시아로의 반접근/지역 거부(anti-access/area-denial) 능력을 목표로 군사력을 증강하고 있다.17

미국과 중국으로 구성되는 새로운 양극체제에서도 냉전 시기에서 나타났던 이러한 양상은 나타날 것이다. 각자는 서로를 정치적 위협으로 간주하였고 따라서 군사적 차원이 아니라 정치적 차원에서 경쟁하였다.18 소련은 전략 균형에서 도전하였고 미국은 동맹국에 대한 고려 때문에

---

16 이코노미스트가 미국을 다루는 독립 섹션을 창설한 것은 1942년이다. 물론 영국에서 발간되는 주간지이기 때문에, 이코노미스트는 영국에 대한 독립 섹션을 가지고 있다. 1843년 9월에 이코노미스트가 창간된 이후 내부 구성의 변화는 추적할 수 없지만, 최근 중국 및 아시아에 대한 분석 기사가 증가하였다. 2009년 4월에는 아시아 문제를 전문적으로 다루는 칼럼(Banyan) 또한 시작되었다.

17 중국 군사력 증강에 대해서는 상당히 많은 연구 및 분석이 있다. 가장 최근에 발표되었고 동시에 쉽게 찾을 수 있는 것으로는 다음이 있다. Economist, "China's Military Rise: The Dragon's New Teeth," *The Economist* (April 7th, 2011), pp. 23~26.

18 이러한 측면에서 미국과 중국 관계를 다룬 최근 연구로는 다음이 있다. Aaron L. Friedberg, *A Contest for Supremacy: China, America, and the Struggle for Mastery in Asia* (New York: Norton, 2011).

소련의 도전을 용납할 수 없었다. 따라서 양극체제가 가지는 기본적인 특성인 "지역 차원의 갈등 지속"과 "강대국 차원의 군사적 충돌 부재"로 정의되는 "국제체제의 안정성"이 등장하였다. 군사적인 균형은 큰 의미가 없기 때문에 국지적인 갈등과 전쟁은 발생하지만, 전체적인 차원에서는 큰 문제가 없는 상황이 초래될 것이다. 다만 양쪽의 정치적 대립은 특정한 맥락과 일정 사안에 따라서 폭발적으로 나타날 수 있다.

특히 현재 나타나는 현상은 상대적 힘의 균형이 역전되는 세력 전이(power transition)이며, 따라서 미국과 중국 관계에 잠재된 위험은 더욱 클 가능성이 높다. 2,500년 전 그리스의 역사가 투키디데스(Thucydides)는 스파르타와 아테네 사이의 펠로폰네소스 전쟁의 원인을 페르시아 침공 이후에 나타난 "아테네의 힘의 증가와 그에 따른 스파르타의 두려움"이라고 진단하였다. 이러한 논리에 따르면, 미국과 중국 관계는 상대적으로 위험하며, 대규모 전쟁이 발발할 가능성까지 존재한다.[19] 또한 대만 등의 문제로 미국과 중국이 쉽게 타협하기가 어려우며, 중국의 민족주의적 성향이 강화되면서 중국의 대외 행동이 보다 적극적이고 공격적으로 변화할 것이다. 대만과의 공식적인 외교관계는 없다고 해도 미국은 아시아에서 얼마 되지 않는 성공적인 민주주의 국가인 대만(중화민국; Republic of China)을 쉽게 포기하지 않을 것이며, 중국은 중국의 통일이라는 민족주의적 사명감 때문에 대만의 국호 변경 또는 "대륙으로부터의 정치적 독립" 등을 용납하지 않을 것이다. 따라서 미래 세계에서는 미국과 중국 사이의 충돌 가능성은 더욱 커질 것이다. 즉 냉전 기간에서 경험하였던

---

19 권력 전이가 일어나는 경우에 양극체제는 오히려 더욱 위험하다고 지적한다. 즉 상대적 힘이 크게 변화하지 않는 경우에는 양극체제가 안정적이지만, 상대적 힘이 변화하는 경우에는 양극체제는 오히려 불안정성을 증폭한다는 것이다. Dale Copeland, *Origins of Major War* (Ithaca, NY: Cornell University Press, 2000).

안정성보다는 미래에 등장할 안정성이 더욱 작으며, 위기는 보다 빈발할 수 있다.

반면, 미국과 중국 사이의 경제적 상호의존(economic interdependence)은 매우 높다. 미국 기업은 중국에 투자하고 중국으로부터 많은 상품을 수입하고 있고, 중국은 미국에 대한 수출을 통해 확보한 외환을 미국 정부 국채에 투자하고 있다. 이러한 상황에서 미국과 중국의 정치적 관계가 악화된다면 경제적으로 막대한 손해가 발생한다. 따라서 미국과 중국은 서로를 적대시하기 어렵다.[20] 냉전 기간, 또는 1962년 당시 미국과 소련의 경제적인 교류는 매우 미약하였으며 동시에 냉전이라는 정치적 대립 때문에 경제적 상호의존이 높아질 가능성이 매우 낮았다. 바로 이러한 이유에서 미국과 소련의 정치적 관계가 악화되는 것을 제어할 장치 또는 이익집단이 존재하지 않았고, 동시에 제어할 장치 또는 이익집단이 존재하지 않았기 때문에 미국과 소련의 정치적 관계는 더욱 악화되었다. 즉 미국과 중국 사이에는 평화를 유지하는 데 필요한 선순환이 이미 존재하지만, 미국과 소련의 경우에는 선순환이 존재하지 않았고 대신 악순환이 작동하였다.[21] 이와 같은 차이를 고려한다면, 미국과 중국의 관계는 냉전 기간의 미국과 소련과의 관계와는 다른 방식으로 진행될

---

20 중국이 가진 미국 정부 채권이 미국 외교정책 및 국제정치에 미치는 영향에 대해서는 Daniel W. Drezner, "Bad Debts: Assessing China's Financial Influence in Great Power Politics," *International Security*, Vol. 34, No. 2 (Fall, 2009), pp. 7~45 등의 연구가 있다. 중국은 2008년 9월에 일본을 제치고 미국 채권을 가장 많이 보유한 국가로 부상하였으며, 2009년 3월 현재 중국이 보유한 미국 채권은 1.5조 달러로 추정된다.

21 보다 정확한 요인은 지금 현재의 경제 교류 정도가 아니라 무역과 투자 등의 경제 교류가 앞으로 증가 또는 감소할 것인가에 대한 기대이다. Dale Copeland, "Economic Interdependence and War: A Theory of Trade Expectations," *International Security*, Vol. 20, No. 4 (Spring, 1996), pp. 5~41.

가능성이 높다.

과연 이러한 상반되는 두 가지 가능성 가운데 어떠한 가능성이 현실화될 것인가? 변화하는 세력균형과 중국의 민족주의 성향이 빚어내는 충돌 가능성인가 아니면 경제적 상호의존에 기초한 안정 가능성인가? 이에 대해서는 정확한 전망을 하는 것은 불가능하다. 다만 현재로는 다양한 가능성이 있으며 이러한 가능성에 영향을 주는 변수들이—세력균형의 변화와 중국의 민족주의 성향 그리고 경제적 상호의존— 미래 세계에서 변화하는 방향을 살펴보면서 추측해야 한다. 이와 함께, 미국과 중국이 경제적 상호의존 때문에 정면충돌하지는 않는다고 하더라도, 어느 정도의 긴장관계는 유지되며 기본적인 구도는 냉전 시기의 미국과 소련의 대립과 비슷할 것이라는 사실을 반드시 고려해야 한다.

3. 억지와 정책

쿠바 미사일 위기 이전 상황에서, 그리고 위기 이후 과정에서 나타났듯이, 억지 자체는 무한정 지속될 수 있다. 해당 국가들은 서로를 보복공격으로 위협하여 전쟁 또는 도발 자체를 방지할 수 있다. 하지만 일단 위기가 발생한, 또는 군사력 사용으로 전쟁이 발발한 경우에서도 그 위기의 강도를 낮은 수준에서 통제하는 것이 가능하다. 한국전쟁과 베트남전쟁 그리고 중동전쟁에서 미국과 소련은 서로의 군사력 사용의 범위와 사용 군사력의 선택을 제한하였다. 전쟁은 지리적으로 제한되었으며, 해당 국가들은 핵무기 등을 사용하지 않고 재래식 군사력만을 동원하였다. 이 과정에서 억지는 전쟁의 종식 또는 안정적 평화 등이 아니라 사용 군사력의 범위와 선택을 제한하였다. 냉전 기간 동안 억지는 매우 성공적으로 작동하였고, 쿠바 미사일 위기와 같이 일부 제한된 경우에 안정이 깨졌지만 그것 또한 적극적인 군사력 사용으로 이어지지는 않았다.[22]

하지만 억지가 성공한다는 것과 억지가 안정적이라는 것은 서로 독립적이며, 서로 다른 사실이다. 억지는 성공적일 수 있으며 동시에 안정적으로 유지될 수 있다. 하지만 억지를 통해 "문제를 해결"하기 위해서는 안정적인 억지만으로는 불가능하며, 오히려 억지가 매우 큰 위험 또는 불안정성을 유발해야 한다. 억지가 안정적이라면 해당 국가들은 이러한 억지를 안정적으로 유지하는 데 특별한 비용을 지출하지 않으며, 따라서 "문제를 해결하지 않을 수 있다." 예를 들어 한국전쟁의 경우에 법률적인 종전은 이루어지지 않았으며 2012년 현재에도 당분간 전투 행위가 멈춘 상황인 정전 또는 휴전 상황이다. 이러한 측면에서 한국전쟁은 종결되지 않았으며, "문제는 해결되지 않았다." 그럼에도 불구하고 상황은 상대적으로 안정적이다. 한국전쟁 휴전조약은 1953년 7월에 체결된 이후 2012년 현재까지 약 60년 동안 잘 작동하면서 한반도에서 최소한 전면 전쟁이 발생하는 것을 방지하였다.[23]

22 위기란 그러한 억지가 "제한적으로 약화된 상황"에 지나지 않기 때문에, 억지를 연구하면서 위기에 집중해서는 안 된다. 위기에 집중하는 연구는 억지가 실패한 사례만을 선택한 연구이며, 바로 이러한 선택 편향으로 인하여 최종 결론은 논리적으로 왜곡된다. 선택 편향을 제거하기 위해서는 대부분의 경우를 차지하는 억지의 성공 사례와 함께 억지의 실패 사례를 동시에 분석하거나 또는 선택 편향의 방향과 크기를 측정하여 최종 결과를 보정해야만 한다. Christopher Achen and Duncan Snidal, "Rational Deterrence Theory and Comparative Case Studies," *World Politics*, Vol. 41, No. 2 (January, 1989), pp. 143~169.

23 최소한 60년 동안 평화를 유지하였다는 측면에서 한국전쟁 휴전협정은 매우 뛰어나다. 1946년에서 1998년 사이에 42개의 정전 또는 평화조약이 체결되었으며, 이 가운데 한국전쟁 휴전협정은 가장 오랜 동안 평화를 유지하였다. 반면 가장 짧은 기간 동안만 유지되었던

그럼에도 불구하고 억지는 항상 안정적이지만은 않다. 특히 위기 상황 등에서 억지가 성공하기 위해서는 상당한 비용이 수반되며 매우 큰 위험 또는 불안정성이 유발되어야 한다. 쿠바 미사일 위기의 초기 단계에서, 미국과 소련은 각각 매우 조심스럽게 행동하였다. 바로 이러한 이유에서 문제는 해결되지 않았다. 소련은 미사일을 철수하지 않았고 미국은 쿠바를 봉쇄하면서, 양측은 서로 성명서와 외교전문을 교환하면서 협상에 집중하였다. 문제가 해결되었던 것은 오히려 상황이 안정적이지 않게 되었기 때문이었다. 10월 27일에 상황이 빠른 속도로 악화되면서, 우발적인 전쟁 가능성이 증가하였다. 알래스카에서 이륙한 U-2가 북극 상공에서 항로를 이탈하여 소련 영공을 침범하였고, 쿠바에서는 소련군이 모스크바의 명령을 어기고 대공미사일을 발사하여 U-2 정찰기를 격추하였다. 이제 미국과 소련은 핵전쟁의 가능성에 직면하였고, 바로 이 때문에 핵무기 사용이 가져올 참담한 결과에서 모두 물러섰다.

그리고 위기가 해소되면서 문제가 해결되고 억지가 지속적으로 작동하였다. 불안정성을 극복하면서 문제가 해결되었고 억지는 새로운 형태로 작용하였다. 위기 과정에서도 미국과 소련은 군사력 사용에서 서로를 억지하는 데 성공하였고, 따라서 억지는 지속적으로 작동하였다. 만약 10월 27일의 상황이 불안정해지지 않았다면, 위기는 해결되지 않았을 것이며 문제는 그대로 남아서 불안정성은 지속되었을 것이다. 그리고 미국과 소련 모두가 물러서지 않았다면, 결국은 전쟁으로 이어졌을 수 있다. 많은 경우 위기는 평화적으로 해결되지 않고 위기를 고조시키고 불안정성을 의도적으로 조작하면서, 서로에게 양보를 강요한다. 그리고

정전협정은 1992년 3월 21일에 체결된 아르메니아(Armenia)와 아제르바이잔(Azerbaijan) 사이의 조약으로 체결 3주일 후인 1992년 4월 11일에 파기되었다.

제1차 세계대전에서 나타나듯이, 우발적인 요인으로 어느 국가도 원하지 않던 전쟁이 시작된다.

이러한 측면에서, 위기의 결과를 예측하는 것은 사실상 불가능하다. 특히 대결 국면에서 어떠한 국가가 먼저 양보할 것인가, 또는 어느 국가도 양보하기 이전에 우발적인 사태로 전쟁이 발발할 것인가 등을 사전에 알 수는 없다. 그렇기 때문에 위기는 일단 회피해야 하며 동시에 위기를 고조시킨다면, 그 위기가 최악의 상황으로 치닫는 경우에는 상황을 어떻게 안정시킬 것인가에 대한 출구전략(exit strategy)을 항상 마련해야 한다. 물론 출구전략이 있다고 해서 모든 위기가 해소되는 것은 아니며 전쟁 등의 상황이 항상 예방되지는 않는다. 하지만 출구전략 자체가 없거나 협상력을 높인다는 명분으로 출구전략 자체를 논의하지 않는 행동은 매우 위험하다.

2010년 3월 천안함 공격과 11월 연평도 포격 이후 한국은 북한의 제한적 군사력 사용을 매우 심각하게 받아들이고 있다. 이와 같은 북한의 행동으로 남북한의 군사력 균형이 충격을 받을 가능성은 매우 적으며, 북한의 연평도 점령이라는 최악의 경우에도 한반도 지상전투에 대비한 한국 전체의 전투력은 사실상 위협받지 않는다. 북한이 군사력 전체를 사용하여 전면 공격을 하지 않는다면 북한의 제한적 군사력 사용 자체는 한국의 안보를 직접적으로, 그리고 군사적으로 위협하는 행동은 아니다. 쿠바에 배치된 소련의 탄도미사일이 미국의 핵무기 전력의 우위를 위협하지 못했으며, 이러한 측면에서 맥나마라 국방장관은 소련의 행동을 "군사적 위협이 아니라 정치적 위협"이라고 규정하였다. 반면, 이러한 상황에서 한국은 북한의 추가 돌발이 없도록 "강력하게 응징"한다고 선언하면서, "도발이 있는 경우에는 최단 시간 내 응징"하고 "북한이 굴복할 때까지 응징"하며, "도발이 있는 경우에는 선보복 후보고"를 원칙으로 한다는 방침을 결정하였다.[24] 이러한 입장은 강력한 보복을 위협함으로써, 북한의 제한적인 도발과 군사력 사용을 억지(deter)하려는 행동이며, 현재 상황에서는 어느 정도는 불가피한 측면이 있다. 하지만 이것이 가장 적절한 정책은 아닐 수도 있다.[25]

문제는 이러한 방침이 북한의 도발을 억지하는 긍정적인 효과를 가지지만, 일단 북한이 도발한다면 상황을 매우 빠른 속도로, 그리고 통제되지 않는 방향으로 악화시키는 부정적인 효과를 수반한다는 사실이다. 강력한, 그리고 자동적으로 집행되는 보복을 위협하는 것은 북한이 처음부터 군사적으로 도발하지 못하게 억지하는 것이다. 하지만 북한이 억지되지 않고 도발하고 한국이 강력하게, 그리고 자동적으로 응징하는 경우에, 상황은 매우 빠른 속도록 악화되며 남북한은 서로 경쟁적으로 응징과 보복을 계속하게 된다. 그리고 이러한 과정에서 전쟁의 가능성은—특히 우발적인 전쟁의 가능성은— 증가한다. 도발을 억지하려고 취한 군사력 사용 위협 조치는 북한을 억지할 수 있지만, 북한이 초기에 억지되지 않는다면 전쟁 위험을 가중시킨다. 위기가 전쟁으로 비화되는 것을 막기

24 특히 김관진 국방장관은 이와 같은 내용을 2011년 겨울부터 2012년 봄까지 여러 번에 걸쳐서 되풀이하였다. 2012년 3월 7일에 김관진 장관은 연평도 주둔 해병대 부대를 방문하여 이러한 입장을 다시 확인하였으며, 김정일 사망 이후 김정은으로의 권력 승계를 강화하기 위해서 북한이 도발을 재개할 가능성을 강조하였다.

25 학계에서는 deterrence를 억지(抑止)라고 번역하지만, 국방부 및 군은 억제(抑制)라는 용어를 사용한다. 군사교리의 측면에서 국방대학교에서 발행하는 안보관계 용어집에서 억지가 아니라 억제라는 용어를 제시하였고, 국방부와 군은 이에 기초하여 억제라는 표현을 사용한다. 또한 1968년에 시작된 한미 연례안보협의회의(SCM; ROK-US Security Consultative Meeting) 회의록과 1978년 7월에 처음으로 공개된 11차 SCM 공동성명서 한글 본에서도 억지가 아니라 억제라는 표현이 나타난다. 예를 들어, 11차 공동성명서의 6항은 "deter aggression"를 "침략을 억제"라고 번역하였다. 이후 억제라는 표현은 최소한 국방 관련 부분에서는 공식적으로 통용되는 용어로 정착되었고 『국방백서』 등에서도 억지가 아니라 억제라는 용어를 사용한다.

위해서는 한국 또는 북한이 상대방의 요구조건을 수용하고 물러나야 하며, 이와 같이 물러서는 경우를 상정한 출구전략이 반드시 필요하다. 만약 출구전략에 대한 논의가 없이 무조건적으로 압박하는 경우에, 상대방이 물러나지 않는다면 상황이 통제할 수 없을 정도로 악화되며, 결국 전쟁으로 이어질 수 있다.

보다 안정적인, 또는 보다 안전한 방법은 북한의 제한적 도발에 대한 다양한 시나리오를 검토하고 그에 맞춘 대응 방식을 입안하는 것이다. 단순히 "강력하고 자동적인 응징"을 강조하고 "선보복 후보고"와 같이 상황을 통제 불가능한 형태로 격화시킬 수 있는 조치는 피해야만 한다. 전쟁은 국가 정책의 수단이다. 따라서 국가는—좀 더 명확하게는, 대통령으로 대표되는 정부는— 전쟁이 필요하다고 판단하는 경우에는 전쟁을 수행할 수 있다. 하지만 우발적으로, 상대방을 단순히 압박하기 위해서 취한 조치로, 원하지 않은, 그리고 준비되지 않은 전쟁을 수행해서는 안 된다. 특히 전쟁의 계기가 상대방의 제한적인 군사력 사용이며 세력균형을 변화시킬 정도의 충격은 가져오지 않을 행동이라면 전쟁에 휘말리는 것은 더욱 어리석다. 만약 제한적인 도발인 경우에는 그 도발을 수용하고 추가적인 상황 악화를 방지 또는 통제하는 것이 현명할 수 있다. 제한적인 행동은 한국의 안보에 직접적인 위협을 가하지 못하며 동시에 직접적인 위협을 가하지 않기 때문에, 통제하는 것이 나을 수 있다. 또한 보복을 하는 경우에도 보다 제한적이고 통제 가능한 형태로 대응해야 한다.

이러한 측면에서 쿠바 미사일 위기에서 얻을 수 있는 가장 중요한 교훈은 바로 이것이다. "평화를 얻기 위해서는 전쟁을 각오해야 한다. 하지만 전쟁을 방지하기 위해서는 전쟁을 두려워해야 한다." 케네디와 흐루시초프는 전쟁을 두려워했고 따라서 전쟁을 막을 수 있었다. 전쟁이 가져오는 통제 불가능성을 고려하지 않고 제한적인 무력 사용을 되풀이하였다면, 미국과 소련은 1962년 10월에 충돌하였을 가능성이 높다. 핵무기가 사용되었을 것이며, 세계는 파멸에 가까운 타격을 입었을 것이다. 흐루시초프는 10월 26일의 전문에서 다음과 같이 이야기했다. "일단 전쟁이 벌어지고 인명피해가 나기 시작하면, 냉정하게 판단을 내리는 것은 어려워진다. 전쟁은 전쟁 자체의 논리에 따라 진행되며, 피는 피를 부른다. 이제는 멈춰야 한다." 이러한 주장은 2012년 현재 한반도에서도 그대로 적용될 수 있다.

부록

부록 1
문헌 해제: "특이한 사례"로의 쿠바 미사일 위기

1. 미국의 1차 자료

미국 측 1차 자료는 대부분 공개되어 있으며, 여기에는 미사일 위기 기간에 있었던 ExComm 회의록까지 포함된다. 동시에 CIA와 NSC 자료, 그리고 국무성 문서들 가운데 중요한 부분은 공개되었다.

1) Kennedy Tapes

소련이 미사일을 쿠바에 배치했다는 사실이 알려지자, 케네디 대통령은 행정부 중요 인물들로 구성된 위기관리위원회(ExComm; Executive Committee)를 창설하였다. 그리고 여기에서 이루어진 모든 논의는 녹음되었고, 테이프는 미국 보스턴에 위치한 JFK Library에 소장되어 있다. 1980년대 후반에 테이프 녹취 작업이 시작되었으며, 그 결과 모두 3개의 녹취록이 존재한다.

첫째, 하버드 대학팀이 녹취한 것으로 가장 널리 사용되는 녹취록이다.

Ernest R. May and Philip D. Zelikow (eds.), *The Kennedy Tapes: Inside the White House During the Cuban Missile Crisis* (Cambridge, MA: Harvard University Press, 1997).

둘째, JFK Library에 근무하였던 역사학자는 하버드 대학팀의 녹취록이 잘못되었다고 비판하면서 2003년에 새로운 녹취록을 출판하였으며 2005년에는 이것을 요약한 녹취록을 발간하였지만, 기본적인 내용에서는 May and Zelikow(1997)과 차이가 없다.

Sheldon M. Stern, *Averting 'the Final Failure': John F. Kennedy and the Secret Cuban Missile Crisis Meetings* (Stanford, CA: Stanford University Press, 2003).

Sheldon M. Stern, *The Week the World Stood Still: Inside the Secret Cuban Missile Crisis* (Stanford, CA: Stanford University Press, 2005).

이것과는 별도로 버지니아 대학 밀러 공공문제 연구소(Miller Center of Public Affairs, University of Virginia)는 케네디 대통령 시기부터 존슨(Lyndon B. Johnson) 그리고 닉슨(Richard M. Nixon) 대통령이 녹음한 기록을 녹취하여 발간하고 있다. 이 가운데 쿠바 미사일 위기에 해당하는 부분은 May and Zelikow(1997)와 동일하다.

Timonthy Naftali (ed.), *The Presidential Recordings: John F. Kennedy, The Great Crises*, Vols. 3 (New York: W.W. Norton, 2001).

2) CIA 문서집

위기 상황에서 쿠바 문제에 대한 미국 정보기관(CIA)의 보고서를 선별한 것이다. 당시 미국이 쿠바 문제에 대해서 가지고 있었던 가장 중요한 정보를 잘 보여준다.

Mary S. McAuliffe (ed.), *CIA Documents on the Cuban Missile Crisis, 1962* (Washington, DC: Government Reprints Press, 2001).

3) FRUS(Foreign Relations of the United States)

미국 국무성 및 백악관 관련 문서를 편집한 것으로 미국 정부의 대외정책을 가장 잘 보여주는 문서집이다. 쿠바 미사일 위기와 관련된 부분은 1996년에 출판되었다.

Edward C. Keefer, Charles S. Sampson, and Louis J. Smith (eds.), *Foreign Relations of the United States, 1961~1963, Vol. XI: Cuban Missile Crisis and Aftermath* (Washington, DC: United States Government Printing Office, 1996).

4) 쿠바 미사일 위기 문서집

CIA 정보보고 문서와 ExComm 회의록, 그리고 케네디 대통령과 흐루시초프의 교신 내용 및 미국 합동참모본부의 공격 계획 등의 중요 문서를 편집한 것이다. 쿠바 미사일 위기에 대해서는 가장 포괄적인 문서집이다. 하지만 이것은 미국 정부의 공식 문서집이 아니라 조지 워싱턴 대학(George Washington University) 소속의 National Security Archive라는 비정부 독립기관에서 발간한 자료집이다.

이 기관은 1987년부터 정보공개법(FOIA; Freedom of Information Act)을

통해 쿠바 미사일 위기와 관련된 미국 정부의 공식 문서 공개를 신청하였고, 국무성 문서 2,000여 건과 그 밖의 다른 정부 문서 수백 건을 마이크로필름으로 공개하였다. The National Security Archive, *The Cuban Missile Crisis, 1962: The Making of U. S. Policy* (1990). 이후 이것은 확충되어 2011년 현재 3,500건의 문서를 포괄하고 있다.

1999년에 이 가운데 중요하다고 판단되는 89건의 문서를 선별하여 아래와 같이 출간하였다.

Laurence Chang and Peter Kornbluh (eds.), *Cuban Missile Crisis, 1962: A National Security Archive Documents Reader* (New York: New Press, 1999).

5) 회고록

미국 정책 결정자들은 쿠바 미사일 위기에 대해서 매우 다양한 회고록을 남겼다. 이 가운데 중요한 것은 케네디 대통령의 동생으로 당시 법무장관을 역임하였고, 미사일 위기에서 핵심적인 역할을 했던 케네디(Robert Francis Kennedy)의 회고록이다. Robert F. Kennedy, *Thirteen Days: A Memoir of the Cuban Missile Crisis* (New York: Norton, 1999).

당시 CIA 항공정찰 및 분석 담당자가 쓴 회고록은 미국 정부가 입수한 항공사진 정보 및 그 분석 과정을 잘 보여준다. Dino A. Brugioni, *Eyeball to Eyeball: The Inside Story of the Cuban Missile Crisis* (New York: Random House, 1991).

2. 소련의 1차 자료

소련 측 문서 또한 상당 부분 공개되어 있지만, 완전하게 공개되지는 않았다. 또한 Kennedy Tape과 같이 현장 기록은 남아 있지 않으며, 설사 남아 있다고 해도 이것이 공개된 상황은 아니다. 그럼에도 불구하고 일부 중요 문서들은 공개되어 영어로 번역되어 있으며, 제한된 범위에서 회고들도 존재한다.

1) CWIHP

소련 문서 가운데 일부는 프린스턴 대학(Princeton University)에서 주관한 CWIHP(Cold War International History Project)에서 124건을 영어로 번역하였다. 해당 문서는 그 자체의 중요도가 아니라 입수 가능한 문서를 중심으로 선별되었다. 따라서 객관적인 중요도에 따르면 번역이 필요한 자료는 없는 경우도 있다.

http://www.wilsoncenter.org/index.cfm?topic_id=1409&fuseaction=va2.browse&sort=Collection&item=Cuban%20Missile%20Crisis (2010년 11월 12일 확인).

2012년 11월 CWIHP는 쿠바 미사일 위기 관련 추가 문서를 공개하였다.

2) 소련 공산당중앙위원회 회의록 요약본(Presidium Minutes)

버지니아 대학 밀러연구소는 정책 결정 과정에 대한 연구의 일부로 1954년부터 1964년까지의 소련 공산당 중앙위원회 회의록 요약본을 영어로 번역하여 공개하고 있다. 하지만 문서 자체가 요약본이기 때문에 쿠바 미사일 위기와 관련해서는 제한적으로 도움이 된다.

http://millercenter.org/scripps/archive/kremlin (2010년 11월 12일 확인).

3) 회고록

쿠바 미사일 위기에 관여한 가장 중요한 소련 행위자인 흐루시초프는 회고록을 남겼다. 1964년 10월에 권좌에서 물러난 이후, 흐루시초프는 모스크바 인근(Petrovo-Dalneye)에 거주하였다. 하지만 행동은 상당 부분 자유로웠으며 덕분에 1966년 8월부터 자신의 회고록을 구술하였다. 전체 250시간의 구술은 아들인 세르게이 흐루시초프(Sergei Khrushchev)가 3,500페이지로 정리하였다. 소련 당국은 이러한 사실을 파악하였다. 1969년 가을에 KGB는 원고와 녹음테이프 원본을 몰수하였으나, 흐루시초프 측은 복사본을 만들어놓았고, 흐루시초프 자신의 결정에 따라 모스크바 주재 영국 신문(London Evening Post) 특파원에게 복사본이 전달되었다. 이에 기초하여 1970년에 *Khrushchev Remembers*(640페이지)와 1974년에 *Khrushchev Remembers: The Last Testament*(600페이지)라는 제목으로 미국에서 출간되었다. 출간이 예고되자 소련 당국은 흐루시초프를 소환하여 미국에서 출간되는 "회고록"이 가짜라는 진술을 강요하였으며, 흐루시초프는 이러한 내용의 진술서에 서명하였다. 이러한 압력 이전에 이미 흐루시초프 측은 정치적으로 민감한 내용을 미국으로 반출하지 않았다. 대신 소련이 자유화되던 1980년대 후반에 나머지 내용이 서방측에 전달되었고, 이것은 1990년에 *Khrushchev Remembers: The Glasnost Tapes*(220페이지)로 출간되었다. 소련 붕괴 이후인 1999년에 세르게이 흐루시초프는 아버지의 회고록을 4권으로 러시아에서 출간하였고, 이를 영어로 다시 정리해서 3권으로 *Memoirs of Nikita Khrushchev*라는 제목으로 미국에서 다시 출간하였다. 최종적으로 출간된 영어본 회고록은 다음과 같다.

Memoirs of Nikita Khrushchev: Commissar, 1918~1945 (2004), *Memoirs of Nikita Khrushchev: Reformer, 1945~1964* (2006), 그리고 *Memoirs of Nikita Khrushchev: Statesman, 1953~1964* (2007).

소련 군인의 회고록으로는 다음이 있다. 이 가운데 소련군의 회고록은 그리브코프(Anatoli I. Gribkov)가 작성한 앞부분(*The View from Mosvow and Havana*, pp. 1~76)이며, 이어서 스미스(William Y. Smith)가 미국 측 시각에서 쿠바 미사일 위기를 회고(*The View from Washington*, pp. 77~159)하였다.

Anatoli I. Gribkov & William Y. Smith, *Operation Anadyr: U. S. and Soviet Generals Recount the Cuban Missile Crisis* (Chicago, IL: Edition Q, 1994).

또한 1989년과 1991년 국제회의에서 소련 정책 결정자들은 자신들의 경험담을 구술하였으며, 이것은 다음과 같이 두 권의 책으로 정리되어 출판되었다.

James G. Blight and David A. Welch, *On the Brink* (New York: Noonday Press, 1990).

James G. Blight, David A. Welch, and Bruce J. Allyn, *Cuba on the Brink* (New York: Pantheon, 1993).

3. 주요 연구서

쿠바 미사일 위기에 대한 연구는 방대하다. 따라서 모든 연구를 포괄하는 것은 무의미하며, 많은 연구자들이 인용하는 다음의 다섯 연구만을 거론하겠다.

가장 널리 알려진 연구서는 Graham Allison and Philip Zelikow, *Essence of Decision: Explaining the Cuban Missile Crisis* (New York: Longman, 1999)이다. 이것은 위기 상황에서 미국과 소련의 행동을 분석한 것으로 국가를 하나의 단일한 행위자로 보는 시각, 여러 관료조직의 집합체로 보는 시각, 중요 행위자들의 정치적 타협으로 보는 시각 등의 세 가지 시각에서 행동을 분석한다.

소련 측 문서에 기초하여 씌어진 연구서로는 Aleksandr Fursenko and Timothy Naftali, *One Hell of a Gamble: Khrushchev, Castro, and Kennedy, 1958~1964: The Secret History of the Cuban Missile Crisis* (New York: Norton, 1998)가 있다. 소련 측 1차 자료가 부족한 상황에서 이 연구는 당시 소련의 정책 결정 과정을 잘 보여준다.

당시 정보 분석에 대해서는 James G. Blight and David A. Welch, *Intelligence and the Cuban Missile Crisis* (London: Frank Cass, 1998)가 있으며, Aleksandr Fursenko and Timothy Naftali, *Khrushchev's Cold War* (New York: Norton, 2006)는 쿠바에 미사일을 배치한다는 소련의 결정을 미국과의 냉전이라는 보다 넓은 시각에서 조명하고 있다. 쿠바의 입장에 대해서는 James G. Blight and Philip Brenner, *Sad and Luminous Days: Cuba's Struggle with the Superpowers after the Missile Crisis* (Lanham, MD: Rowman & Littlefield Publishers, 2002)가 위기 직후의 카스트로 연설문을 포함하여 많은 자료를 제시하고 있다.

부록 2
쿠바 미사일 위기 주요 사건

1959년

1월 1일: 쿠바혁명. 카스트로 집권.

5월 17일: 쿠바 토지개혁.

1960년

2월 6일: 미코얀 소련 부수상 쿠바 방문.

3월 17일: 아이젠하워 미국 대통령, 카스트로 정권 전복 계획 승인.

10월 6일: 쿠바 정부, 미국 자산 국유화 선언.

1961년

4월 17일: 피그스만 침공.

6월 3일~4일: 비엔나 정상회담(케네디/흐루시초프).

1962년

1월 22일~31일: OSA 회의, 쿠바 축출.

2월 3일: 미국, 쿠바와의 무역 중단.

4월 말: 흐루시초프, 미코얀과 쿠바에 탄도미사일 배치 논의.

5월 14일~20일: 흐루시초프, 불가리아 방문. 미사일 배치 구상.

5월 29일: 비류조프 장군, 쿠바 방문. 카스트로에게 탄도미사일 배치 가능성 타진.

6월 10일: 비류조프 장군 귀환. 정치국에 쿠바의 수용 의사 보고.

7월 2일~17일: 쿠바 사절단(라울 카스트로) 소련 방문.

7월 말: 소련, 대공미사일 1차분 파송.

8월 10일: 맥콘 CIA 국장, MRBM 가능성 경고.

8월 27일~9월 2일: 쿠바 사절단(체 게바라) 소련 방문.

8월 29일: U−2 정찰기의 쿠바 정찰.

8월 31일: 키팅 상원의원, 소련이 쿠바에 미사일을 배치하고 있다고 주장.

9월 4일: 케네디 대통령, 쿠바에 방어용 무기 배치 확인. 하지만 공격용 무기 배치는 용납할 수 없다고 경고.

9월 4일: 대통령의 경고를 로버트 케네디 법무장관이 도브리닌 대사에게 개별적으로 전달.

9월 9일: 중국, 대만에서 이륙한 U−2 정찰기 격추.

9월 11일: 소련, 쿠바에 공격용 무기는 배치하지 않는다고 확인.

9월 13일: 케네디 대통령, 쿠바에 공격용 무기가 배치되는 것은 평화에 대한 위협이며 미국은 이러한 가능성을 제거하기 위해 모든 행동을 다하겠다고 선언.

9월 15일: MRBM 1차분 쿠바 도착.

9월 19일: CIA, 국가정보보고(SNIE)를 통해 소련이 쿠바에 탄도미사일을 배치할 가능성은 매우 적다고 보고.

10월 9일: 케네디, 쿠바에 대한 U−2 정찰 승인.

10월 10일: 키팅, 쿠바에 탄도미사일 기지가 발견되었다고 주장.

10월 14일: 번디 국가안보보좌관, 소련이 쿠바에 공격용 무기를 배치했다는 증거는 없다고 발언.

10월 14일: 쿠바에 대한 U−2 정찰.

10월 15일: 정찰 사진 판독 결과 MRBM 발견.

10월 15일: 번디와 맥나마라 국방장관에게 MRBM 발견 사실 보고.

10월 16일: 번디, 케네디에게 MRBM 발견 사실을 보고.

10월 18일: 케네디, 그로미코 소련 외무장관 면담.

10월 20일: 미국, 쿠바 봉쇄를 최종 결정.

10월 21일: 미국, 쿠바 공습 계획 검토.

10월 22일: 쿠바 봉쇄 발표.

10월 22일: 미국 군사력의 대비 태세 격상(데프콘 3).

10월 23일: OAS 이사회, 쿠바 봉쇄를 만장일치로 승인.

10월 23일: 흐루시초프, 케네디에게 서한 발송.

10월 24일: 쿠바로 항해하던 소련 선박, 정선 또는 회항.

10월 24일: 우탄트 UN 사무총장, 상황 동결을 미국과 소련에게 요구.

10월 24일: 미국 전략 공군의 대비 태세 추가 격상(데프콘 2).

10월 24일: 미국 국무성, 터키 미사일 철수 가능성 검토 및 터키 주재 대사의 의견 요구.

10월 25일: 케네디, 흐르시초프에게 서한 발송.

10월 25일: 리프만, 쿠바와 터키에서 탄도미사일 동시 철수 주장.

10월 25일: 소련 유조선(부카레스트), 쿠바 봉쇄선 통과.

10월 25일: 미국, 터키에서 탄도미사일 철수를 고려.

10월 26일: 소련이 대여한 레바논 선적 선박(마루쿨라), 미국의 임검 후 봉쇄선 통과.

10월 26일: 흐루시초프, 쿠바에 대한 불가침과 미사일 철수 제안.

10월 26일: 스칼리와 포민 1차 접촉.

10월 26일: 미국, 흐루시초프의 제안 검토.

10월 26일: 카스트로, 미국 저공 정찰기에 대한 대공사격 명령.

10월 27일: 카스트로, 소련 대사관에서 취침. 침공이 임박했다고 흐루시초프에게 서한 발송.

10월 27일: 흐루시초프, 터키에서 탄도미사일 철수를 공개 요구.

10월 27일: 쿠바 상공에서 U-2 정찰기 격추.

10월 27일: 북극 상공에서 U-2 정찰기 항로 이탈. 소련 영공 침범.

10월 27일: 스칼리와 포민 2차 접촉.

10월 27일: 케네디 법무장관과 도브리닌 면담. 미국, 터키 미사일 철수 제안.

10월 27일: 케네디, 흐루시초프에게 서한 발송. 쿠바 불가침 제안.

10월 27일: 케네디, 러스크 국무장관과 우탄트를 통한 위기 타개를 논의.

10월 28일: 소련, 미국의 제안 수용. 위기 해소.

11월 2일: 미코얀, 쿠바 도착.

11월 21일: 미국, 쿠바 봉쇄 중지.

11월 22일: 소련, 쿠바에 반입하였던 핵탄두 전량 반출.

1963년

4월 23일: 미국, 터키 배치 탄도미사일 전량 해체.

11월 22일: 케네디 암살.

1964년

10월 13일: 흐루시초프 실각.

부록 3
케네디와 흐루시초프의 서신 교환(10월 22일~28일)

발신	수신	날짜	주요 내용	출처
케네디	흐루시초프	10월 22일 6:00 PM	소련은 미국의 의지를 과소평가했다. 쿠바에서 공격용 무기인 장거리 미사일을 발견했다. 텔레비전 연설문을 동봉한다.	NS Document #28. FRUS Document #44. pp. 162~163.
흐루시초프	케네디	10월 23일 11:56 AM	미국의 조치는 세계평화의 위협이다. 쿠바에 반입된 무기는 방어용 무기이다.	NS Document #31. FRUS Document #44. pp. 170~171.
케네디	흐루시초프	10월 23일	현 상황은 소련이 초래하였다. 소련이 공격 무기를 반입했으며, 따라서 미국이 부과하는 봉쇄를 수용해야 한다.	NS Document #34. FRUS Document #52. pp. 174~175.
흐루시초프	케네디	10월 24일	미국의 행동은 소련에 대한 최후통첩이다. 미국은 국제법을 위반하고 있으며, 봉쇄는 자의적이며 제국주의적 행동이다. 소련은 봉쇄를 무시할 것이다.	NS Document #35. FRUS Document #61. pp. 185~187.
케네디	흐루시초프	10월 25일 1:45 AM	소련은 미국을 기만하면서 쿠바에 공격용 무기를 반입하였다.	NS Document #40. FRUS Document #68. p. 198.
흐루시초프	케네디	10월 26일 9:45 AM~ 6:00 PM	전쟁을 피하는 것이 가장 중요하다. 미국의 위협 때문에 소련은 쿠바에 탄도미사일을 배치하였다. 따라서 미국이 침공을 포기하면 소련은 미사일을 철수할 것이다.	NS Document #45. FRUS Document #84. pp. 235~241.

흐루시초프	케네디	10월 27일 10:17 AM	미국은 쿠바가 보유할 수 있는 무기의 종류를 결정할 수 없다. 미국은 군사기지로 소련을 포위하였다. 따라서 소련도 미사일을 배치할 수 있다. 단 미국이 터키에서 탄도미사일을 철수한다면, 소련은 쿠바에서 탄도미사일을 철수하겠다.	NS Document #49. FRUS Document #91. pp. 257~260.
케네디	흐루시초프	10월 27일 8:05 PM, (모스크바 시간: 10월 28일 3:05 AM)	소련의 10월 26일 서한을 수령했다. 미국은 쿠바를 침공하지 않고 소련은 미사일을 철수하는 조건으로 쿠바 문제를 해결하는 데 동의한다.	NS Document #52. FRUS Document #95. pp. 268~269.
흐루시초프	케네디	10월 28일 10:00 AM ~6:00 PM	미국의 10월 27일 서한을 수령했고 동의한다. 미국의 불가침 선언을 요구하며, 소련은 미사일을 철수한다.	NS Document #53. FRUS Document #102. pp. 279~283.
케네디	흐루시초프	10월 28일	합의 내용을 확인한다. 미국은 쿠바를 침공하지 않고 소련은 미사일을 철수한다.	NS Document #54. FRUS Document #104. pp. 285~286.

이석호 · 이지훈, 「쿠바 미사일 위기와 소련 정보」, 『국방연구』 Vol. 45, No. 2 (2002 겨울), pp. 79~101.

조선일보, 「안보총괄점검회의, 국방 전략 수정 논의… "때리면 반격"에서 "때릴 생각도 못하게 하겠다"로」, 2010년 9월 4일.

Achen, Christopher and Duncan Snidal, "Rational Deterrence Theory and Comparative Case Studies," *World Politics*, Vol. 41, No. 2 (January, 1989), pp. 143~169.

Allison, Graham T. and Philip D. Zelikow, *Essence of Decision: Explaining the Cuban Missile Crisis* (New York: Longman, 1999).

Arreguin-Toft, Ivan, *How the Weak Win Wars: A Theory of Asymmetric Conflict* (Cambridge: Cambridge University Press, 2005).

Biddle, Stephen and Robert Zirkle, "Technology, Civil-Military Relations, and Warfare in the Developing World," *Journal of Strategic Studies*, Vol. 19, No. 2 (June, 1996), pp. 171~212.

Blight, James G. and Philip Brenner, *Sad and Luminous Days: Cuba's Struggle with the Superpowers After the Missile Crisis* (New York: L Rowman and Littlefield, 2002).

Blight, James G. and David A. Welch, *On the Brink: Americans and Soviets Reexamine the Cuban Missile Crisis* (New York: Hill and Wang, 1989).

Blight, James G., Bruce J. Allyn, and David A. Welch, *Cuba on the Brink: Castro, the Missile Crisis, and the Soviet Collapse* (New York: Rowman and Littlefield, 2002).

Bowden, Mark, *Black Hawk Down: A Story of Modern War* (Berkeley, CA: Atlantic Monthly Press, 1999).

Brugioni, Dino A., *Eyeball to Eyeball: The Inside Story of the Cuban Missile Crisis* (New York: Random House, 1991).

Bundy, McGeorge, *Danger and Survival: Choices about the Bomb in the First Fifty Years* (New York: Random House, 1988).

Byman, Daniel and Matthew Waxman, *The Dynamics of Coercion: American Foreign Policy and the Limits of Military Might* (New York: Cambridge University Press, 2002).

Chang, Laurence and Peter Kornbluh (eds.), *Cuban Missile Crisis, 1962: A National Security Archive Documents Reader* (New York: New Press, 1999).

Clausewitz, Carl von, *On War* (Princeton, NJ: Princeton University Press, 1976).

Copeland, Dale, *Origins of Major War* (Ithaca, NY: Cornell University Press, 2000).

———, "Economic Interdependence and War: A Theory of Trade Expectations," *International Security*, Vol. 20, No. 4 (Spring, 1996), pp. 5~41.

Day, Dwayne A. John M. Logsdon, and Brian Latell (eds), *Eye in the Sky: The Story of the Corona Spy Satellites* (Washington, DC: Smithsonian Institution, 1998).

Deutsch, Karl W. and J. David Singer, "Multipolar Power System and International Stability," *World Politics*, Vol. 16, No. 3 (April 1964), pp. 390~406.

Dobbs, Michael, *One Minute to Midnight: Kennedy, Khrushchev, and Castro on the Brink of Nuclear War* (New York: Alfred A. Knopf, 2008).

Drezner, Daniel W., "Bad Debts: Assessing China's Financial Influence in Great Power Politics," *International Security*, Vol. 34, No. 2 (Fall, 2009), pp. 7~45.

Eckstein, Harry, "Case Study and Theory in Political Science," in Fred I. Greenstein and Nelson W. Polsby (eds.), *Handbook of Political Science*, Vol. 7: *Scope and Theory* (Reading, MA: Addison−Wesley Pub. Co., 1975), pp. 79~137.

Economist, "China's Military Rise: the Dragon's New Teeth," *The Economist* (April 7th, 2011), pp. 23~26.

Economist, Economic Focus: How to Get a Date, *The Economist* (December 31st, 2011),

p. 57.

Epstein, Joshua M., "Dynamic Analysis and the Conventional Balance in Europe," *International Security*, Vol. 12, No. 4 (Spring, 1988), pp. 154~165.

Fearon, James, "Signaling versus the Balance of Power and Interests: An Empirical Test of a Crisis Bargaining Model," *Journal of Conflict Resolution*, Vol. 38, No. 2 (June, 1994), pp. 236~269.

Feaver, Peter D., "Command and Control in Emerging Nuclear Nations," *International Security*, Vol. 17, No. 3 (Winter 1992/1993), pp. 160~187.

———, *Guarding the Guardians: Civilian Control of Nuclear Weapons in the United States* (Ithaca, NY: Cornell University Press, 1992).

Ferguson, Niall, *Colossus: The Price of America's Empire* (New York: The Penguin Press, 2004).

———, "Term 'Chimerica'," *The Washington Post*, November 17, 2008.

Friedberg, Aaron L., *A Contest for Supremacy: China, America, and the Struggle for Mastery in Asia* (New York: Norton, 2011).

Furenko, Alexander, "Nigh Session of the Presidium of the Central Committee, 22~23 October 1962," *Naval War College Review*, Vol. 59, No. 3 (Summer, 2006), pp. 128~140.

Fursenko, Aleksandr and Timothy Naftali, *Khrushchev's Cold War: the Inside Story of an American Adversary* (New York: W. W. Norton, 2006).

———, "The Pisunda Decision: Khrushchev and Nuclear Weapons," *Cold War International History Project* Bulletin 10 (March, 1998), pp. 223~225.

———, *One Hell of a Gamble: Khrushchev, Castro, and Kennedy, 1958~1964: The Secret History of the Cuban Missile Crisis* (New York: Norton, 1998).

Gaddis, John Lewis, "The Long Peace: Elements of Stability in the Postwar International System," *International Security*, Vol. 10, No. 4 (Spring, 1986), pp. 99~142.

Gartzke, Erik, "War is in the Error Term," *International Organization*, Vol. 53, No. 3 (Summer, 1999), pp. 567~587.

Gribkov, Anatoli I. and William Y. Smith, *Operation Anadyr: U. S. and Soviet Generals*

Recount the Cuban Missile Crisis (Chicago, IL: Edition Q, 1994).

Habeeb, William Mark, *Power and Tactics in International Negotiation: How Weak Nations Bargain with Strong Nations* (Baltimore, MD: Johns Hopkins University Press, 1988).

Harrison, Hope M., *Driving the Soviets Up the Wall: Soviet–East German Relations, 1953~1961* (Princeton, NJ: Princeton University Press, 2003).

Hershberg, James G., "The Cuban Missile Crisis," in Melvyn P. Leffler and Odd Arne Westad (eds.), *The Cambridge History of the Cold War, Volume II: Crises and Detente* (Cambridge: Cambridge University Press, 2010), pp. 65~87.

Holland, Max, "A Luce Connection: Senator Keating, William Pawley, and the Cuban Missile Crisis," *Journal of Cold War Studies*, Vol. 1, No. 3 (Fall, 1999), pp. 139~167.

Holloway, David, *Stalin and the Bomb: The Soviet Union and Atomic Energy, 1939~1956* (New Haven, CT: Yale University Press, 1994).

Hopf, Ted, *Peripheral Visions: Deterrence Theory and American Foreign Policy in the Third World* (Ann Arbor, MI: University of Michigan Press, 1994).

Huth, Paul, *Extended Deterrence and the Prevention of War* (New Haven, CT: Yale University Press, 1988).

Jensen, Kenneth M. (ed.), *Origins of the Cold War: The Novikov, Kennan, and Roberts 'Long Telegrams' of 1946* (Washington, DC: United States Institute of Peace Press, 1993).

Jervis, Robert, *Perception and Misperception in International Politics* (Princeton, NJ: Princeton University Press, 1976).

Kahn, Herman, *On Thermonuclear War* (Princeton, NJ: Princeton University Press, 1960).

Kennedy, Robert F., *Thirteen Days: A Memoir of the Cuban Missile Crisis* (New York: Norton, 1999).

Ketov, Ryurik A., "The Cuban Missile Crisis as Seen Through a Periscope," *Journal of Strategic Studies*, Vol 28, No. 2 (April, 2005), pp. 217~231.

Khrushchev, Nikita S., *Khrushchev Remembers* (Boston, MA: Little, Brown, 1970).

Khrushchev, Sergei N., *Nikita Khrushchev and the Creation of a Superpower* (University

Park, PA: Penn State University Press, 2000).

King, Gary, Robert O. Keohane, and Sidney Verba, *Designing Social Inquiry: Scientific Inference in Qualitative Research* (Princeton, NJ: Princeton University Press, 1994).

Kohn, Richard H. and Joseph P. Harahan (eds.), *Strategic Air Warfare: An Interview with Generals Curtis E. LeMay, Leon W. Johnson, David A. Burchinal, and Jack J. Catton* (Honolulu, HI: University Press of the Pacific, 1988).

Kugler, Richard L., *Commitment to Purpose: How Alliance Partnership Won the Cold War* (Santa Monica, CA: RAND, 1993).

Maier, Charles S., *Among Empires: American Ascendance and Its Predecessors* (Cambridge, MA: Harvard University Press, 2006).

May, Ernest R. and Philip D. Zelikow (eds.), *The Kennedy Tapes: Inside the White House During the Cuban Missile Crisis* (Cambridge, MA: Harvard University Press, 1997).

McAuliffe, Mary S. (ed.), *CIA Documents on the Cuban Missile Crisis, 1962* (Washington, DC: Government Reprints Press, 2001).

Mearsheimer, John J., "Assessing the Conventional Balance: The 3:1 Rule and Its Critics," *International Security*, Vol. 13, No. 4 (Spring, 1989), pp. 54~89.

———, "Why the Soviets Can't Win Quickly in Central Europe," *International Security*, Vol. 7, No. 1 (Summer, 1982), pp. 3~39.

Mercer, Jonathan, *Reputation and International Politics* (Ithaca, NY: Cornell University Press, 1996).

Meyer, Stephen M., "Soviet Nuclear Operations," in Ashton B. Carter, John D. Steinbruner, and Charles A. Zraket (eds.), *Managing Nuclear Operations* (Washington, DC: The Brookings Institution, 1987), pp. 470~531.

Nash, Philip, *The Other Missiles of October: Eisenhower, Kennedy, and the Jupiters, 1957~1963* (Chapel Hill, NC: University of North Carolina Press, 1997).

Norris, Robert S. and Hans M. Kristensen, "Global Nuclear Stockpiles, 1945~2006," *Bulletin of the Atomic Scientists*, Vol. 62, No. 4 (July/August, 2006), pp. 64~66.

O'Donnell, Kenneth P. and David F. Powers, *"Johnny, We Hardly Knew Ye": Memories of John Fitzgerald Kennedy* (Boston: Little, Brown, 1972).

Oye, Kenneth A. (ed.), *Cooperation under Anarchy* (Princeton, NJ: Princeton University Press, 1986).

Powell, Robert, "Bargaining Theory and International Conflict," *Annual Review of Political Science*, Vol. 5 (2002), pp. 1~30.

———, *Nuclear Deterrence Theory: the Search for Credibility* (Cambridge: Cambridge University Press, 1990).

Preble, Christopher A., *John F. Kennedy and the Missile Gap* (DeKalb, IL: Northern Illinois University Press, 2004).

Press, Daryl G., *Calculating Credibility: How Leaders Assess Military Threats* (Ithaca, NY: Cornell University Press, 2005).

Rabinovich, Abraham, *The Yom Kippur War: the Epic Encounter that Transformed the Middle East* (New York: Schocken Books, 2004).

Roman, Peter J., *Eisenhower and the Missile Gap* (Ithaca, NY: Cornell University Press, 1995).

Sagan, Scott D., *The Limits of Safety: Organizations, Accidents, and Nuclear Weapons* (Princeton, NJ: Princeton University Press, 1994).

———, "SIOP-62: The Nuclear War Plan Briefing to President Kennedy," *International Security*, Vol. 12, No. 1 (Summer, 1987), pp. 22~51.

Savranskaya, Svetlana V., "New Sources on the Role of Soviet Submarines in the Cuban Missile Crisis," *Journal of Strategic Studies*, Vol. 28, No. 2 (April, 2005), pp. 233~259.

Schelling, Thomas C., *The Strategy of Conflict* (Cambridge, MA: Harvard University Press, 1960).

———, *Arms and Influence* (Westport, CT: Greenwood Press, 1966).

Simmons, Robert R., *The Strained Alliance: Peking, Pyongyang, Moscow and the Politics of the Korean Civil War* (New York: Free Press, 1975).

Snyder, Glenn H., "The Security Dilemma in Alliance Politics," *World Politics*, Vol. 36, No. 4 (July, 1984), pp. 461~495.

Taubman, William, *Khrushchev: The Man and His Era* (New York: Norton, 2003).

Thucydides, *History of the Peloponnesian War*, trans. Rex Warner (New York: Penguin, 1979).

Troyanovski, Oleg, "The Caribbean Crisis: A View from the Kremlin," *International Affairs*, Vol. 38, No. 45, pp. 147~157.

Waltz, Kenneth N., *Theory of International Politics* (Reading, MA: Addison–Wesley, 1979).

———, "The Stability of a Bipolar World," *Daedalus*, Vol. 93, No. 3 (Summer, 1964), pp. 881~909.

Wohlstetter, Albert, "The Delicate Balance of Terror," *Foreign Affairs*, Vol. 37, No. 2 (January, 1959), pp. 211~234.

Zaloga, Steven J., *The Kremlin's Nuclear Sword: The Rise and Fall of Russia's Strategic Nuclear Forces, 1945~2000* (Washington, DC: Smithsonian Institution, 2002).

Zelikow, Philip and Condoleezza Rice, *Germany Unified and Europe Transformed: A Study in Statecraft* (Cambridge, MA : Harvard University Press, 1997).

주요 등장인물

미국

케네디(John F. Kennedy): 대통령

존슨(Lyndon B. Johnson): 부통령

러스크(Dean Rusk): 국무장관

맥나마라(Robert S. McNamara): 국방장관

번디(McGeorge Bundy): 국가안보보좌관

맥콘(John McCone): CIA 국장

소렌슨(Theodore Sorensen): 대통령 특별보좌관

테일러(Maxwell Taylor): 합참의장

르메이(Curtis LeMay): 공군참모총장

앤더슨(George Anderson): 해군참모총장

스티븐슨(Adlai Stevenson): UN 대표부 대사

톰슨(Llewellyn Thompson): 소련 문제 특별 대사

볼(George Ball): 국무차관

길패트릭(Roswell Gilpatric): 국방차관

소련

흐루시초프(Nikita Khrushchev): 수상

미코얀(Anastas Mikoyan): 부수상

그로미코(Andrei Gromyko): 외무장관

말리노프스키(Rodion Malinovsky): 국방장관

도브리닌(Anatoly Dobrynin): 미국 주재 소련 대사

트로야노프스키(Oleg Troyanovski): 흐루시초프 외교 보좌관
쿠즈네초프(Vasily Kuznetsov): 외무차관
알렉세프(Alexander Alekseev): 쿠바 주재 소련 대사
플리에프(Isa Pliyev): 쿠바 주둔 소련군 사령관
비류조프(Sergei Biryuzov): 전략로켓군 사령관

쿠바

피델 카스트로(Fidel Castro): 쿠바 수상
라울 카스트로(Raul Castro): 쿠바 국방장관, 피델 카스트로의 동생
체게바라(Che Guevara): 쿠바 산업장관 및 중앙은행 총재

기타

우탄트(U Thant): UN 사무총장

ㅊ

ㅋ

ㅌ

ㅍ

ㅎ

기타